CREERLO

DE SUBESTIMADA A *imparable*

Título original: BELIEVE IT: How to Go from Underestimated to Unstoppable
Traducido del inglés por Elsa Gómez Belastegui
Diseño de portada: Editorial Sirio, S.A.
Maquetación: Toñi F. Castellón

www.editorialsirio.com
sirio@editorialsirio.com

I.S.B.N.: 978-84-10335-35-6
Depósito Legal: MA-138-2025

Impreso en Imagraf Impresores, S. A.
c/ Nabucco, 14 D - Pol. Alameda
29006 - Málaga

Impreso en España

Puedes seguirnos en Facebook, X, YouTube e Instagram.

JAMIE KERN LIMA

CREERLO

DE SUBESTIMADA A *imparable*

EDITORIAL SIRIO

Para los amores de mi vida: Wonder y Wilder

Y para todas y cada una de las personas que me han ayudado a creer...
en mí misma, en una misión que va más allá de mí, en Dios,
y en el inmenso potencial que cada una y cada uno tenemos
para sanar a la humanidad por medio del amor.

Índice

Introducción 11

Primera parte - Creer

Uno. Cuando la intuición te habla, créela 21
Dos. Creer que de dónde vienes no determina a dónde vas.. 65
Tres. Creer en el poder de abrazar tu verdad 83
Cuatro. Creer en que eres más fuerte que tu oponente (incluidas las chicas malas) 103
Cinco. Creer en el poder de tu micrófono 125
Seis. Creer en el poder de la autenticidad 141
Siete. Creer en que puedes pasar de subestimada a imparable 153
Ocho. Creer en que la vida te hará llegar lo que necesites...... 183
Nueve. Creer en que la vida no se nos dio para vivirla en solitario 197

Segunda parte - Arriesgar

Diez. Creer en que importa más ser valiente que caer bien .. 217
Once. Creer en que los *haters* no son más que simpatizantes confundidos 229
Doce. Creer en saber cuáles son tus valores ¡y en vivirlos! 249

Tercera parte - Asumir tu poder

Trece. No creer en el ideal del equilibrio. ¡Es mentira! 263
Catorce. Creer en dar lo que necesitas........ 279
Quince. ¡Creer en el poder de dejar brillar tu luz! 289
Dieciséis. Creer en los milagros... y en Oprah 303
Diecisiete. Creer en un poder superior a ti 325
Dieciocho. Creer en que vales lo suficiente ¡y mucho, muchísimo más! 343

Agradecimientos 355
Sobre la autora........ 361

Introducción

Lo más arriesgado que podemos hacer es dejar
que nos vean como realmente somos.
–CENICIENTA

«No. No vamos a invertir en tu empresa. Si quieres que te sea sincero, no creo que ninguna mujer vaya a comprarle maquillaje a alguien como tú. Ya me entiendes, con ese cuerpo y ese peso». Esto es lo que me dijo, a la cara, un potencial inversor en uno de los momentos más difíciles que he vivido en mi trayectoria como empresaria. Y como mujer. Mientras miraba el movimiento de su boca y oía las palabras que salían de ella, me inundó el dolor acumulado tras toda una vida de batallar con la inseguridad por ser quien era y por tener el cuerpo que tenía. Pero todavía más que eso, me preocupaba todo lo que dependía de aquella entrevista y saber que la supervivencia de mi empresa estaba en manos de aquel hombre. Su negativa significaba que seguiría sin poder ponerme un sueldo, en una época en la que básicamente me alimentaba de fideos chinos, perritos calientes de un dólar que compraba en el mostrador de comida rápida del supermercado y muestras de yogur helado de la tienda de la esquina.

¿Alguna vez te han dicho algo tan hiriente que has tenido que hacer un esfuerzo descomunal para no repetírtelo en la cabeza una y otra vez? Este fue uno de los muchos momentos de mi vida en los que he tenido que encontrar la manera de encajar que alguien no creyera en mí y, a la vez, seguir creyendo en mí misma.

Respiré hondo, lo miré a los ojos y escuché sus palabras de rechazo tratando de no perder la compostura. Pero de repente empecé a ver cómo mi propio miedo me miraba de frente, y supe que tenía que descubrir cómo hacer que la fe en mí fuera más fuerte que él. Mientras la parte lógica de mi mente se preguntaba si aquel hombre tenía razón, sentía en lo más profundo de mi ser la aplastante certeza de que estaba equivocado. Y sabía también que el camino para demostrarlo iba a depender, antes que nada, de que yo misma aprendiera a creérmelo de verdad.

Me emociona llevarte conmigo de viaje por las páginas de este libro, y espero que durante esta accidentada travesía, repleta de gloriosas victorias y estrepitosos fracasos, mis experiencias te sirvan de inspiración y te ayuden a creer en tu propio poder y en tus sueños. He leído muchos libros en los que los consejos parecían llegar desde lo alto de un pedestal, desde alguien ajeno a las complejidades de la cruda realidad humana. Y no podía evitar preguntarme cuál sería la versión secreta de lo que la autora me contaba, y cómo se suponía que iba yo a conectar con ella y a aplicar las lecciones a mi vida *real*.

En este libro, espero que sientas que aquí se acepta plenamente a la TÚ REAL. Porque voy a mostrarte mi YO REAL. No solo a la persona admirable que montó una empresa desde el salón de su casa prácticamente sin dinero y la vendió luego por más de mil millones de dólares, que se convirtió en la primera directora ejecutiva de una marca de productos dentro de la mayor empresa de cosméticos del mundo, que ha contribuido a cambiar globalmente la imagen de la belleza femenina que presenta la industria cosmética, que aparece actualmente en revistas sofisticadas y en programas de televisión y que está en la lista *Forbes*.* Voy mostrarte a la yo real y a hablarte de las auténticas luchas, experiencias y aprendizaje que hay detrás de los titulares; la yo real que ha tenido que enfrentarse a la ansiedad y a las dudas sobre sí misma, sobre su cuerpo y sobre Dios; la yo real que tantas noches se ha dormido llorando porque nadie creía en sus ideas; la yo real que lucha contra la sensación de no dar la talla, de no ser lo bastante inteligente o lo bastante (inserta tú misma el adjetivo).

DESPUÉS DE VER tantas veces en la prensa y en las redes sociales la versión sexi de mi historia, contada normalmente como ejemplo de éxito empresarial, y de recibir luego innumerables cartas, correos electrónicos y mensajes de gente de todo tipo, me he dado cuenta de que, en este mundo nuestro gobernado por las redes sociales y los titulares, rara vez nos enteramos de la verdad. La historia que la prensa cuenta de mí es como de cuento de hadas. O como si las cosas hubieran sido fáciles. O como si todo hubiera sido el resultado de un gran golpe de suerte. O como si yo fuera de ese *otro* tipo de personas o una especie de unicornio biónico. Todo esto me ha hecho comprender lo importante que es contar la historia *real* que hay detrás de los titulares llamativos, la historia que quizá te haga descubrir que no estás sola.

SER VULNERABLES DA miedo, pero he descubierto que mostrarnos tal y como somos, imperfectas y auténticas, es la única forma de que puedan nacer una conexión y un amor verdaderos. Es la única forma de asumir nuestro pleno poder y propósito en la vida.

* N. de la T.: La revista *Forbes* presenta anualmente una lista de «las cien mujeres hechas a sí mismas más ricas de Estados Unidos», es decir, que han logrado hacer una fortuna por méritos propios.

En este libro, que es en parte una autobiografía y en parte un manifiesto, voy a compartir contigo varias de las luchas y triunfos, riesgos y lecciones, fracasos y victorias personales y profesionales que me han ayudado a saber *cómo* asumir plenamente mi poder. Las lecciones empresariales que describo en estas páginas han cambiado radicalmente mi vida personal, y concretamente mi forma de amar y de ser madre; y las lecciones personales han sido la clave para convertir un sueño en un negocio multimillonario. Esta es la historia de cómo sucedió todo realmente, y de cómo estuvo a punto de no suceder. Espero que te sirva para saber que también tú tienes dentro de ti, en este mismo instante, el poder para creer en ti misma y en tus sueños, ¡y para vivirlos de verdad! Este libro va dirigido a ti si alguna vez te han infravalorado, incluso aunque hayas sido tú misma quien lo ha hecho.

Mira, yo creo que cada ser humano tiene una luz en su interior, una luz que puede quemar todas las inseguridades e iluminarte el camino, una luz que te da la fuerza y la confianza para ser auténtica y brillar. Tengo la esperanza de que revelar el viaje que me llevó a encontrar y a encender dentro de mí la luz de la confianza en mí misma y de mi propósito en la vida te inspire para encontrar la luz dentro de *ti*, quizá por primera vez en tu vida o quizá por primera vez desde hace mucho. Y una vez que seas capaz de iluminar tu camino (¡y celebrarlo!), no solo ayudarás a iluminar el mundo, sino que abrirás camino para que otras personas hagan lo mismo que tú.

Yo creo que no ha sido por accidente o casualidad que hayas elegido este libro. Creo que tú y yo estamos destinadas a conectarnos de esta manera. Y creo que todas tenemos el poder para encender nuestra luz y descubrir que somos valiosas y capaces tal y como somos. Solo si te das cuenta plenamente de que es así podrás estar en armonía con la verdadera y auténtica tú, y solo entonces podrás dar el paso para hacer realidad tu vocación y tu propósito en la vida.

Todo lo que necesitas está en tu interior. Lo tienes ya todo dentro de ti. Mi objetivo es crear un espacio con las palabras y experiencias que comparto aquí contigo para que tú también puedas abrazar tu vocación y tu propósito más plenamente.

Y OTRA COSA: las experiencias que describo en estas páginas son muy, muy íntimas. Así que, cuando te imagino abriendo ahora este libro, siento como si te estuviera abriendo la puerta de mi casa y extendiera los brazos para darte un abrazo enorme e invitarte a entrar en el salón, hasta donde llega el aroma de las galletas con pepitas de chocolate que he metido en el horno para celebrar tu llegada; y si lo que más te gusta, como a mí, son los restos de masa de galleta que han quedado en las paredes del bol, podemos ir a la cocina para que lo rebañes. Tengo una taza esperándote, con una frase inspiradora estampada en la porcelana, y puedo prepararte un café... o llenártela de vino, como a veces hago yo con la mía. Y sé que no te vas a ofender porque te reciba en la puerta con mi sudadera y mi pantalón de chándal más cómodos. Es más, si quieres, tengo otros para ti. Porque estás en tu casa. Aquí eres bienvenida y encontrarás amor tal y como eres.

Tengo la esperanza de que estas páginas sean tu hogar durante el tiempo que pases aquí conmigo, de que sientas que es el sitio al que perteneces. Porque creo que los seres humanos estamos todos conectados y que a menudo llevamos dentro los mismos sentimientos, las mismas inseguridades, las mismas heridas y la misma necesidad de amor. Y que lo que doy a los demás automáticamente me lo doy a mí misma.

EN ESTE LIBRO voy a contarte varias de las lecciones personales y profesionales más importantes que he aprendido, a raíz de experiencias que en unos casos han sido terriblemente difíciles y dolorosas y, en otros, tan fantásticas que me costaba creer que me estuvieran ocurriendo de verdad. Voy a hablarte de las que me hundieron y de las que me elevaron, de la desolación que sentí al ver que había gente llena de odio que quería destruirme, y de cómo el conocer a algunas de las mujeres más influyentes y fabulosas del mundo me proyectó hacia lo alto igual que una catapulta. Te contaré lo que fue estar a punto de perderlo todo; oír tantas veces «*no*» que perdí la cuenta pero, aun así, tener que ingeniármelas para encontrar la manera de seguir adelante, y lo que fue quedarme de golpe sin un montón de «amigas» el día que desafié a toda la industria de la belleza porque era imperioso que las cosas cambiaran. Voy a hablarte de cuánto me costó superar la tendencia a agradar a todo el mundo y el afán perfeccionista, y de cómo al final descubrí que ser valiente es más importante que caer bien. De lo que supuso enterarme de que me habían dado en adopción nada más nacer y de lo mucho que me costaba creer que Dios me hubiera hecho a propósito. He aprendido lecciones impresionantes sobre la importancia de creer en mí misma, de fiarme de mi intuición y de estar dispuesta a asumir riesgos. Lecciones sobre el poder que entraña apuntar más alto de lo que ni en sueños hubiéramos imaginado posible; porque de dónde venimos no determina a dónde vamos. Y sobre el valor de conectar con otras personas (¡como estamos haciendo aquí!), porque la vida no se nos dio para vivirla en solitario.

AUNQUE ESTE LIBRO es un espacio en el que comparto contigo *mis* experiencias, fracasos, luchas y victorias, es *tu* libro. Aunque no nos hayamos conocido aún en persona, lo escribo desde un lugar de puro amor, de mí para ti. Mi intención es que todo lo que he experimentado y aprendido y que comparto en estas páginas te sea útil a ti en tu vida. Una de mis oraciones predilectas es: «Dios, utilízame. Amor, utilízame». Dicho esto, ¡empecemos ya esta carta de amor! Allá vamos...

Abrazos y besos,
Jamie

P. D.: Te quiero.
P. P. D.: Te mereces todo el amor del mundo.

PRIMERA PARTE

CREER

UNO

Cuando la intuición te habla, créela

¿Quieres saber qué es eso a lo que llamamos intuición? Es tu alma. Puedes confiar en ella.
—ANÓNIMO

«Respira hondo, cariño, lo estás haciendo estupendamente», dijo la presentadora mientras me sujetaba con firmeza el brazo tembloroso y, como la gran profesional que era, conseguía salvar la situación durante una emisión en directo en la televisión nacional. Yo trataba con todas mis fuerzas de aparentar una seguridad que no tenía y de no temblar, y me preguntaba si toda la gente que estaba en aquellos momentos en su casa frente a la pantalla del televisor, además de verme la cara roja como el fuego y los brazos temblorosos, percibiría mi miedo también. Me quedaban menos de mil dólares en la cuenta bancaria empresarial-personal, que como mucho me permitirían cubrir gastos unas semanas más, y luego tendría que cerrar el negocio. ¿Y si resultaba que haberme fiado de mi instinto en vez de hacer caso a los expertos, en aquel momento crucial en el que todo estaba en juego, había sido un error?

Antes de aparecer temblando sobre mis zapatos de tacón en aquel programa de la televisión nacional, antes de que se me pasara por la cabeza la idea de crear una empresa de maquillaje y cuidado de la piel, trabajaba en televisión como presentadora de noticias y reportera. Me gustaba tanto mi trabajo que estaba convencida de que aquello sería lo que haría durante el resto de mi vida profesional. Cuando era pequeña, mi padre y mi madre pasaban muchas horas fuera de casa trabajando, y durante el tiempo que estaba sola los programas de entrevistas diurnos (junto con la cadena MTV, que tenía prohibido ver) me hacían compañía. Oprah,* en particular, fue una poderosa influencia. Desde que tengo memoria, siempre soñé con presentar mi propio programa en el que poder hacer algo que me parecía fascinante: entrevistar a distintas personas para que compartieran con el mundo sus experiencias.

¿Conoces ese dicho de que la vida es lo que te pasa mientras estás ocupada planeando otras cosas? Pues bien, poco antes de cumplir los treinta años, mientras trabajaba como presentadora de un informativo matinal, empezó a brotarme en la cara una afección de la piel llamada rosácea. Es hereditaria y suele aparecer en forma de manchas rojas, a veces abultadas o con textura de lija, y a veces del tamaño de una manzana. La gente en el supermercado me preguntaba si me había quemado tomando el sol o si me encontraba bien, porque algunos día amanecía con las mejillas superrojas. Me sentía acomplejada. Los dermatólogos me dijeron uno tras otro que no tenía cura, que lo más que se podía hacer era limitar la gravedad de los brotes.

* N. de la T.: Oprah Winfrey es una periodista, presentadora de televisión, productora, actriz, empresaria, filántropa y crítica de libros estadounidense, varias veces ganadora del Premio Emmy por su programa *The Oprah Winfrey Show*, que fue el programa de entrevistas más visto en la historia de la televisión norteamericana, desde su estreno en 1986 hasta su finalización en 2011, que coincidió con su veinticinco aniversario.

En un intento desesperado por disimular las manchas, empecé a invertir tiempo y dinero en probar todos los maquillajes y correctores que había a la venta. Primero las marcas de droguería y, luego, como estaba claro que no me podía permitir más que eso, ahorraba para poder probar también las marcas de lujo de cada departamento de los grandes almacenes. En los estudios de televisión, los presentadores y presentadoras de los programas que se emitían en las horas de mayor audiencia tenían un equipo de maquillaje formado por auténticas y auténticos artistas, así que les pedí ayuda y probé cada producto o remedio del que hubieran oído hablar. Todo fue en vano. O el producto no cubría las manchas lo suficiente o, si las cubría, parecía que llevaba puesta una máscara. Hubo momentos en los que, mientras presentaba las noticias en directo, oía al productor decirme por el pinganillo: «Tienes no sé qué en la cara, ¿te lo puedes limpiar?». Yo sabía que lo que tenía en la cara no era algo que pudiera limpiarse; era la rosácea inflamada, que empezaba a asomar por las grietas del maquillaje allí donde se iba deshaciendo bajo los focos del plató. Era una situación bochornosa, y me hacía sentirme aún más insegura. En la cabeza, la voz de la inseguridad me decía en esos momentos cosas que jamás se me habría ocurrido decirle a otro ser humano. Ya sabes, cosas como: «Tienes la cara hecha una pena. Esto te va a hundir. Los telespectadores van a cambiar de canal en cuanto te vean aparecer. Empezará a bajar la audiencia y te despedirán». ¡Ah, esa crítica interior que llevamos dentro! Te la comerías a besos, ¿a que sí?

Necesitaba resolver con urgencia el tema del maquillaje. Descubrí que, si no tienes nada que tapar, es fácil encontrar uno que quede bien, pero en los casos de piel ultrasensible, o de pigmentación y textura desiguales, resulta muy difícil encontrar algo que funcione.

Un día tuve una revelación, eso que Oprah llama un *momento ajá*. De repente se me ocurrió que, si yo estaba teniendo tantas dificultades, debía de haber muchas otras mujeres que, como yo, no conseguían encontrar el maquillaje que necesitaban. O que tal vez se habían dado por vencidas y habían dejado de buscar. Porque el problema no era solo la dificultad para encontrar el maquillaje adecuado. Había una cuestión todavía más seria, y era que ninguna de las innumerables marcas de productos de belleza dirigía su mensaje a mujeres como yo, que tuvieran verdaderos problemas de piel, y ninguna de esas marcas utilizaba imágenes de mujeres con un aspecto como el mío, por ejemplo, para vender sus productos. Todas parecían utilizar fotos superretocadas, filtradas y alteradas, que reflejaban una imagen de las mujeres prácticamente inalcanzable. Y eso no era todo; no era solo que fuera casi imposible identificarse con esas imágenes de la belleza a la que supuestamente debíamos aspirar, sino que la mayoría de esas imágenes ni siquiera eran reales. Cada vez que las miraba, me hacían sentir que nunca podría resultar atractiva..., me hacían sentirme inferior.

Al ir adentrándome en todo este asunto, me di cuenta de la cantidad de tiempo que había malgastado durante la mayor parte de mi vida –primero como adolescente y ahora como mujer adulta– sintiéndome insegura por mi cuerpo, probando una dieta detrás de otra, obsesionada con ser «guapa» y sin sentirme guapa hiciera lo que hiciera. Cuanto más consciente era de la parte tan grande de mi vida que había invertido en esto para nada, más me enfurecía. Y con más fuerza sentía también la necesidad de cambiar las cosas. Porque el lado bueno de todo esto fue que encendió una hoguera dentro de mí.

El instinto me decía que las mujeres estaban hartas de ver imágenes retocadas de modelos que nada tenían que ver con ellas anunciando productos que no funcionaban.

Y fue entonces cuando nació la idea de IT Cosmetics. Tuve una visión: vi lo que sería crear un maquillaje que fuera bueno para la piel, que pudiera usarse a todas las edades, que sirviera para todos los tipos y tonos de piel, y que cubriera las imperfecciones si una lo quería pero que no pareciera una máscara. Y, a diferencia de prácticamente todas las demás marcas de productos de belleza que existían en aquellos momentos, quería utilizar como modelos a mujeres de todas las edades, todos los tamaños, todos los tonos de piel y con toda clase de afecciones cutáneas. De verdad creía que había no solo necesidad de un producto de este tipo, sino una necesidad aún mayor de cambiar, en nombre de todas las mujeres, el propio concepto de la belleza en el que se basaba la industria cosmética y las imágenes que nos presentaba como modelo al que debíamos aspirar todas.

Pero una cosa es tener un sueño, y otra muy distinta hacerlo realidad.

EN 2007 ME casé con Paulo, al que había conocido al empezar los estudios de posgrado, en la clase de Estadística. (¡Superromántico, ¿eh?!). Nunca olvidaré el momento en que lo vi por primera vez. El profesor había puesto en la pizarra una ecuación enorme, larguísima, para que la resolviéramos la clase entera con nuestras calculadoras de empresa (el romance continúa...), y de repente una voz masculina que venía de unas filas atrás soltó la respuesta. Cuando me giré para ver quién era, nuestras miradas se cruzaron. Tenía unos resplandecientes ojos brasileños de color canela y aire de estudiante prodigio un poco *rarito*, como salido de *La venganza de los nerds** –solo le faltaba el portabolígrafos protector de bolsillo–,

* N. de la T.: *Revenge of the Nerds* (*La venganza de los nerds* en Hispanoamérica, y *La revancha de los novatos* en España) es una película cómica estadounidense dirigida en 1984 por Jeff Kanew. Cuenta las aventuras de Lewis y Gilbert, dos estudiantes portentosos y carentes de habilidades sociales, que junto con el resto de los novatos intentan defenderse de las humillaciones perpetradas por la fraternidad Alfa-Beta.

y al instante sentí en las entrañas que él y yo teníamos algún tipo de conexión.

Cuando Paulo tenía cinco años, emigró a Estados Unidos con su familia. Se instalaron en un pueblo a las afueras de Manhattan, donde tuvo que soportar una discriminación constante durante años. Los niños le preguntaban si cuando estaba en Brasil vivía en los árboles, y le decían que se fuera por donde había venido. La familia acabó mudándose a Nueva York, donde había mucha más tolerancia. Paulo creció rodeado de gente de distintas culturas, viajaba mucho y era un estudiante excelente.

Antes de conocerlo, siempre me había encaprichado de «chicos malos», que invariablemente me rompían el corazón, o de deportistas, que también invariablemente me lo rompían. Pero el día que vi a Paulo en la clase de Estadística, me quedé prendada; esta vez, del superinteligente del grupo. Como no tenía paciencia para esperar a ver si la atracción era recíproca, me acerqué a él y le pregunté si quería que estudiáramos juntos para aquella asignatura. Me dijo que sí, y fijamos la fecha y la hora para empezar a estudiar. Llegó la fecha, pero él no apareció. Ni llamó. Nada.

Cuando nos vimos en la escuela de posgrado al día siguiente, debió de darse cuenta de que estaba furiosa. Al terminar la clase, vino y se disculpó. Me dijo que, como él era de Brasil, no entendió que nuestra cita fuera un compromiso formal; pensó que era un «tal vez». ¿Qué? ¿Pero tú no viniste a Estados Unidos cuando tenías cinco años y vives aquí desde entonces?... Da lo mismo, todavía hoy dice que fue el error más afortunado que ha cometido en su vida. Está convencido de que dejarme plantada hizo que me interesara aún más por él.

Paulo no se parecía a ninguno de los chicos con los que yo había salido. No le importaban las apariencias, ni las suyas ni las de los demás. Solo tenía unos vaqueros, que llevaba usando desde hacía más de diez años, pero (a menudo con esos mismos vaqueros) había viajado por todo el mundo, y eso me causaba verdadera admiración, porque yo hasta entonces no había tenido muchas ocasiones de viajar. Sobre los ojos color canela, una uniceja le cruzaba la frente de lado a lado, y él no era en absoluto consciente de ello. ¡Qué libertad! Hoy, me encantan sus cejas rebeldes, libres, pero tengo que admitir que en aquella época, no tanto. Un día, al poco de empezar a salir juntos, me dejó que le depilara la uniceja y la convirtiera en dos cejas diferenciadas. ¡Yo lo viví como una victoria! En retrospectiva, pienso que aquella fue su introducción al mundo de la belleza. La moda y las apariencias le traían sin cuidado, pero Paulo era TAAAN inteligente, y descubrí que eso me parecía TAAAN sexi, que..., en fin, ¡estaba loca por él!

Sin embargo, cuando llevábamos ya un tiempo saliendo, algo se interpuso en mis sentimientos hacia él. Desde que era niña, había visto en mi entorno inmediato y en el mundo incontables ejemplos de mujeres que se empequeñecían para hacer felices a los hombres. Mujeres entregadas a apoyar y hacer brillar a los hombres a costa de su propio poder y sus sueños. Incluso en la escuela de posgrado, se oía decir medio en broma que las mujeres estábamos allí para conseguir un título de «señora». No era ese mi plan. Desde que era niña, había creído muy en serio que los hombres no permitían que las mujeres fueran plenamente ellas, y esa creencia se acabó traduciendo en la firme convicción de que no me iba a casar. Muchas de mis amigas llevaban soñando con el día de su boda desde que eran pequeñas. ¡Yo no! Yo quería construir un imperio.

Paulo y yo llevábamos saliendo cinco años. Poco antes de que se declarara, le pedí que no lo hiciera; le recordé que, aun sin saber exactamente la razón, no estaba preparada para el matrimonio. (Ya, ya lo sé, ¡es la historia más romántica de la historia!). A pesar de ello (supongo que haciendo caso de su instinto), me propuso matrimonio una semana después. Su seguridad y su convicción eran profundamente inspiradoras. «Te quiero con todo mi corazón», me dijo. Y yo quería a Paulo de verdad. Recé, con el eco de sus palabras dentro. Cuando rezo, una vocecita en la que confío plenamente me llega a menudo en forma de intuición. Yo tenía una idea clara y arraigada de cómo debían ser las cosas, pero de repente mi intuición me dejó de piedra. Así que, aunque no coincidía con lo que el intelecto pensaba, aparté de mi camino el miedo y las dudas para seguirla. Sentí que casarme con Paulo era lo natural, y dije sí.

¡Hubo tanto amor el día de nuestra boda!, y luego (esta es la parte más romántica), durante el vuelo de luna de miel con dirección a Sudáfrica, redactamos juntos el plan empresarial de IT Cosmetics. ¡Yo había tenido terror a que un hombre me impidiera hacer realidad mis sueños!, pero empezamos nuestro matrimonio avanzando juntos a toda velocidad para materializar uno de ellos. Aunque con el tiempo vi que trabajar juntos no siempre es la forma ideal de empezar un matrimonio, si algo tuvo indiscutiblemente de bueno fue que pude quitarme ese miedo de encima. Fue un regalo que Paulo decidiera acompañarme en esa aventura.

De vuelta en Estados Unidos, Paulo y yo dejamos nuestros trabajos y pusimos en marcha la empresa en el salón de casa. Me entristeció renunciar al sueño de presentar un programa de entrevistas, pero sentí una llamada aún más fuerte en otra dirección. Saber cuándo dejar ir un sueño es tan importante como saber cuándo hacer todo lo posible por cumplirlo.

Saber cuándo dejar ir un sueño es tan importante como saber cuándo hacer todo lo posible por cumplirlo.

Invertimos todas las horas del día y hasta el último centavo en buscar y contratar a químicos y fabricantes, crear el producto, formar el consejo asesor y lanzar la empresa.

Para crear nuestro primer envase, le pedí ayuda a un amigo que había trabajado conmigo en los informativos de televisión haciendo los gráficos en directo, ya sabes, por ejemplo los mapas que muestran la ubicación de la escena del crimen que se ven en las noticias. Aceptó, y le pagaba por horas para que viniera a casa de madrugada, antes de reincorporarse a su trabajo a las ocho de la mañana. Cada día al llegar, sacaba su ordenador de sobremesa del portamaletas del coche y lo colocaba en el suelo del salón. Entonces nos sentábamos delante codo con codo y creábamos. Él no sabía nada de envases, y por supuesto yo tampoco, pero hacíamos lo que podíamos.

Ni Paulo ni yo conocíamos personalmente a nadie que trabajara en el sector de la belleza, así que nos tocó dedicarle horas sin fin. Tuvimos que buscar interminablemente en Google, llamar de sopetón a gente que no conocíamos y hacer caso de consejos muy desafortunados, lo cual nos llevó a cometer muchos errores.

A la vez que buscaba obsesivamente en Google todo lo que necesitaba encontrar y aprendía a base de golpes, tenía que improvisar sobre la marcha cómo trabajar con los fabricantes y cómo resolver los problemas que iban surgiendo. En una ocasión, recibimos un lote entero de brochas de maquillaje en las que la virola (el anillo metálico que une las cerdas al mango) se caía después de uno o dos usos. El fabricante no quiso devolvernos el dinero porque éramos un cliente «pequeño», y si peleábamos con él, nos arriesgábamos a perderlo.

También aprendí amargas lecciones sobre el diseño para el empaquetado de los productos. Por mucho que el logotipo IT Cosmetics estampado en la cajita resaltara con claridad cuando se veía en el ordenador ampliado al máximo, eso no significaba que las clientas fueran a poder leerlo con facilidad al pasar y ver las cajitas en una estantería a dos metros de distancia. Después de cometer este error, no volví a dar el visto bueno para la producción de nada sin antes tener un modelo a tamaño real que poder poner a prueba en la práctica. Y (¡atención, compradoras de maquillaje!) aprendimos también que había que tener mucho cuidado a la hora de decidir qué tamaño de envase utilizar. Aunque el producto fuera a durar un año, si a la clienta el envase le parecía demasiado pequeño, iba a decir que era exageradamente caro; pero si era mucho más grande, se iba a quejar de que venía medio vacío. Aprendimos muchísimas lecciones más. Ahora casi desearía no saber algunas cosas; porque no puedo evitar sufrir un poco, cada vez que voy a la compra, al ver los errores de envasado que cometen algunas marcas de productos infantiles que luchan por hacerse un hueco en las estanterías.

Teníamos muy, muy poco dinero, así que todo lo que éramos capaces de hacer personalmente Paulo y yo, lo hacíamos. Fue él quien se encargó de crear nuestra primera página web, con la ayuda de un libro amarillo enorme titulado *HTML para Dummies*. Yo estaba convencida de que, por la fuerza que entrañaba nuestra misión, y porque tras innumerables iteraciones* de fórmulas teníamos final y realmente un producto que funcionaba, en cuanto lanzáramos nuestro sitio web, ¡iba a ser todo un éxito! Además, ¡contábamos con el dinero anticipado de las ventas que hiciéramos por Internet!, lo necesitábamos para pagar las facturas. Nunca olvidaré el día del lanzamiento. Aquella mañana me levanté rebosante de emoción y expectación. Unas horas más tarde, ¡estaba activo el sitio web!... Y no pasaba nada. Ningún pedido. Pensé que quizá la gente tardaría un minuto en enterarse de su existencia. El segundo día, de nuevo, ningún pedido. El tercer, el cuarto y el quinto día, tampoco. Finalmente, reaccioné como es tan fácil reaccionar cuando trabajas con tu pareja. «No funciona. ¡No lo has hecho bien!», le dije a Paulo.

* N. de la T.: La iteración consiste en repetir un proceso para generar una secuencia de resultados y, a medida que se va probando cada uno de ellos, poder perfeccionar la fórmula o el producto antes de llegar a su versión definitiva.

Luego, al cabo de más días, y al final semanas, sin que hubiera la menor actividad, de repente la adrenalina se apoderó de todo mi cuerpo cuando vi llegar nuestro primer pedido. Salté de la silla entusiasmada y empecé a correr por la casa como si fuera una niña pequeña la mañana de Navidad.

–¡Paulo! ¡Nuestro primer pedido! ¡Acabo de verlo entrar! –¡Estaba tan contenta! Paulo me sonrió.

–He sido yo –dijo–. Acabo de hacer un pedido para demostrarte que el sitio web no está mal hecho.

Yo pensaba que si tenías una idea genial y creabas con ella un producto fuera de serie, se vendería al instante, ¿no? ¡Me equivoqué! Sabía que nuestro producto les cambiaría la vida a cantidad de mujeres de todo el mundo en cuanto llegara a sus manos, pero ¿cómo iba a conseguir que llegara a ellas? A través de las tiendas y de Internet, ¿no? Pero ¿y si a ningún minorista le interesaba el producto? ¿Y si las mujeres ni siquiera sabían que existía nuestro sitio web? Para que un producto pueda estar a la vista en la estantería de una tienda o de unos grandes almacenes, hace falta que alguien crea en ti y diga *sí*. Para promocionar un sitio web, hace falta dinero. Y Paulo y yo no teníamos ni lo uno ni lo otro.

¡Cómo iba a imaginar yo que habría tantas cosas sobre las que no sabía nada! Y cuanto más aprendía, más consciente era de todo lo que me quedaba aún por aprender. Había trabajado mucho y con mucha seriedad toda mi vida, pero no tenía ni idea de lo difícil que es ser empresaria, no tener un horario, que no haya una hora en la que llegas al trabajo y una hora en la que dices adiós y desconectas de él hasta el día siguiente o hasta el lunes siguiente. Cuando el negocio es tuyo, la presión, el estrés y la preocupación están presentes las veinticuatro horas del día todos los días de la semana. El trabajo se había convertido en la prioridad absoluta y había desbancado todo lo demás. No había prácticamente un solo momento del día en que los temores relacionados con el negocio no se adueñaran de todo mi espacio mental: *¿De dónde voy a sacar dinero, de qué vamos a vivir?, ¿Habrá algún minorista que responda de una vez a mis llamadas?, ¿Por qué nadie habla del producto en la prensa?, ¿Ha sido un error catastrófico meternos en esto?, ¿Es posible que el instinto me haya jugado una mala pasada?, ¿Voy a perder todos nuestros ahorros?*

Aquellos dos primeros años están entre los más angustiosos que he vivido. Trabajábamos más de cien horas a la semana. Enviamos nuestro producto a todos los minoristas, y casi en todos los casos su respuesta fue un *no* tras otro. Todos los departamentos de belleza de los grandes almacenes dijeron *no*, ULTA Beauty y Sephora (las dos mayores tiendas de productos de belleza de venta libre del país, donde, a diferencia de lo que ocurre en los grandes almacenes, los productos no están detrás de un mostrador y no hace falta hablar con una dependienta para comprarlos) dijeron *no*, y la cadena de televisión QVC dijo *no*. Recibimos algunos síes, pero el producto apenas se vendió, y obtuvimos cero beneficios. A pesar de haber sido presentadora de televisión, ni siquiera conseguimos demasiadas ventas tras nuestra breve aparición en un canal estadounidense de televenta llamado HSN (que QVC acabó adquiriendo).* Yo seguía sin entender cómo era que nuestro producto no volaba de las estanterías.

Lo primero que pensé fue que teníamos que ofrecer más variedad de productos. De nuevo, me inspiré en mi experiencia. Cuando presentaba los programas de noticias, los productores me llamaban constantemente la atención por subir y bajar de peso casi de seguido. Para disimular los cambios, había aprendido a *contornear* muy bien, es decir, a sombrear unas zonas de la cara y el cuerpo

* N. de la T.: QVC (Quality Value Convenience, 'calidad al mejor precio y con toda comodidad') es una cadena estadounidense de televisión en abierto y un emblemático canal de televenta, propiedad de Qurate Retail Group.

y resaltar otras para realzar los rasgos y el perfil. Así que pensé que si creábamos paletas de contorno facial y corporal, sin duda se venderían. Eran productos superinnovadores, y nuestra marca fue la primera del mercado en comercializarlos, pero ser la primera no siempre es lo mejor. No se vendían. (Nota: Cinco años después, el contorneado* se convirtió en tendencia, y muchas marcas de ámbito internacional ganaron mucho dinero imitando, casi calcando, algunos de nuestros primeros productos).

Si nuestra empresa consiguió, a duras penas, sobrevivir fue gracias a dos cosas. La primera era una cadena de televenta canadiense, The Shopping Channel Canada, que emitía en directo y tenía sus estudios en las afueras de Toronto. No es que obtuviéramos muchos beneficios, pero la cadena creía en nuestra empresa y nos invitaba a aparecer en televisión con cierta frecuencia. La segunda fue el boca a boca de nuestras clientas. Lo mejor de crear un producto que de verdad funciona y cumple lo que promete es que se corre la voz. Empezó a haber mujeres *reales* que publicaban en Internet sus fotos del «antes» y el «después» de utilizar nuestro producto. Aunque solo recibíamos dos o tres pedidos al día, les debemos a estas primeras defensoras de la marca el haber logrado mantenernos a flote.

Gracias a las ventas que hacíamos en The Shopping Channel, al cabo de un tiempo pudimos contratar al fin a nuestra primera empleada asalariada a jornada completa. Hasta entonces, solo habíamos contratado puntualmente a algunas personas por horas o como mucho a media jornada, o habíamos suplicado a nuestros amigos que nos echaran una mano. Nuestra primera empleada fue una de mis mejores amigas, Jacqueline, que estaba embarazada de seis meses. En aquellos momentos, ni siquiera podíamos ofrecerle

* N. de la T.: *Contouring*. Se trata de una técnica de maquillaje que consiste en «esculpir» el rostro con la ayuda de luces y sombras para corregir imperfecciones y que los rasgos se vean mucho más definidos.

un seguro médico ni beneficios de ninguna clase, pero aun así decidió arriesgarse porque creía en lo que hacíamos. Así que Jacquie venía a trabajar cada día con Paulo y conmigo y se sentaba ella también delante de su escritorio de IKEA en el salón de nuestra casa. Entre los tres, cumplíamos todas las funciones, desde preparar los pedidos hasta llevar la contabilidad; nos encargábamos de las operaciones, las relaciones públicas, el *marketing*, las redes sociales, nuestra marca, el desarrollo de nuevos productos, el empaquetado, las ventas, la formación, el servicio de atención al cliente y muchas cosas más. A menudo no teníamos ni idea de lo que estábamos haciendo, pero, cuando acabas de hacerte empresaria y no tienes dinero para contratar a alguien que sí la tenga, no te queda otro remedio que ingeniártelas.

Incluso durante aquellos comienzos tan difíciles, en lo más profundo de mi ser creía de verdad que lo que teníamos entre manos iba mucho más allá de Paulo y de mí.

Después de innumerables, y quiero decir innumerables, iteraciones de la fórmula del producto, por fin habíamos creado un corrector que cumplía perfectamente su objetivo en una piel como la mía. Y creía sin la menor duda que nuestro mensaje y nuestra visión eran de verdad necesarios. Creía que las mujeres estaban hartas de ver modelos que no se parecían a ellas. Nuestro PORQUÉ, o misión como empresa, era hacer que todas las mujeres se sintieran bellas y orgullosas de ser como eran y abogar por la inclusividad en la industria cosmética, lo que a su vez cambiaría la cultura en todos los sentidos. Era una misión muy ambiciosa, para alguien a quien las principales tiendas de cosmética del país le habían dicho repetidamente que su idea no funcionaría, y para alguien que solo vendía dos o tres pedidos diarios en su sitio web. Pero este PORQUÉ era algo en lo que creía con todo mi corazón, y hubo muchos días en los que enfocar toda mi atención en él fue literalmente lo único que me dio valor para levantarme de la cama, cuando en realidad sentía auténticas ganas de rendirme.

El saldo de la cuenta bancaria iba bajando, y, para no verlo, empecé a pulsar el botón de «sin comprobante» cada vez que sacaba dinero de un cajero automático. Necesitábamos desesperadamente que alguien nos diera un *sí*. No entendía por qué todas aquellas tiendas tan fabulosas que vendían cientos de marcas nos decían todas que *no*. Envié por correo un paquete tras otro de muestras de nuestros productos, no solo a todos los grandes almacenes y tiendas de cosméticos, sino a cada empleada que me enteraba por Internet de que trabajaba en alguna de ellas. Y... ni aun así. Llamaba por teléfono una y otra vez, enviaba un correo electrónico tras otro, y no recibía respuesta ni nadie me devolvía la llamada. Era *dificilísimo* no dejar que su falta de interés me quitara por completo la confianza.

Una vez que has montado una empresa y las cosas no funcionan, tienes que recurrir a lo que sea antes de tirar la toalla. No podíamos permitirnos contratar a nadie más; en realidad, apenas si podíamos pagar a nuestro consejo asesor y a Jacquie, que seguía siendo nuestra única empleada a jornada completa. Y por supuesto, no podíamos pensar en hacer publicidad. Cuando eres una persona con pocos recursos, tienes que echarle imaginación y muchas agallas. Un día, bromeando, pensamos que *agallas* podía ser nuestro segundo nombre de pila. Y hablando de segundos nombres de pila... El mío, el de verdad, es Marie. Así que adivina qué: le pusimos a Marie su propia dirección de correo electrónico, Marie@ItCosmetics.com, y desde aquel día fue nuestra jefa de relaciones públicas y, ocasionalmente, de atención al cliente. Cada mañana, con la mayor diligencia, Marie se sentaba a enviar un correo electrónico tras otro a cada directora y director de la sección de cosméticos de todas las revistas de belleza y programas de televisión del país para informarles de que nuestra fundadora, Jamie, estaba a su disposición cuando quisieran entrevistarla. Marie era un poco demasiado insistente. En retrospectiva, aunque estoy orgullosa de que tuviéramos tantas agallas, me sigue dejando boquiabierta lo cándidos que éramos la mayor parte del tiempo. Pero resulta que, a veces, eso puede ser una ventaja. La persistencia inquebrantable y la voluntad de hacer lo que fuera necesario, a menudo daban sus frutos. Muchas directoras de revistas de belleza aceptaron probar el producto y luego escribieron sobre él. Eso hizo que se corriera la voz y que más mujeres lo probaran, lo que a su vez contribuyó a que siguiera corriéndose la voz. Cada vez que salía un artículo, Marie enviaba un correo electrónico a cada responsable de compras de cada tienda de productos de belleza con un enlace. Les contaba que se había corrido la voz de los buenos resultados que daban nuestros productos e intentaba despertarles suficiente interés como para que se reunieran conmigo. Y entonces, al fin... ¡SUCEDIÓ! Una encargada de compras de Sephora accedió a reunirse conmigo en la central de San Francisco.

Pensé: *¡Ya lo tenemos! Se va a enamorar del producto y nos va a dar la oportunidad de venderlo en sus tiendas*. Estaba convencida de que esa sería nuestra salvación, la que nos haría ganar lo suficiente para contratar más personal, el SÍ que necesitábamos para avanzar a toda máquina y plasmar nuestra visión. En aquellos momentos, Sephora tenía más de doscientas tiendas repartidas por todo el país. A través de ellas, podrían descubrir nuestros productos mujeres de todas partes. Unos años antes de poner en marcha la empresa, tenía una amiga que trabajaba en Sephora. Nos habíamos conocido en la sede central y se había mostrado interesada por mis ideas; me había dicho que eran prometedoras. Pero, para gran decepción mía, dejó la empresa antes de que nosotros creáramos la nuestra. En los últimos años, yo había enviado repetidamente a Sephora correos electrónicos y muestras de nuestros productos pero nunca habían demostrado el menor interés. ¡Hasta ahora!

Me preparé para la reunión como si fuera una cuestión de vida o muerte. Busqué fotos que muchas mujeres habían publicado en Internet mostrando el «antes» y el «después» de usar nuestros productos. Preparé las presentaciones de PowerPoint que había impreso en FedEx y las mandé encuadernar en libros de espiral con la tapa de acetato transparente. Me costó la friolera de noventa y nueve centavos imprimir cada página en color, pero valió la pena. Los gráficos que mi amigo del canal de noticias me había ayudado a diseñar tenían un aspecto *muy* atractivo.

Puse el armario entero patas arriba buscando el conjunto más favorecedor de entre los que me estaban bien en aquellos momentos. (Por aquel entonces, trabajaba veinte horas diarias desde el salón de casa con una sudadera y un pantalón de chándal, así que la moda era lo último en lo que pensaba habitualmente). Empaqueté los libros; metí en la maleta muestras de nuestros productos, por si se les habían perdido los diez millones que les había enviado ya, y monté en un avión con rumbo a San Francisco. Nada más poner el pie en las oficinas de Sephora, se me desató de repente una batalla interna. Quería ser yo misma, pero a la vez era como estar entrando en las oficinas del club de las chicas *cool* y tener que demostrar que era digna de formar parte de él.

En la recepción, una chica encantadora me dio los buenos días y me pidió que tomara asiento en el vestíbulo. De repente caí en la cuenta de que estaba allí porque había creado una empresa y unos productos tan fantásticos que Sephora me había invitado a una reunión en persona. Me sentí abrumada de gratitud por el solo hecho de estar allí, en la sala de espera, mientras absorbía despacio todo lo que me rodeaba: la belleza de los cuadros, la elegancia de las luces, el ambiente jovial, los muebles de diseño. Me sentía como el personaje de Anne Hathaway en *El diablo viste de Prada*, un poco como una intrusa en aquel mundo de fantasía.

Al cabo de unos quince minutos, una asistente me condujo a la sala de conferencias, a la que pronto llegaron cinco o seis personas importantes de Sephora, todas amables, sonrientes y curiosas por oírme hablar. Empecé presentando nuestro corrector Bye Bye Under Eye. Desde el primer momento, me resultó obvio que les apasionaban los productos de belleza. Pero enseguida me di cuenta de que la jefa de compras, la que tomaba las decisiones, no demostraba excesivo interés; estaba más interesada en examinar mi atuendo que en mis explicaciones. Cuando terminó de inspeccionarme de arriba abajo, volvió a dirigir la mirada al producto que había sobre la mesa. Los demás me hacían preguntas, como animándome a que siguiera hablando, pero ella no. ¿Alguna vez has conocido a alguien y has sentido desde el primer instante que no estaba de tu lado? Supe que iba a tener que encontrar la manera de ganármela, puesto que su opinión sería el factor decisivo.

–Creo de verdad que a las clientas de Sephora les encantará y que se venderá muy bien en sus tiendas. Y sé que estos productos les cambiarán la vida a las mujeres que los prueben, especialmente a las que, como yo, tengan problemas de piel –dije señalando las fotos de mujeres reales que mostraban el «antes» y el «después» de utilizarlos.

La jefa de compras me interrumpió bruscamente:

–Las mujeres no compran cosméticos de lujo porque hayan visto imágenes como esas. Tendrá usted más suerte en el mercado masivo.

Con «masivo» se refería al mercado de masas, es decir, estaba sugiriendo que nuestros productos se venderían mejor en las droguerías. Intenté que no se notara cuánto me había enfadado su comentario. Daba a entender con él que las mujeres cuyo aspecto físico es el de mujeres reales no tienen dinero para gastar en buenos productos. Tal vez lo que estaba insinuando había sido cierto hasta entonces, pero sencillamente porque solo se habían hecho las cosas de una manera. Entendí por qué lo decía; pero yo tenía una visión y la certeza de que era posible hacer las cosas de una manera distinta.

Estábamos creando fórmulas de alta calidad, con pruebas clínicas que nos costaban mucho dinero, así que teníamos que cobrar los mismos precios que Sephora, ULTA Beauty o los departamentos de lujo de los grandes almacenes. Las droguerías no suelen vender productos de belleza caros, así que no teníamos otra opción que buscar tiendas que vendieran productos de calidad y precio similares a los nuestros. Le dije:

—La verdad, creo que las clientas *sí* comprarán productos al ver sus efectos en mujeres que se parecen a ellas. En estos momentos, hay una gran expectación entre las redactoras de revistas de belleza y las mujeres reales que prueban nuestros productos.

Nunca olvidaré lo que ocurrió a continuación. Noté cómo cambiaba la energía de la sala, y el ambiente se enrareció todavía más. La jefa de ventas parecía querer transmitirme claramente que le estaba haciendo perder el tiempo y que se le había agotado la paciencia. Me miró fijamente a la cara y me dijo con empecinada convicción:

—Si fuera verdad que tantas mujeres hablan de este producto, yo ya habría tenido noticia de él, y no ha sido así.

Se me aceleró el corazón. Sentí la cara enrojecida y caliente. Recuerdo que rezaba para que la faja me hubiera absorbido todo el sudor que sentía correrme por el cuerpo. Se me hizo un nudo de ansiedad en el estómago, como si acabaran de darme un puñetazo. Después de haber estado tan convencida de que poner un pie en la puerta era cuanto necesitaba para hacer la venta, Sephora decía nuevamente *no*, ¡y yo deseaba y necesitaba tanto que fuera un *sí*! De no haber sido por la adrenalina que me circulaba por el cuerpo, la misma que deben de sentir los luchadores de artes marciales mixtas cuando se niegan a rendirse aunque estén heridos, creo que me habría desmayado. Quería explicarle a aquella mujer que la industria de la belleza tenía que cambiar, y que ella podía formar parte del cambio en colaboración conmigo. Quería salvar de la catástrofe la reunión y conseguir un *sí*, y quería salvar la empresa con ese *sí*. Me quedé desolada, sobre todo porque estaba a punto de terminársenos el dinero, y mi sueño se terminaría con él.

La reunión concluyó, y traté de aparentar entereza mientras recogía mis cosas y daba las gracias a las personas que había alrededor de la mesa por el tiempo que me habían dedicado. Luego di media vuelta y me dirigí hacia el ascensor. El mismo ascensor en el que había subido un rato antes llena de ilusión, y convencida de que aquella sería la gran oportunidad que llevábamos esperando desde hacía tanto tiempo, me pareció ahora una cámara blindada que descendía en picado hacia la perdición. Me esforzaba todo lo posible por contener las lágrimas. En el ascensor había otras personas, que tal vez trabajaran en Sephora, y yo era directora ejecutiva, y en mi cabeza eso significaba que tenía que conservar el aplomo y mostrar profesionalidad en todas las circunstancias. En cuanto se abrieron las puertas, me lancé casi corriendo hacia la salida con mis zapatos de tacón y, en Market Street, nada más doblar la primera esquina, me volví contra la pared de un restaurante de comida rápida y empecé a llorar a moco tendido. No sabía qué iba a hacer a partir de ese momento. Se me revolvía el estómago solo de pensar en tener que llamar a Paulo y a Jacquie para decirles que la respuesta había sido *no*. Una vez más.

De vuelta en la oficina, durante las semanas siguientes tuve que hacer auténticos esfuerzos para no imaginarme lo peor. El rechazo duele mucho, sobre todo si viene de alguien cuya opinión valoras. Luego, una de mis mejores amigas, Natasha, dijo algo que me ayudó a no sucumbir al desaliento.

—Estás poniendo a esa gente en un pedestal. Y al único que deberías poner en un pedestal es a Dios. Él es quien decide qué puertas se abren y se cierran y cuándo, y toda tu confianza debería estar puesta en Él. En nadie más.

Aunque sabía que tenía razón, ponerlo en práctica me resultaba dificilísimo.

Gracias solo a la fabulosa capacidad de recuperación que Paulo y yo teníamos para entonces, logramos seguir adelante. Un día caí en la cuenta de que, dado que mi deseo era cambiar drásticamente la industria de la belleza, quizá no hubiera debido sorprenderme tanto que a alguien *del sector* no le gustaran nada mis ideas. Porque no coincidían con las suyas. O al menos con lo que ella tenía la garantía de que se vendería bien. Darme cuenta de esto fue muy importante, pero seguía sin saber cómo nos las íbamos a arreglar para mantener a flote el negocio.

Volvimos a la carga. Ahora me dedicaba de lleno a enviar correos electrónicos uno tras otro y a dejar, uno tras otro, mensajes de voz en un tono igual de apasionado y entusiasta que si fuera la primera vez que me ponía en contacto con cada persona. En LinkedIn o en otros sitios web encontraba el nombre de quienes trabajaban como asistentes de cada una de las empresas y les escribía también. Las negativas siguieron repitiéndose una tras otra durante años: de Sephora, ULTA Beauty, Nordstrom y los departamentos de todos los grandes almacenes. Hasta que un día, *POR FIN*, conseguí contactar con la asistente de Allen Burke, el hombre que en aquel tiempo estaba al frente de la sección de productos de belleza de QVC, la principal cadena de televenta del país, y que era toda una leyenda. Allen Burke había sido el responsable de la transformación que experimentó la venta de productos por televisión;

fue él quien dio una nueva imagen a la antigua forma de vender, rancia y bastante cursi, y quien supo convencer a las empresas de productos cosméticos de alta gama para que se asociaran con QVC. Bajo su dirección, casi todas las marcas de primera línea que tenían sus departamentos de lujo en los grandes almacenes empezaron a vender sus productos en la cadena, y lo continúan haciendo. Como yo tenía la plena convicción de que las mujeres estaban hartas de gastarse el dinero en productos que las decepcionaban, pensé que QVC era el lugar ideal para demostrar, en directo por televisión, que nuestros productos funcionaban realmente en mujeres reales. Poco menos que le supliqué a su asistente que me concertara una cita telefónica con él. Me prometió que le transmitiría mi mensaje y añadió que, si QVC tenía interés en mis productos, el propio Allen Burke me devolvería la llamada. Acto seguido, le envié un paquete de muestras (uno más) y adjunté una copia de cada artículo de prensa que se había publicado sobre nuestros productos.

Pasaban las semanas, y yo vivía en constante estado de suspense, con la mirada obsesivamente puesta en el teléfono, como cuando has tenido una primera cita alucinante pero no quieres ser tú la primera en llamar o en enviar un mensaje. No podía pensar en otra cosa y, a la vez, no podía dejar de pensar en *todo* lo demás: los gastos cada día más elevados y un grado de agotamiento cada día mayor; el miedo a perder no solo todos nuestros ahorros, sino también la pequeña cantidad de dinero que habíamos aceptado de tres inversores, amigos y familiares nuestros, y, como telón de fondo, la devastadora posibilidad de tener que renunciar a ese sueño. Y en medio de toda esa angustia, ¡sonó el teléfono!

–Hola, Jamie, soy Allen Burke, de QVC.

Parecía que el corazón iba a salírseme del pecho, pero hice acopio de confianza y le devolví un «hola» en el tono más jovial que pude. Fue directo al grano. Me dijo que había revisado nuestros productos y envases con el equipo encargado de las compras de cosméticos, y la opinión unánime era:

–*No* encajáis en QVC ni con la clientela de QVC.

Y así de rápido, en cuestión de segundos, recibí otro *no*, más desgarrador aún si cabe que los anteriores. Sentí como si el corazón se me hundiera de golpe. Mientras recorría de punta a punta el dormitorio de nuestro apartamento-despacho con el teléfono en la mano, las lágrimas me rodaban por las mejillas. Sabía que Allen Burke no podía verlas y esperaba que tampoco las percibiera. Le pedí que me diera su opinión personal y me atreví a volver a insistir; le dije que creía de verdad que a sus clientas les encantarían nuestros productos. Me dio las gracias por mis comentarios obsequiosos sobre QVC, pero me confirmó que la respuesta era *no*. Le di las gracias por el tiempo que me había dedicado. Después de colgar, me dejé caer en la cama y, bajo las sábanas, lloré. Y lloré. Y lloré. Y recé. Y seguí llorando. Entonces de pronto me invadió un sentimiento muy extraño: me di cuenta de que, por muy difíciles que se pusieran las cosas, no iba a renunciar. Sencillamente, no iba a darme por vencida. En la cabeza, no tenía ningún sentido aquella obstinación, pero en las entrañas sí. La intuición me decía que siguiera en la brecha.

Una de las mejores cosas que he hecho en mi vida ha sido crearme una caja de herramientas a la que poder recurrir cuando sufro un revés. Una caja de herramientas que poder utilizar cuando me rechazan, cuando necesito recordar quién soy y por qué hago lo que hago. Una caja llena de herramientas que me ayudan a creer en mí, incluso en los momentos en que tengo la sensación de que soy la única. Es una caja de herramientas imaginaria, pero está repleta de experiencias de la vida real, y de mensajes y citas y oraciones de los que puedo echar mano para resolver los problemas que se presentan. Guardo esta caja de herramientas en la cabeza, por escrito en el ordenador y, a veces, en la aplicación de notas del teléfono móvil. No cuesta ni un centavo hacerla, y la he ido construyendo y actualizando año tras año. Si te suena a que es algo que podría venirte bien y que todavía no tienes, una forma fácil de empezar es seleccionar citas o historias que te impacten profundamente y guardarlas todas en un lugar al que puedas acudir de inmediato.

Fue en parte gracias a esta caja de herramientas por lo que en aquellos momentos, mientras lloraba encogida bajo las sábanas tras oír la negativa de Allen Burke en representación de QVC, supe que no me iba a rendir. Leí una cita tras otra que me inspiraron y me recordaron que las cosas de verdad valiosas se consiguen casi siempre tras salvar grandes obstáculos. Leí historias que había guardado para momentos como aquel, de personas que aparentemente no tenían la menor posibilidad de lograr su propósito, pero superaron el dolor del rechazo y salieron victoriosas. Recé pidiendo una visión clara de si debía seguir adelante a pesar de toda la oposición que me iba encontrando. Y puse toda la atención en el PORQUÉ. Sé que hay mucha gente que se fija objetivos, que tiene incluso un diario de objetivos, pero yo he descubierto que a mí no me basta con eso. Creo que a cualquier objetivo hay que añadirle un PORQUÉ, y ese PORQUÉ tiene que ser tan importante, tan fundamental para ti que, por muy difíciles que se pongan las cosas, tu fe en él sea tan fuerte que te haga mantenerte firme aunque todo parezca estar en contra tuya.

Tumbada bajo las sábanas, recordé el dolor tan profundo que me invadía de niña al ver imágenes de la belleza que me hacían sentirme deforme e inferior. Ahora estaba decidida a cambiar eso, por todas las niñas y adolescentes del mundo que estaban a punto de empezar a sentirse inseguras por ser como eran, y por todas las mujeres adultas que seguían sintiéndose así. Estaba decidida a agotar cada gramo de mí misma, y a agotar cada gramo de la rebeldía que llevaba dentro, antes de resignarme a tener que abandonar esa misión. Aquella noche, casi a punto de quedarme dormida, encendí el teléfono móvil, escribí un mensaje y me lo envié, y me prometí leerlo cada día hasta que ya no necesitara un recordatorio. El mensaje decía: «Conoce tu porqué y luego vuela, nena, vuela».

LOS PREMIOS CEW estaban cerca y me apunté para presentar nuestro producto. CEW, Cosmetic Executive Women ('ejecutivas de la industria cosmética') es una organización autofinanciada que cuenta con más de diez mil miembros y a la que puede pertenecer cualquiera que trabaje en el sector de la belleza, desde asistentes hasta líderes de opinión, y que de hecho está compuesta en su mayoría por mujeres. Una vez al año, se exponen cientos de productos y se hacen demostraciones prácticas ante todas ellas. Imagínate, ¡una exposición colosal de maquillaje y productos para el cuidado de la piel! Tenía la esperanza de que si otras mujeres del sector probaban nuestro corrector Bye Bye Under Eye, verían lo estupendo que era y nos votarían, y quizá podríamos ganar uno de los codiciados premios de la organización para empresas emergentes.

Me asignaron una mesa de metro y medio de largo para exponer los productos, y, en cuanto se abrieron las puertas, me sentí rápidamente desbordada por la multitud de mujeres del sector que pasaban por delante y se paraban a probar cada uno de ellos. En cierto momento, estaba mostrándole a una mujer nuestro corrector y explicándole con entusiasmo por qué era tan especial cuando vi al fondo un estand enorme con el rótulo QVC. «¡Hala! Está aquí QVC», pensé. Cada vez que mi zona se despejaba un poco, me acercaba al estand de QVC con la esperanza de poder hablar con su responsable de compras. En realidad, se suponía que no podíamos abandonar nuestra mesa, así que en cuanto veía a la gente arremolinarse delante del estand de QVC y que la persona que había detrás de la mesa no daba abasto, volvía corriendo al mío y seguía ocupándome de mis productos. En una de estas idas y venidas, otra empresaria fundadora se acercó a saludarme. Cuando le dije lo emocionada que estaba porque hubiera venido QVC, me señaló a su jefa de compras y me aconsejó que fuera a hablar con ella. Cada vez que podía, me escabullía de mi mesa para echar un vistazo al estand de QVC, hasta que por fin la vi libre y sola. Me acerqué a ella y me presenté. Fue superamable, comentó que reconocía mis productos y me dio su tarjeta. Le dije cuánto deseaba tener ocasión de contarle más cosas. Aceptó que concertáramos una cita en el futuro, pero no supe si lo decía solo por cortesía. Con el corazón desbocado y la cabeza en las nubes, volví a mi mesa de metro y medio y seguí haciendo demostraciones de nuestro corrector a los miles de mujeres que pasaban por delante.

Luego, casi dos horas después de empezar el evento, apareció una mujer y se presentó. En aquellos momentos no podía imaginar que, gracias a ella, mi vida cambiaría para siempre. Me dijo que era presentadora de un programa de QVC y que ya había hablado conmigo hacía un rato. Yo no me podía creer que no la hubiera reconocido cuando se dirigió a mí. En fin, se había quedado tan impresionada con nuestro corrector que dijo:

—¡Creo que a nuestras clientas de QVC les encantaría! Y quiero que sepas que acabo de hablar con la jefa de compras que está en el estand y se lo he comentado.

—No sabes cuánto significa para mí lo que me estás diciendo —contesté con lágrimas en los ojos. Ella, al verlas, se sorprendió y añadió rápidamente:

—Escucha, cariño, yo no tengo ningún poder de decisión sobre si se acepta o no un producto; solo quería que supieras que este es estupendo.

Le di las gracias e intenté recomponerme.

Al cabo de unos días me puse en contacto con la jefa de compras de QVC, como me había indicado la presentadora, ¡y nos concedieron una cita! La sede central de QVC está a unos treinta minutos de Filadelfia. La sala de reuniones estaba al final de un pasillo muy largo, y lo bastante ancho como para haberlo podido recorrer en coche, con varias puertas idénticas a cada lado. Entre las puertas, había imágenes enmarcadas de las marcas que se habían hecho famosas gracias a este canal de televisión, y fotos de los centros de distribución que QVC tenía por todo Estados Unidos y en distintas ciudades del mundo. Quería creer que nuestra empresa merecía estar en aquel pasillo y en aquella pared, pero no era fácil cuando lo único que habíamos oído hasta entonces había sido *no*. La sala de reuniones era muy pequeña. Pensé: *Oh, no, ¿debería interpretarlo como una mala señal?* Paulo y yo sacamos los libros de presentación con las páginas en color, ¿recuerdas?, las que habíamos impreso a noventa y nueve centavos la página en FedEx y habíamos encuadernado con las tapas de acetato.

Me sentía entusiasmada y a la vez entumecida. El entumecimiento era probablemente un escudo para no sentir y que no se trasluciera la inseguridad que me torturaba en lo más profundo. No quería que la gente de aquella sala percibiera el desánimo que me había ido creando la larga sucesión de negativas. Cualquier responsable de compras necesita creer que le vas a hacer ganar mucho dinero, y yo no tenía datos con los que respaldar que nuestros productos fueran a venderse, no podía ofrecer ninguna garantía. Sabía que si tenía alguna posibilidad de despertar el interés de aquellas personas, sería gracias a mi energía y mi convicción contagiosas, no a los datos... Y, en el pasado, eso no había sido suficiente. Rezaba por que la jefa de compras no me preguntara cómo era que nuestros productos no se vendían aún en ninguno de los grandes almacenes. Si lo hacía, iba a tener que ser sincera y decirle que, hasta entonces, todos habían dicho *no*. Además, tampoco se me había olvidado la llamada que me hizo Allen Burke apenas un año antes, en la que me comunicó que la opinión *unánime* de QVC era que nuestros productos no estaban indicados para su clientela. Hice todo lo posible por sepultar este recuerdo y empecé a hablar. Cuando terminé, hubo una pausa en la reunión, una pausa larga. Me preparé para responder a las preguntas, tal vez comprometidas, que la jefa de compras me haría ahora. Pero no fue eso lo que ocurrió. Sonrió y dijo:

–Estupendo, nos gustaría darte una oportunidad.

¡HAN DICHO *SÍ*! ¡TENEMOS UN *SÍ*! Llevaba años esperando oír esa palabra, y hasta ahora en este libro no he tenido la oportunidad de escribirla, así que, por si no te ha quedado claro, ¡nos dijeron *SÍ*!

SI ERES COMO yo, que te entra un hambre canina cuando estás estresada, mejor que te prepares un tentempié y hagas un descanso breve, porque todo está a punto de desbocarse y vienen momentos de mucho estrés.

LO QUE ENTONCES no sabía era que aquel *SÍ* y lo que hicimos a partir de él me enseñaría una de las mayores lecciones empresariales y personales que he recibido en mi vida, y que en resumidas cuentas consiste en el poder que entraña creer en tu intuición.

Te cuento. El *SÍ* de QVC significaba que nos acababan de ofrecer *la* oportunidad de nuestra vida: una única aparición en directo en su canal. Estaba programado que durara diez minutos. En ese tiempo, teníamos que ingeniárnoslas para vender más de seis mil unidades de nuestro corrector... ¡Seis mil unidades en solo diez minutos! Habíamos firmado un contrato de consignación, lo cual quería decir que teníamos que pagar la fabricación del corrector y su envío a QVC, y que no cobraríamos hasta una vez hechas las ventas, y que en ese momento cobraríamos lo correspondiente al número de unidades que se hubieran vendido. Las que no se vendieran tendríamos que llevárnoslas de vuelta a casa..., sin haber ganado nada con ellas, claro. Acuérdate de que en aquella época nuestra actividad comercial se reducía a los dos o tres pedidos diarios que nos hacían a través de la página web.

Nos quedaban menos de mil dólares en la cuenta bancaria de la empresa, que era también la cuenta personal de Paulo y mía. *Advertencia a las emprendedoras:* Uno de los mejores consejos empresariales que puedo darte es que NUNCA aceptes una orden de compra que no puedas permitirte perder. ¡Y aquella era una orden de compra que no podíamos permitirnos perder de ninguna manera!... Aun así, llevábamos tantos años oyendo *NO* que decidimos arriesgarnos. Nos gastamos todo el dinero que teníamos, y un poco más que pedimos prestado, en fabricar los correctores y pagar todas las pruebas clínicas y los requisitos legales de QVC. Todos los bancos rechazaron nuestras solicitudes de préstamo excepto el último, un pequeño banco independiente de California, que nos concedió un préstamo para pequeñas empresas con el que pudimos al menos cubrir los gastos que conllevaba aparecer en QVC. Una vez que tuvimos el producto en nuestras manos, todo dependía de lo que pasara en esos diez minutos de televisión en directo. Si aquel único programa en QVC no surtía efecto, no tenía ni idea de cómo íbamos a pagarle a Jacquie. En cuanto a Paulo y a mí, casi tres años después de haber puesto en marcha la empresa aún no habíamos cobrado un centavo, a pesar de trabajar sin descanso semanas de cien horas y de vivir al borde de la extenuación. Por si fuera poco, en caso de que la aparición en QVC fuera un desastre y tuviéramos que llevarnos el inventario de vuelta a casa, la empresa quebraría. Así que tenía que tomar una de las decisiones más difíciles de mi vida sobre si confiar en mi instinto o no.

PARA SABER CÓMO emplear de la mejor manera posible esos diez minutos de televisión, acudimos a una serie de personas expertas, profesionales que se ganaban la vida asesorando a las empresas sobre las estrategias más eficaces para vender en televisión. Una a una me dieron todas el mismo consejo: me dijeron que la única forma de tener éxito sería utilizar un grupo selecto de modelos para presentar el producto; modelos de poco más de veinte años y con una piel impecable. Una a una, yo les hice las mismas preguntas: «Entiendo, pero ¿qué sentido tiene mostrar los efectos de un corrector en alguien que tiene una piel perfecta?»; «¿Y si alguna telespectadora tiene problemas de piel, como tengo yo, cómo va a saber si este producto le va a servir de algo?»; «O si resulta que estoy sentada en casa, tengo setenta años y veo los resultados del producto en una chica de veinte, ¿cómo sé si a mi edad va a tener algún resultado o no?».

Yo quería mostrar nuestros productos en una diversidad de modelos, para que las telespectadoras pudieran identificarse con mujeres de su edad y su tono o tipo de piel. Les dije a los expertos que incluso estaba dispuesta a salir en directo por televisión sin maquillaje, con la cara roja, cubierta de rosácea, para demostrar la eficacia del producto y la fe que tenía en él. Uno a uno me lo desaconsejaron rotundamente, argumentando que, si quería que mi presencia en televisión fuera un éxito, la única fórmula que había demostrado ser eficaz era la que me habían sugerido. Por desgracia, no tenía la posibilidad de probar a hacerlo de ambas maneras. La supervivencia de mi empresa estaba en juego, y solo tenía diez minutos y una única oportunidad.

En las semanas previas al programa, se me revolvía el estómago cada vez que pensaba que tenía que tomar una decisión. No podía dormir. Las voces expertas me habían dicho que mi idea de cómo presentar el producto no iba a funcionar. Pero el instinto me decía que las mujeres se merecen algo más que ver representado un concepto inalcanzable de la belleza en modelos que no se parecen a ellas en absoluto. Llegué a Filadelfia una semana antes de nuestra aparición televisiva. Cada día conducía hasta el aparcamiento de QVC en el coche de alquiler, aparcaba a treinta metros de la puerta principal y me quedaba allí sentada, sola, durante horas, mirando fijamente la puerta y el enorme cartel de QVC colocado delante de ella, viendo a la gente entrar y salir. Sabía que la próxima vez que cruzara ese umbral significaría la materialización de un sueño o el fin del negocio. Durante todas aquellas horas, planeé lo que iba a hacer y a decir en nuestros diez minutos, y visualicé un éxito rotundo. Lo mismo que una gimnasta olímpica se visualiza haciendo una pirueta triple, o en el podio con la medalla de oro, yo visualizaba el cartel de «producto agotado» ascendiendo de repente. Pero todos los días de aquella semana, sentada en el coche de alquiler en el aparcamiento mirando la fachada de la sede central de QVC, sentía también una presión cada vez más acuciante, pues nos lo jugábamos todo a una sola carta.

En cierto momento recordé una historia que había contado Oprah Winfrey en su programa, relacionada con *El color púrpura*. Decía que el deseo de actuar en la película era tan fuerte que prácticamente la consumía. Un día salió a correr y dio vueltas y vueltas alrededor de la pista cantando el himno *I Surrender All* ('me entrego por entero a Ti') mientras rezaba a Dios suplicándole que la librara de aquella obsesión porque era un peso que no podía soportar más. Pues eso mismo hice yo en el coche. El peso de lo que estaba en juego me resultaba de verdad excesivo, así que le imploré a Dios que me librara de él. Le pedí que me dijera cómo actuar. ¿Debía seguir los consejos que me habían dado los expertos para tener las máximas posibilidades de lograr mi objetivo? Al fin y al cabo, por algo eran expertos. ¿O debía seguir mi instinto e intentar cambiar el sector y redefinir la imagen de lo que se consideraba una mujer «bella»? Da igual si lo llamamos instinto, intuición, Dios o el Universo. El caso es que en aquel coche de alquiler, después de días rezando y tratando de escuchar la respuesta, de repente lo vi más claro que la luz del día.

Tomé una decisión. Iba a salir en directo en QVC durante aquellos diez minutos y a exponer mi «antes» a cara descubierta, e iba a demostrar que nuestro producto era ideal para todo tipo de mujeres. Mujeres que se parecieran a mi madre y a mi abuela, a mis hermanas y a mis amigas; mujeres que se parecieran a Jane, la camarera de la cafetería, y a Jennifer, la empleada de correos. Mujeres reales. Aunque fuera un fracaso y perdiera la oportunidad de triunfar en QVC, no iba a desperdiciar mi oportunidad de defender algo que me importaba mucho, mi oportunidad de demostrar a todas las mujeres que de verdad creo que son bellas y que merecen sentirse bellas. Iba a utilizar mi única oportunidad para mostrarles que «modelos bellas» somos todas las mujeres. Iba a aprovechar al máximo mi oportunidad y a jugármelo todo. En serio, si las únicas imágenes que ven constantemente las mujeres adultas, las adolescentes y las niñas son de modelos que en nada se les parecen, ¿cómo es posible que se vean guapas? Decidí que, pasara lo que pasara, tenía un único objetivo para todas las telespectadoras: quería que todas se sintieran bellas. Quiero que todas las personas se sientan bellas. Ya sea por primera vez en su vida o por primera vez desde hace mucho tiempo.

Quiero que todas las personas se sientan bellas. Ya sea por primera vez en su vida o por primera vez desde hace mucho tiempo.

Estaba a tan solo unos minutos de lo que parecía el momento más importante de mi vida. Me puse mi mejor vestido, recé una oración con Paulo, me ajusté el micrófono y avancé por el largo pasillo en dirección al estudio. Al entrar en el plató, vi las cámaras a mi alrededor y me quedé mirando pasar los segundos en el cronómetro. Había empezado la cuenta atrás. En unos instantes entraríamos en antena, y el programa se emitiría a más de cien millones de hogares de todo el país. Estaba aterrada. Tuve que sofocar las voces de los expertos que me sonaban en la cabeza diciéndome que estaba loca, que estaba a punto de cometer un grave error. Tuve que ignorar que era posible que la empresa quebrara. Y tuve que olvidarme de cosas comparativamente triviales, como que el vestido con el que iba a aparecer en la televisión nacional me quedaba un poco ajustado. Me enfoqué totalmente en la decisión de luchar por las mujeres de todo el país, que merecían ver una definición *nueva* de la belleza a la que *sí* pudieran aspirar. Mujeres a las que, como a mí, se les había dicho que no daban la talla, que no estaban lo bastante delgadas ni eran lo bastante guapas... Y que, si lo piensas, son casi todas las mujeres. Mujeres que, como yo, se han repetido esas palabras tantas veces en la cabeza que han acabado por creérselas, y se han construido ellas solas una cárcel mental. Mujeres como yo, que hemos *malgastado* TANTA energía cada día de nuestra vida imaginando estúpidamente que si nos pareciéramos a alguna de esas mujeres que admiramos, seríamos felices. No, no estaba a punto de cometer un grave error. La luz roja se encendió, la cámara me enfocó la cara, el cronómetro marcaba 10:00 y, en cuanto la presentadora abrió la boca para decir la primera palabra, los minutos y los segundos empezaron a destellar ante mis ojos... 9:59, 9:58, 9:57... ESTAMOS EN EL AIRE... ALLÁ VAMOOOOOS...

EL PRIMER MINUTO estuve totalmente bloqueada. Tenía la sensación de estar fuera de mi cuerpo, como desconectada de lo que estaba pasando y sin poderme creer del todo que estaba ocurriendo de verdad. Había preparado una demostración para que se viera claramente que nuestro corrector no se arrugaba ni cuarteaba. La idea era aplicármelo en la muñeca junto a dos de los correctores más vendidos del mercado. Había practicado aquella demostración frente al espejo del cuarto de baño cientos de veces en los últimos días. Me ponía delante del espejo y doblaba la muñeca hacia delante y hacia atrás. En diez o veinte segundos, los otros dos correctores se resquebrajaban como la arcilla del desierto. El nuestro permanecía liso. Eso no era cualquier cosa. Cuando un corrector forma arrugas y grietas que tú ni siquiera tienes, y magnifica lo que intentas cubrir en lugar de hacer que parezca piel de verdad, está haciendo justo lo contrario de lo que debería hacer. Con mi demo, quería mostrar exactamente lo que habíamos conseguido, y estaba impaciente por que todas las mujeres lo vieran.

Pero aquella mañana, en directo, aunque los correctores hicieron su parte, mi cuerpo se negó a hacer la suya. No estaba nerviosa por salir en la tele, estaba estresada por lo que había en juego. ¡Tan estresada que me temblaban el brazo y la mano! Me temblaban no como si estuviera un poco nerviosa, sino como tiembla Scooby-Doo, el perro de los dibujos animados, cuando ve un fantasma. Se suponía que yo era toda una experta, y una experta no se echa a temblar como un flan. Debí de dar una imagen tan penosa que, a mitad de la demostración, la presentadora me susurró: «Respira hondo, cariño, lo estás haciendo estupendamente», al tiempo que me sujetaba con firmeza el brazo tembloroso y, como la gran profesional que era, salvaba la situación hablándome de lo mucho que le gustaba el producto. Y entonces pasé al momento que cambiaría mi vida para siempre: una toma de mi cara roja encendida, mi «antes» de utilizar nuestros productos, apareció en las pantallas de los televisores.

DESDE QUE COMENZÓ mi batalla contra la rosácea, cuando tenía veintitantos años, rara vez salía de casa sin maquillaje. Era la única forma de evitar que la gente me preguntara a cada momento si tenía fiebre, si me había quemado tomando el sol o si había sido el viento, si me encontraba bien o sencillamente: «¿Qué tienes en la cara?». Como buena perfeccionista, me había pasado la vida encerrada en la cárcel mental de la apariencia física que pensaba que debía tener. Y sobre todo para recompensarme por los esfuerzos que me costaba tratar de alcanzar ese ideal de belleza, encontré oportunidades de mostrar públicamente mis logros, por ejemplo actuando en un episodio de la serie de televisión *Los vigilantes de la playa* (sí, corrí a cámara lenta con un bañador rojo), o ganando el título de Miss Washington y compitiendo en el certamen de Miss Estados Unidos, experiencias fabulosas en ambos casos y que me hicieron preguntarme por primera vez si aquello estaba ocurriendo de verdad. En la universidad me había enamorado de un lanzador de béisbol que jugaba en las Grandes Ligas y que siempre me decía lo «buena» que estaba. (En fin, ¡qué *desastre* de relación!). Llevaba desde los catorce años haciendo dietas, por no decir matándome de hambre, y *todavía* hoy tengo que vencer la tentación de calmar o celebrar las emociones intensas atracándome de comida. Y, como nos pasa a muchas, cuanto más delgada estaba, más cumplidos me hacían, sobre todo muchas de las mujeres que había en mi vida en aquella época, que me los hacían de corazón, con la mejor de las intenciones. Allá donde estuviera, el mensaje que me llegaba era que el amor y la aprobación estaban ligados a la apariencia, así que la aparición de la rosácea me mató la seguridad en mí misma. Cuando me enteré de que no tenía cura, la cabeza se me llenó de repente de preguntas que me da un poco de vergüenza admitir, como: *¿Seguiré pareciéndoles atractiva a los chicos?», «¿Perjudicará esto a mi carrera de presentadora?», «¿Volveré a sentirme guapa algún día?* Me había pasado la vida en esa cárcel mental de la belleza, y no era capaz de expandir los pensamientos más allá de la jaula que me había creado. Pero aquel día en QVC, me lancé al vacío sin vacilar y pasé de ser la chica que no salía de casa sin cubrirse la cara con varias capas de maquillaje a ser la mujer que mostraba al desnudo su cara de color rojo intenso cubierta de rosácea en la televisión nacional.

La vida puede cambiar drásticamente en un instante. Y la mía lo hizo. Todo aquello que me habían contado que eran mis «defectos» adquirió de repente el tamaño de la enorme pantalla de los televisores que la gente de todo el país miraba desde la butaca. En *alta definición*. Si me hubiera detenido a pensarlo solo un segundo, la cabeza se me habría llenado de dudas. Pero algo que creía en aquellos momentos, y que más tarde sabría con certeza, es que no se puede fingir autenticidad. Si por un lado decía que todas las mujeres son bellas y, por otro, me dejaba dominar por mis inseguridades, la gente no conectaría conmigo y fracasaría. Por fortuna, sabía que lo importante en aquel plató no era yo, sino algo que iba mucho más allá de mí. Y saber que la cosa no iba conmigo me liberó.

Mientras las tomas de mi cara «antes» y «después» aparecían en directo en la televisión nacional, yo iba hablando, pero no sentía mi cuerpo. Era como si estuviera en el cielo, flotando. A continuación saqué a las modelos: mujeres reales con problemas de piel reales. Los números del cronómetro descendían a toda velocidad; parecía una de esas escenas de película en las que todo sucede a cámara rápida y lenta a la vez. Salvo que aquí, cuando vi que solo quedaban unos minutos, en lugar de una emotiva banda sonora se me oía a mí hablando sin guion, sin apuntador electrónico, en directo y desde el corazón. Era lo más osado que había hecho nunca, y en uno de los momentos más cruciales de mi vida. Y no tenía ni idea de cómo estaba reaccionando el público. De repente, oí a la presentadora decir: «Hemos empezado con seis mil doscientas unidades, y del "tono medio" ya no queda ninguna; del "claro" quedan novecientas; del "intenso", doscientas, y ¡solo otras doscientas del "bronceado"!». Sentí que mis sueños se estaban haciendo realidad ante mis ojos. El corazón me latía con fuerza. Tenía la adrenalina por las nubes.

Aún quedaba tiempo y tenía que seguir comunicando mi mensaje, pero la presentadora acababa de decir que el producto se estaba agotando. Eso significaba no solo que la empresa iba a sobrevivir. Para mí era mucho más que eso. Significaba que cientos de mujeres reales estaban usando su voz, su tiempo y un dinero que habían ganado con muchos sudores para decirnos a mí, a QVC y al mundo que no querían ni necesitaban ver representado un concepto inalcanzable de la belleza para comprar cosméticos. Le estaban diciendo al mundo: «¡Ya vale! Queremos que los productos pensados para nosotras se nos muestren en mujeres que se parezcan a nosotras, para saber los resultados reales que van a tener en nosotras». Antes de que pudiera recuperar el aliento, el cronómetro llegó a los últimos segundos y el cartel de «agotado» apareció en pantalla. La presentadora se volvió hacia mí y me dijo: «¡Enhorabuena, hermana!», y me dio un abrazo enorme. La cámara pasó a otra cosa y, por fin, lloré.

Mientras me corría el rímel por las mejillas (¿cómo pude no acordarme de usar un rímel resistente al agua?), oí al productor preguntarme por el pinganillo si me encontraba bien. Otra productora entró corriendo por la puerta doble del estudio con cara de preocupación y se ofreció a ayudarme a volver a la sala de espera. Yo estaba desconcertada. Al parecer, la gente de la sala de control temía que me fuera a desmayar, algo que ya había ocurrido anteriormente cuando alguien salía en directo por primera vez. La presión que se siente en el plató es enorme. En el mundo de las compras televisivas cada minuto cuenta. Y no solo te arriesgas a tener que volverte a casa con todo el inventario, sino que, a menos que alcances un determinado nivel de ventas (que en este mundo se conoce como «dólares por minuto»), no te van a volver a invitar. Es entonces cuando, en el juego de mesa de las ventas de cosméticos, que es un Monopoly Go! muy singular, te arruinas sin pasar por la casilla Go ni cobrar doscientos dólares. Al mirar a mi alrededor, vi que también a Jacquie le caían las lágrimas, y un instante después entró Paulo corriendo por la puerta doble del estudio. Nunca olvidaré su expresión. Nos abrazamos y exclamó a voces: «¡No vamos a quebrar!».

No solo vendimos las seis mil unidades de corrector en diez minutos, sino que la demanda fue tan grande que tres mil pedidos más quedaron en lista de espera. Nos invitaron a QVC otra vez. Y otra. Y cada vez, aparecí en la televisión nacional con la cara lavada. Hice convocatorias de *casting* a las que no estaban acostumbradas las agencias de modelos, pidiendo mujeres de todas las edades, formas y tamaños, con acné u otros problemas de piel, que estuvieran dispuestas a mostrar su cara lavada, como yo. Contratamos a modelos de diversas edades y distintos tonos de piel, como Helen, de más de setenta años; Alisha, que tiene una piel propensa al acné; Sheila, que sufre hiperpigmentación, como la mayoría de nosotras, y Desiree, que tiene ojeras hereditarias, que lleva luchando contra el acné toda su vida y que, cuando la conocí, ni siquiera se planteaba salir de casa sin maquillaje. Jacquie, nuestra gran y única empleada, apareció conmigo en directo para mostrar cómo, además de ocultar la hiperpigmentación de su piel, nuestro corrector le cubría totalmente el tatuaje gigante que llevaba en el brazo, que decía «DJ

Jacquie Jack» (había sido *disc-jockey* en una vida anterior). De hecho, hizo la demostración del tatuaje tantas veces que, al final, solíamos decir en broma que, como se había hecho tan famoso, exigía un aumento de sueldo y su camerino privado. Cuando las modelos y yo aparecíamos juntas, no nos parecíamos en nada a ninguna imagen que hubiera presentado hasta entonces la industria cosmética. Juntas, mostrábamos todas en directo nuestros rostros desnudos y cómo actuaba el producto en la realidad. Juntas, éramos modelos de una empresa de productos de belleza. Juntas, creíamos auténticamente que toda mujer es bella.

Hicimos cinco emisiones en directo ese primer año, 2010. Luego, más de cien emisiones en directo en 2011. Y luego, más de ciento cincuenta en 2012. Seguimos creciendo y creciendo, y desde entonces hemos hecho cada año más de doscientos segmentos y programas en directo en QVC. IT Cosmetics se convirtió en la marca de maquillaje número uno en la cadena y después en la marca de productos de belleza número uno en todas las categorías. Hoy, mientras escribo esto, somos la mayor marca de productos de belleza de la historia de QVC.

QVC HABÍA DICHO *NO* durante muchos años. Y cuando por fin nos dieron el *sí*, todos los expertos me dijeron que mi visión era un disparate. Si me hubiera tomado a pecho la negativa de QVC de todos esos años, no habría tenido la confianza necesaria para seguir intentando conseguir un *sí*. Cuando las opiniones y palabras de las personas más entendidas discreparon de lo que mi instinto me decía, lo más seguro y tentador habría sido escuchar su parecer experto, basado en lo que les había enseñado la experiencia. Pero una de las principales lecciones que aprendí fue que, cuando tienes una idea, un producto o una visión verdaderamente nuevos, no debería sorprenderte que los expertos no crean que vaya a tener éxito. Sencillamente, no hay pruebas de que vaya a triunfar. ¿Cómo podría haberlas? *Es algo que nunca antes se ha hecho.* Tienen buenas intenciones, pero con frecuencia la realidad es que nunca han creado ni construido personalmente nada. Y aunque quizá se consideren visionarios, no suelen ser capaces de imaginar el éxito que puede tener algo que nunca antes han visto. Si hubiera sabido todo esto desde el principio, me habría ahorrado muchas noches de llorar hasta quedarme dormida.

Con frecuencia, los expertos no han creado ni construido personalmente nada.

Cuando nos aventuramos en territorio inexplorado, a veces conviene que bajemos a los expertos del pedestal en que los hemos puesto y pongamos en él nuestra intuición. Tenemos que quedarnos quietas y escuchar esa vocecita cristalina que nos está diciendo desde dentro lo que debemos hacer. Y luego armarnos de confianza y coraje para hacerlo. Estos son los momentos que nos definen. Si hubiera escuchado a los expertos, tal vez habríamos alcanzado cierto objetivo de ventas. Tal vez incluso habríamos sido una de las pocas marcas emergentes a las que habrían invitado de nuevo. Pero estaríamos haciendo lo que hace todo el mundo, en lugar de mantenernos fieles a nuestra verdadera misión, que iba mucho más allá de las ventas. Ir a lo seguro habría significado poner el miedo en un pedestal, en lugar del amor. Y, como en cualquier otro aspecto de la vida, cuando dejamos que el miedo, o las opiniones de los demás, gobiernen nuestras decisiones, a menudo lo hacemos a costa de lo que en verdad importa.

A la vez que el negocio crecía en QVC, volví a ponerme en contacto con todos los minoristas que en el pasado nos habían dicho que *no*. Uno a uno, fueron respondiéndonos todos que *sí*. Tres años después de nuestra primera presentación en QVC, recibimos una invitación de ULTA Beauty, la principal empresa minorista de productos de belleza de Estados Unidos, que con mucho entusiasmo hizo un lanzamiento de nuestros productos en las tiendas que tiene repartidas por todo el país. Su directiva comprendió plenamente nuestra visión y se lanzó de cabeza con nosotros. Incluso sacamos en colaboración una línea de brochas de maquillaje de marca conjunta, cuya venta, sumada a la de nuestros productos de belleza, nos convirtió en la marca de lujo número uno en todas sus tiendas. Qué locura, ¿verdad? Habíamos pasado de oír un *no* rotundo a ser su marca más vendida. Y a continuación, ¿estás preparada para lo que viene? Seis años después de que la reunión en la que me rechazaron de plano, ¡por fin recibimos un *sí* de Sephora!

¡Cómo son las cosas! Durante años, aunque el éxito en QVC estaba siendo aplastante, Sephora había seguido negándose en redondo a colaborar con nosotros, incluso ahora que podíamos mostrarle pruebas de las ventas. Si esto te pasara con un chico en vez de con una cadena de tiendas, tus amigas te dirían: «¡Olvídate! No te merece. No está interesado y punto». Y te lo dirían con palabras así de suaves si ese día se han levantado con buen pie. Cuando el espíritu se siente rechazado es como si te vaciaran por dentro... Especialmente si te tomas el rechazo como una afrenta personal. Pero no puedes tomártelo como algo personal cuando se trata de un negocio; al menos, si lo que quieres es conseguir un *sí* y ganar finalmente. Es un error que se comete a menudo en el mundo empresarial. Pero no te puedes venir abajo, tienes que seguir en la brecha e insistir. Es difícil, pero cuando llega la victoria, ¡vaya si ha merecido la pena! Sephora resultó ser una socia fabulosa. La jefa de compras que en su día no fue muy amable conmigo, hacía tiempo que había dejado la empresa y el sector de la belleza. Las actuales jefas y jefes de compras y el equipo con el que ahora trabajamos nos apoyan en todo el mundo. Son gente atenta e inteligente, gente que a menudo se toma verdadero interés por promocionar marcas emergentes de productos de belleza. En el momento de contarte todo esto, somos una de las principales marcas de la sección de cuidado de la piel en las tiendas de Sephora de todo el país. Como en el caso anterior, pasamos de oír durante años un *no* tras otro a convertirnos en una marca líder y, además, a tener una asociación con Sephora cordial y próspera. Así que, sean cuales sean los obstáculos que en este momento se interponen en tu camino, esta situación no es representativa de hasta dónde llegarás en el futuro. No dejes que las dudas que otros tengan sobre ti o sobre tu sueño te hagan dudar. Y tampoco guardes rencor a nadie por su escepticismo y sus *noes*, ¡esto es superimportante! Parece que esté en la naturaleza humana sentir rencor hacia quienes nos hacen daño o no creen en nosotros, pero si yo le hubiera guardado rencor a cada persona que un día me rechazó, ¡nunca habría convertido esos *NOes* en gloriosos *SÍes*!

No dejes que las dudas que otros tengan sobre ti o sobre tu sueño te hagan dudar.

TOMAR LA DECISIÓN de confiar en mi instinto, cuando todo estaba literalmente en juego, me abrió luego una puerta detrás de otra. *Ese momento* fue en gran parte el responsable de que un sueño que empezó en el salón de mi casa se convirtiera en una empresa de mil millones de dólares. Creo sinceramente que nuestro instinto es uno de nuestros mayores superpoderes. ¡Y todos los seres humanos lo tenemos! Tú ahora mismo lo tienes. Lo que pasa es que una de las dificultades más angustiosas es que a veces el instinto nos dice algo completamente distinto de lo que nos dicen la cabeza, el corazón, los expertos, los troles de las redes sociales, nuestras amigas, nuestra familia, los compañeros de trabajo, nuestra socia, los colegas..., y tenemos que decidir a quién hacer caso. La clave es ser conscientes de las cosas que nos impiden escuchar nuestra intuición; fundamentalmente, los errores del pasado, la falta de confianza en nosotras mismas y la importancia que damos a las opiniones ajenas. Cualquiera de estas cosas nos puede nublar el instinto, pero cuando somos conscientes de ellas podemos recuperar nuestro poder. Todas y todos tenemos intuición, y cuanto más sintonizada estés con ella más fácil te resultará ser tú misma y asumir plenamente tu autoridad.

Y es importante que tengamos mucha paciencia con nosotras. A veces, lleva tiempo aprender a desarrollar el instinto y a confiar en él. Puede que, en principio, tengamos que pararnos y mirar con calma de dónde venimos, lo lejos que hemos llegado y lo fuertes que hemos tenido que ser para llegar hasta aquí. El rechazo, los fracasos, e incluso las veces que nos hemos equivocado por confiar en el instinto, son en realidad regalos que encontramos en el camino de la vida. No los desaproveches: son lecciones muy valiosas que podemos utilizar para afinar nuestros instintos y nuestra intuición. Esta es la clave para que tu instinto aprenda a diferenciar lo que es un buen consejo y lo que no. Entonces, cuando los escépticos solo vean obstáculos, tu instinto te mostrará soluciones. Cuanto más lo practiques, más sensible se hará el oído a la vocecita de la intuición y más confiarás espontáneamente en ella. Y esto, a su vez, te dará cada vez más seguridad en ti misma y, con el tiempo, la certeza de que la intuición tiene más fuerza que ningún consejo.

Tu intuición tiene más fuerza que ningún consejo.

El momento en que apareció el cartel de agotado (*sold out*) en nuestro debut en QVC. La presentadora, Lisa Mason, me tomó de la mano y me pasó el brazo por la espalda (creo que el equipo entero tenía miedo de que me fuera a desmayar) cuando las lágrimas empezaron a correrme por las mejillas.

DOS

Creer que de dónde vienes no determina a dónde vas...

No has llegado hasta aquí solo para llegar hasta aquí.
—ANÓNIMO

¿Alguna vez te has enterado de algo que te dejara estupefacta, o pusiera tu vida patas arriba, y que te hiciera cuestionarte todo lo que hasta entonces creías que era verdad? Podría ser una relación que descubriste que estaba llena de mentiras, o cosas que habías oído contar repetidamente en tu familia y que te enteraste de que no eran ciertas. Bien, esto es lo que me pasó a mí el día que, por accidente, se me reveló un gran secreto. Un secreto que mi familia guardaba desde hacía casi treinta años. Lo que ocurrió a continuación me enseñó que cuando tu vida entera se tambalea de repente y no tienes nada en lo que apoyarte, la manera en que vivas esa incertidumbre puede cambiar el curso de tu existencia.

De niña, aprendí a valerme sola y a soñar despierta para ocupar el tiempo. Mi padre y mi madre se divorciaron cuando yo tenía seis años. Mi padre se llamaba Mike, y era un alcohólico bondadoso, carismático e irresponsable que había trabajado siempre como chef. Su irresponsabilidad combinada con un entorno laboral como el de un restaurante, donde el alcohol estaba presente y a mano en todo momento, era un peligro. Cuando terminaba su turno, se quedaba horas bebiendo, y muchas noches no aparecía por casa. Un día oí cosas que no debiera haber oído, y me enteré de que mi padre engañaba a mi madre con muchas, *muchas* mujeres.

Tengo muchos recuerdos de él, buenos y no tan buenos. Cuando era pequeña, los días que se quedaba en casa supuestamente cuidándome, solía levantarse de la cama pasado el mediodía. Hoy comprendo que era por la bebida. Pero lo único que sabía entonces era que, un día más, me tocaba sentarme en el suelo al lado de su cama durante horas mientras él dormía, mirando cómo iban cambiando en el despertador digital los grandes números blancos sobre fondo negro e imaginando todas las cosas que haríamos cuando se despertara. Y que era responsabilidad mía tenerle preparada una lata de cerveza. Eso lo haría feliz. Era un trato que teníamos él y yo y que nunca le conté a mi madre. Cuando los números de la hora y de los minutos que aparecían en el reloj eran finalmente los que él me había dicho, por ejemplo 10:00, tenía permiso para despertarlo. Yo, nerviosa de alegría, con la cerveza en la mano y lista para jugar, le decía en voz baja: «Papá, papá, es hora de que te despiertes». Pero él muchos días cambiaba el plan, y me decía que ahora tenía que esperar hasta que los números fueran 11:00 o 12:00. Así que me sentaba allí a su lado a mirar cómo cambiaban los números.

Cuando estaba despierto y sobrio, mi padre era el tipo más encantador y divertido del mundo. Nunca me habló mal y nunca me inculcó la menor disciplina. Dentro de lo limitado que estaba por el alcoholismo, me quería como el que más. Coleccionábamos cromos de béisbol, y me encantaba sentarme en sus rodillas para ver jugar a *su* equipo de fútbol americano, los San Francisco 49ers (los del 49 de San Francisco), que ganaron varias veces la Super Bowl en los años ochenta. Me enseñó a montar en bicicleta, a inflar una barca hinchable y a nadar hasta la orilla cuando la barca se pinchaba en medio de un estanque. Sin proponérselo, me inculcó también la clara convicción de que las mujeres somos más fuertes que los hombres, de que los hombres nos frenan, y no tenemos más remedio que ser supermujeres y hacerlo todo nosotras.

Mi madre, Nina, era justamente eso, una supermujer. Se levantaba cada día temprano y me llevaba a la guardería o al colegio para irse a trabajar, y era la encargada de pagar las facturas, de hacer todos los recados y de ocuparse de todas las responsabilidades familiares. Cuidaba hasta del menor detalle y, misteriosamente, conseguía no perder los nervios a pesar de que mi padre la decepcionaba y no cumplía ninguna promesa. Al final, después de casi veinte años de matrimonio, se hartó y se separó de él.

Después del divorcio, mi padre empezó a trabajar en la cadena de montaje de una fábrica de vidrio, inspeccionando botellas de vino y tarros de cristal. Hacía turnos rotativos que cambiaban cada semana. Una semana trabajaba de siete de la mañana a tres de la tarde, la semana siguiente de tres de la tarde a once de la noche, la semana siguiente de once de la noche a siete de la mañana, y vuelta a empezar. No dormía bien y estaba siempre cansado. Sorprendentemente, en lugar de salir a beber cada noche y que la prioridad fuera su vida nocturna, dio un giro de ciento ochenta grados y se convirtió en un ermitaño; apenas salía de casa.

Un divorcio nunca es fácil, pero Dios me dio sin ninguna duda un radiante comienzo después de la tormenta gracias a las nuevas familias reconstituidas. Mi padre se casó con una mujer llamada Laura, que era ahora mi madrastra, dulce, sensible y cariñosa, y que asumió en la casa el papel de supermujer. Crecí muy unida a ella, y con el tiempo, cuando yo tenía dieciséis años, mi padre y ella tuvieron una hija, mi hermana Karly, que ha sido y es uno de los amores de mi vida. También mi padre la adoraba, y una de las ventajas de que se convirtiera en un ermitaño fue que estuvo mucho más presente en la vida de Karly de lo que había estado en la mía.

Desde el primer día, mi madrastra Laura y toda su familia me quisieron como si fuera una más de ellos. Y en su mente, lo era. Y todavía lo soy. El padre y la madre de Laura, mi abuela Betty y mi abuelo Dick, me abrazaban con ese amor incondicional que hace que una nieta se sienta especial y favorita. Cuando tenía quince años, la hermana de Laura, mi tía Terri, me enseñó a conducir su Mazda 626 plateado de los años ochenta. Cada vez que metía una marcha se oía un chirrido, y yo sabía cuánto estaba sufriendo la caja de cambios, pero ella seguía dándome instrucciones con mucha paciencia. En la época de la universidad, la familia entera me enviaba paquetes de comida, y dentro había macarrones con queso Kraft y cualquier clase de artículos que estuvieran de oferta en el supermercado. Otra de las hermanas de Laura, mi tía Karen, me prestó su furgoneta cuando empecé a trabajar en televisión presentando las noticias y no podía permitirme comprar ni alquilar un coche. La familia de Laura es de esas que te reciben con un abrazo, una taza de café y una magdalena, sin importar quién seas o lo animada o hundida que estés. Te invitan a sentarte a la mesa a jugar a las cartas y te hacen llegar todo su cariño aunque tú en ese momento no tengas ganas de jugar. Son personas sencillas que aman con todo el corazón. No se habrían podido imaginar que yo algún día ganaría mucho dinero, y, cuando lo hice, ninguna de ellas cambió ni un ápice. Porque, a su entender, la verdadera riqueza es el amor. Y ellas están entre las personas más ricas que conozco.

TAMBIÉN MI MADRE volvió a casarse poco después del divorcio, y yo vivía con ella y mi padrastro, Dennis, que desde el primer día me quiso como si fuera su propia hija. Dicen que Dios te compensará por tus desventuras con doble cantidad de riquezas;* y sin duda el divorcio de mis padres me causó mucho dolor, pero Dios me dio más de *doble cantidad de riquezas*, plasmadas en mis dos nuevas familias. También le dio doble cantidad de riquezas a mi madre, pues Dennis le demostró una lealtad, una seriedad y un amor inquebrantables. Estaban tan enamorados que tomaron por costumbre llevar sudaderas a juego, y lo hacen todavía hoy. Por supuesto, de niña me daban una vergüenza espantosa, ¡pero ahora me parece de lo más tierno!

De pequeña vivía con mi madre y mi padrastro, y los dos trabajaban mucho. Y cuando digo mucho, quiero decir *muchísimo*. Teniendo yo siete años, montaron un negocio de *escrow* (de custodia de bienes), y todas mis amigas me preguntaban con los ojos muy abiertos:

—¿Un negocio de *escort* (de acompañantes remuneradas)?

—¡No, de *escort* no, de *escrow*! Como cuando dices que alguien guarda en depósito un dinero mientras cambia de manos entre los que hacen el préstamo y la gente que compra o vende una casa.

—!Ahhhh! —decían.

Desde el principio, su pequeño negocio independiente de custodia de bienes los obligaba a trabajar todos los días de la semana solo para mantenerlo a flote. (¿Te suena? Era una ética de trabajo bastante rigurosa, que con el tiempo repliqué como lo más natural en mi propio negocio). Así que, desde los siete años, mi vida estuvo dictada por el mercado inmobiliario. Cuando el mercado tendía a la baja, mi madre y Dennis tenían que despedir a algún empleado y trabajar todavía más para mantener el negocio, y

* N. de la T.: Refrán inglés (*God gives you double for your trouble*) que es una versión libre de Isaías, 61: 7 «Y como mi pueblo ha tenido que sufrir doble porción de deshonra e insultos, por eso recibirá en su país doble porción de riquezas y gozará de eterna alegría», en la versión de la Biblia *Dios habla hoy* (DHH).

durante el auge del mercado, tenían que contratar a más gente y, aun así, trabajar muchas más horas para poder seguir el ritmo de la demanda. Así que trabajaban siempre sin parar, para poder permitirse que yo participara en actividades como la gimnasia o fuera de campamento. Pero, por otro lado, eso significaba que de niña pasaba mucho tiempo sola, a veces durante la semana entera, y que en ocasiones me sentía muy sola. Mi pasatiempo favorito era la televisión, sobre todo la cadena MTV, y a escondidas solía invitar a mis amigas, y más tarde a algún chico, para recrear en el salón los pasos de baile de los vídeos musicales. También me obsesioné con los anuncios de World Vision, en los que se veía a niñas y niños de todo el mundo que pasaban hambre. Les suplicaba a mi madre y a mi padre que adoptaran a alguna niña que necesitara una familia y, como mis ruegos no servían de nada, escribía relatos en los que contaba mis planes de hacerlo yo algún día. Cuando me enteré de la política de «un hijo por pareja» que se había impuesto en China, les dije que había niñas recién nacidas que nos necesitaban *¡ya mismo!* La respuesta de mi madre y luego la de mi padre siguieron siendo no, pero los dos me dijeron que yo sí podría adoptar una niña cuando fuera mayor. Siempre me inculcaron la sólida creencia de que podía conseguir cualquier cosa que me propusiera. Me hacían sentir que nada era imposible y que, si tenía una idea firme y clara de lo que quería, y estaba dispuesta a trabajar de verdad por ella, mi sueño se cumpliría. Con solo siete años, estaba convencida de que un día adoptaría un bebé.

En aquella época, solía ser la última niña a la que venían a recoger después de los entrenamientos de gimnasia. Cuando hacía ya rato que toda la demás gente se había ido, yo seguía sentada en el gimnasio con el entrenador a las tantas de la noche esperando a que mi madre y Dennis salieran por fin de la oficina y me vinieran a buscar. Muchos días eran más de las nueve cuando llegaban.

Tampoco podían venir a verme entrenar como hacían otras madres y padres. Casi siempre, tenían que trabajar. Algún verano que otro nos íbamos de vacaciones, pero eran muchos más los veranos que no podían despegarse de la oficina y nos quedábamos allí. Hacían lo que podían, y nunca dudé de que me querían de verdad. Y, sin duda, de ellos heredé mi ética de trabajo.

En los primeros años de instituto, entré en un grupo femenino de rap llamado SOB+1, que significa Sisters of Blackness plus One ('hermanas de la negritud* más una'), y sí, la «más una» era yo. Actuamos en el concurso de talentos del colegio e incluso fuimos al estudio de grabación. (¡Un saludo a SOB+1!). Yo rapeaba en el grupo y bailaba, y hasta compuse una canción que se titulaba *Show Me a Man* ('enséñame a un hombre') que *sé* que podría haber sido todo un éxito si en aquella época hubiéramos tenido contactos o algo de dinero. ¡Pero estoy divagando!

Siempre me habían gustado mucho los chicos, y en la época del instituto tuve unos cuantos novios bastante interesantes y divertidos. Lo curioso es que ni siquiera entonces fantaseaba con el día de mi boda ni con casarme con ninguno de ellos. Solo fantaseaba con cosas que no dependieran de los hombres, como crear un imperio empresarial, encontrar la forma de que SOB+1 saliera en la cadena MTV, o resolver la situación crítica que vivían los niños y niñas abandonados que veía en los anuncios. La única excepción que recuerdo fue cuando salía con un chico del instituto que se llamaba Eric. Llevábamos bastante tiempo juntos, y constantemente su apellido me hacía pensar en el matrimonio. Ahora me parece de lo más ridículo, pero en aquella época no podía evitar imaginar lo que pasaría si nos casábamos, porque se apellidaba Lard ('manteca de cerdo'). Como lo oyes, Lard. En mi cerebro adolescente,

* N. de la T.: Conjunto de características sociales y culturales atribuidas a la raza negra.

aún no del todo desarrollado, eso era una gran preocupación. Me repetía para mis adentros «*Jamie Lard*..., ¡ufff!». Es la única vez que me recuerdo imaginando cómo sería estar casada: ¿podría decir en alto ese apellido sin morirme de vergüenza? ¿Los compañeros de clase de mis hijos se burlarían de ellos? Al final llegaba a la conclusión de que, aunque *Lard* no fuera la palabra más atractiva del mundo, Eric estaba buenísimo, ¡así que al menos tendríamos unos hijos superguapos!

En el fondo, la palabra *Lard* me disparaba todas las inseguridades que tenía ya entonces sobre mi cuerpo, y que los mensajes culturales reforzaban a diario; mensajes que decían que nuestra valía humana está y debe estar ligada a nuestro físico. Cuando empecé a salir con Eric, llevaba ya varios años probando cada marca de pastillas para adelgazar que veía anunciada, estúpidamente convencida de que, como era joven, mi cuerpo lo aguantaría todo. Llevaba al instituto batidos dietéticos; los escondía en la mochila y luego, a la hora de la comida, me los bebía en el cuarto de baño con algunas de mis amigas que hacían lo mismo. Además, la hermana mayor de una de ellas nos conseguía en la gasolinera botes de anfetaminas para adelgazar, porque hacía falta tener dieciocho años para poder comprarlas. Yo veía de pasada que había una lista de advertencias sanitarias en el bote, pero no les prestaba ninguna atención. Y cuanto más adelgazaba, más me alababa todo el mundo. Incluso a esa edad, me enfurecía que fuera así. Pero los elogios se perciben a menudo como una expresión de afecto, así que no me importó dañar mi salud con tal de conseguir eso que interpretaba como amor. Y hablando de amor, al cabo de un año de noviazgo, el romance con Eric quedó en nada, al igual que mi preocupación por su apellido.

LA ADOLESCENCIA ES generalmente una época de incierta autoestima, en la que descubres las reglas de la inclusión y la exclusión, y en la que diferenciarte de la norma puede significar que te etiqueten de esto o aquello; así que vives en constante conflicto, por un lado intentando encajar, y por otro, preguntándote si vale la pena tanto esfuerzo. Ya entonces me encantaban los productos de belleza, pero en mi caso y en aquellos años se reducían básicamente a tiras nasales Bioré para limpiar en profundidad los poros y a Clearasil con color, ya sabes, esa crema para el acné que deja una línea rosa de demarcación alrededor de la mandíbula cuando intentas usarla como base de maquillaje.

En el instituto, no tenía un único grupo de amigas, sino que me relacionaba con distintos grupos. A los quince años, estaba loca por los chicos y, a la vez, empezaba a fijarme grandes metas profesionales y tenía una ambición enloquecida..., pero en lo referente a las tareas de clase, no tanto. Aunque tenía una imaginación desbordante y grandes sueños, en los años de instituto pasé por un largo período de procrastinación, y empecé a entregar los trabajos siempre tarde. Tanto es así que en el anuario del instituto me eligieron como «La mayor procrastinadora». Hubiera querido que me eligieran como «La alumna que más probabilidades tiene de triunfar», «La más guapa», «La que más sonríe» o «La más entusiasta», pero no, el único galardón que recibí fue el de «La mayor procrastinadora». Tardé muchos años en dejar de sentirme superavergonzada por eso (y, créeme, no fue la procrastinación lo que hizo que tardara tanto en superarlo). Por supuesto, lo entendía. Pero aun así me decepcionó. Y también despertó algo en mí: una seria determinación a cambiar.

Decidí que no iba a permitir que esa etiqueta me definiera y echara raíces en mi mente. En la vida, no somos lo que la gente dice que somos, somos lo que creemos ser. No tenemos por qué aceptar las etiquetas que nos ponen los demás. Tampoco somos nuestra familia, para bien o para mal, ni los errores que hayamos cometido en el pasado. No somos un apodo que alguien nos puso, ni un incidente lamentable que no supimos prever. Es fácil cargar durante años con etiquetas caducas y tomarlas por atributos perennes. Pero el adhesivo que llevan es muy flojo y se desprende con suma facilidad, así que no te equivoques y creas que las llevas pegadas con Super Glue. Son de quita y pon. Claro que a veces tienen algo de verdad esas etiquetas hirientes, como en mi caso la de «gran procrastinadora», pero está en nuestro poder deshacernos de ellas y tomar nuevas decisiones a medida que cumplimos años. En cualquier momento de nuestra vida, podemos cambiar de opinión sobre quiénes somos y decidir quiénes queremos ser y cómo queremos presentarnos ante nosotras mismas, ante los demás y ante el mundo. Recuerda, de dónde venimos no tiene por qué determinar quiénes somos ni a dónde vamos a ir en el futuro.

HABLANDO DE IR a sitios: desde que tengo uso de razón, me moría de ganas de tener mi propio coche e ir a donde quisiera. Sabía que ni mi madre ni mi padre me lo iban a comprar, y que iba a tener que ingeniármelas para conseguirlo por mi cuenta. Llevaba ganando algo de dinero haciendo pequeños trabajos desde que tenía once años, y a los quince estaba ya en condiciones de hacer un trabajo de verdad, bien pagado. Empecé a dar clases de gimnasia para niñas varias noches a la semana, y luego acepté dos trabajos de fin de semana. Los sábados y los domingos trabajaba por la mañana en un puesto de palomitas de maíz del recinto ferial que había cerca de casa, y después iba en autobús a otro pueblo y trabajaba por la tarde en un supermercado, embolsando pedidos y metiendo en el establecimiento los carros de la compra que quedaban desperdigados por el aparcamiento. Ese verano, además, convencí a mi madre y a Dennis para que me contrataran como recepcionista cuarenta horas a la semana en su empresa de custodia de bienes. No de acompañantes remuneradas; de custodia de bienes. Tenía cuatro trabajos a la vez y me pasé prácticamente el verano entero trabajando. Pero cuando llegó el otoño, tenía dos mil quinientos dólares en la cuenta bancaria ¡y me compré mi primer coche! No era el coche con el que había soñado, pero funcionaba. Era un Geo Metro azul añil brillante con las ventanillas tintadas. Tenía el cambio de marchas manual y, en cuanto empezaba a llover, no era capaz de subir las cuestas de Seattle o de las afueras, que era donde vivía. Como solo tenía tres cilindros, las ruedas empezaban a patinar en el pavimento mojado. No me quedaba más remedio que esperar a que me adelantaran todos los coches que veían a mi espalda, dar marcha atrás cuesta abajo y buscar otra ruta para llegar a donde tuviera que ir. Pero no me importaba. Tenía coche. También degustaba por primera vez el lado bueno de vivir dedicada al trabajo en cuerpo y alma. Tardaría aún muchos años en descubrir el lado no tan bueno.

Por aquella época, di un giro de ciento ochenta grados en los estudios y empecé a obsesionarme con los logros. Con presentarme a concursos para ganar premios y que se reconociera mi trabajo. Con sacar buenas notas y lograr menciones de honor. A los veintidós años, gané el concurso de Miss Washington USA, y mi madre y mi padre estaban allí, superorgullosos. Los cuatro veranos anteriores me había matado a trabajar de camarera en el Denny's Diner, y tenía además un segundo empleo en un supermercado cortando embutidos y queso en la sección de *delicatessen*, para pagarme la matrícula de la Universidad Estatal de Washington. Aquel año me licencié con una nota media de sobresaliente. El día de la ceremonia de graduación, en la que fui la encargada de dar el discurso de despedida de nuestra clase, llevaba cordones de honor y medallas y cintas alrededor del cuello, como uno de mis ídolos de infancia, Mr. T., llevaba aquellas cadenas de oro que le cubrían el pecho. Cuando hablé ante el estadio de la universidad abarrotado, mi padre y mi madre estaban allí (y mi padrastro y mi madrastra también), radiantes de orgullo y con los ojos empañados por la emoción. Unos años más tarde la escena se repitió, cuando terminé la escuela de posgrado.

Hoy veo que en aquel tiempo estaba convencida de que tenía que conseguir cosas para que me quisieran. Buscaba motivos de reconocimiento para sentirme digna de que mi padre y mi madre (y mi padrastro y mi madrastra) estuvieran presentes, para que se sintieran orgullosos de mí y para demostrarle al mundo que yo era alguien. A veces, expresamos nuestra necesidad de amor y pertenencia haciendo justo lo contrario, por ejemplo portándonos mal o actuando de un modo autodestructivo. En mi caso, simplemente no me sentía merecedora de que me quisieran tal como era. Y las veces que lograba algo y me elogiaban por ello, aun así no me lo acababa de creer. Seguía teniendo la sensación de que no era suficiente. Así que iba a por el siguiente gran logro. Esa necesidad de alcanzar grandes objetivos para demostrar lo que valgo no puedo decir que la haya superado del todo. Es una especie de jaula que me he creado yo sola en la cabeza y de la que sigo intentando liberarme todavía hoy.

También tardaría años en darme cuenta de que, como había pasado tanto tiempo sola, aprendí a ser autosuficiente. Si alguien iba a ayudarme sin vacilación en los momentos de necesidad, esa era yo. Las veces que establecía una relación afectiva, me resistía con todas mis fuerzas a que se acabara. Esto se reflejaría años después en mis relaciones (e incluso en mis decisiones como jefa de IT Cosmetics). No quería que nadie se sintiera solo o abandonado, aunque fuera alguien que me había hecho daño. Esto se manifestaba de distintas maneras. Me quedaba en relaciones tóxicas mucho más tiempo del que hubiera debido. Continuaba saliendo con novios que no me trataban bien. Seguía siendo amiga de personas cuya compañía me sentaba mal, solo porque me hacían sentir incluida. Años después comprendí que una de mis mayores deficiencias como jefa era que tardaba demasiado en despedir a ciertas personas. Otra gente que había fundado empresas decía que precisamente esa era una de las lecciones más importantes que habían aprendido: cuando sepas que la presencia de un empleado o empleada tiene un efecto tóxico en la cultura empresarial, deshazte de él o de ella de inmediato. De lo contrario, esa toxicidad se extenderá, será cada vez más dominante y contagiará al resto. Aunque yo sabía que era así, me costaba mucho despedir a alguien. Incluso ahora, después de haber creado una empresa con más de mil empleadas y empleados, sigo tardando mucho más de lo debido.

La adicción al trabajo, el miedo al abandono y la obsesión con triunfar tuvieron un papel decisivo en muchas de las decisiones que tomé entre los veinte y los treinta años, ya que todavía no era plenamente consciente del poder que tenían sobre mí. Y entonces de repente ocurrió algo que me cambió la perspectiva sobre todo lo que sabía de mí misma y sobre quién era.

LA NOCHEBUENA DE 2004 coincidió con que mi padre y mi madrastra se estaban divorciando y mi padre acababa de mudarse a un apartamento. Al empezar a organizar su nueva casa, no encontraba las fotos mías y de mi hermana Jodie de cuando éramos bebés. Aún no te he hablado de mi hermana Jodie. Desde que tengo memoria, he sabido que, un año antes de que yo naciera, mi madre y mi padre tuvieron una niña, que murió con solo nueve días a causa de un agujero en el corazón. Luego nací yo, año y medio después.

Recuerdo que, cuando era pequeña, mi padre y mi madre tenían cada uno en su mesilla una foto mía de recién nacida y una de Jodie, en dos marquitos pequeños. En aquel momento, veintisiete años después, mi padre no encontraba sus fotos de Jodie y me pidió que le preguntara a mi madre si tenía alguna que le pudiera dar.

Paulo y yo nos habíamos comprometido e íbamos a pasar las fiestas con mi familia. El plan era cenar en Nochebuena con mi padre y mi hermana Karly, y comer el día de Navidad con mi madre y Dennis. Llamé a mi madre para decirle que esa tarde pasaría un momento por su casa a recoger alguna foto repetida que tuviera de Jodie y mía para llevárselas a mi padre por la noche. Cuando llegamos, Paulo se quedó en el salón jugando con el perro y yo entré con mi madre en su dormitorio para recoger las fotos. Me dio dos fotos de bebés, que eran una copia de las que yo había visto siempre en su mesilla. Estábamos sentadas en el extremo de la cama y, mientras charlábamos, me quedé mirando las dos fotos y les di la vuelta para ver el reverso. En la mía estaba escrito con bolígrafo «julio de 1977», el mes en que nací. En la de Jodie, «marzo de 1977». Rápidamente eché cuentas: únicamente había cuatro meses de diferencia. Yo sabía que Jodie solo había vivido nueve días, pero en cuatro meses a mi madre no pudo darle tiempo a quedarse embarazada y tenerme a mí. ¿Tal vez alguien había escrito mal la fecha de Jodie y debería haber puesto *1976* en lugar de *1977*?

–Mamá, ¿por qué pone «marzo de 1977» en el reverso de la foto de Jodie? Eso es solo cuatro meses antes de mi cumpleaños.

Una expresión que nunca le había visto antes le ensombreció el rostro. Tras un largo silencio, respondió:

–Hay algo que llevo mucho tiempo queriendo decirte. –Se volvió hacia mí–. No sé si quizá ya lo has sospechado, pero eres adoptada.

¿¿¿QUÉ??? ¿Quizá ya lo había sospechado?... No, no lo había sospechado nunca. Mi mundo se paró en seco. ¿Quién era yo? ¿Todo lo que creía saber hasta entonces era mentira?

–¿Qué? ¿Hablas en serio? –le pregunté con calma, pero en estado de *shock*.

–Sí. Pensé que igual lo sabías.

–¿Y cómo lo iba a saber...?

Cuando digo que no tenía ni idea, lo digo literalmente. Ni idea. Incluso me parezco a Mike, el hombre que siempre había dado por hecho que era mi padre biológico. Y acuérdate, a los siete años les rogué a mi madre y a mi padre que adoptaran a una niña china. Cuando Paulo y yo nos comprometimos, me aseguré de que entendía con claridad que mi intención era adoptar un bebé algún día y de que estaba de acuerdo. Era algo que siempre había tenido en mente, desde que era muy pequeña, pero ¿cómo iba a imaginar que *yo* era adoptada? Mi madre me había puesto de nombre Jamie por el personaje de Jaime Sommers, la Mujer Biónica de la serie de televisión. Y sí, la Mujer Biónica tenía superpoderes, pero ¿creía mi madre que también yo, en la vida real, tenía superpoderes y era capaz de *saber* algo como eso?

–Perdóname por habértelo ocultado –dijo–. Te trajimos a casa prácticamente de recién nacida, con solo uno o dos días, y tu padre nunca quiso que lo supieras.

Yo estaba conmocionada. La mujer que había a mi lado era la persona más cercana a mí en el mundo entero, era mi madre, y acababa de darme una noticia tan monumental que me hacía dudar de si había algo de verdad en la historia de mi vida que yo daba por cierta. No podía creer que me hubiera ocultado algo así.

Me contó que, después de que muriera Jodie, fue a la siguiente visita del tocólogo para un reconocimiento. Él no se acordaba de lo que le había pasado a Jodie y le preguntó a mi madre cómo iba la lactancia. Mi madre se echó a llorar delante de él y le recordó que su bebé había muerto. Tras la gran metedura de pata, el tocólogo la llamó esa misma tarde y le preguntó si estaba interesada en adoptar un bebé. (Nota: Así es como pueden obrarse en nuestra vida los milagros de Dios). Tenía a su cuidado una paciente joven que estaba ocultando su embarazo e iba a dar a su bebé en adopción. Mi madre y mi padre nunca se habían planteado siquiera el tema de la adopción, pero dijeron que sí. No conocieron a mi madre biológica. No tenían ni idea de si había utilizado su verdadero nombre en ninguno de los trámites, y nunca tuvieron noticia de ella. Lo único que sabían era que aquella joven quería mantener el embarazo y la adopción en secreto. Así que mi madre no podía decirme nada sobre quiénes eran mis padres biológicos, salvo lo que figuraba en los documentos de la adopción.

Ya sabes, cuanto más tiempo guardas un secreto, más difícil es sacarlo a la luz. Y mi madre había guardado este durante veintisiete años. La vergüenza que sentía al contármelo envolvió de golpe la habitación como una manta muy pesada. Estaba asustada y se le llenaron los ojos de lágrimas porque sabía el dolor que me estaba causando. Yo estaba totalmente anonadada, pero no podía evitar sentir compasión por ella, viendo lo mal que se sentía. Mi instinto fue consolarla. Las lágrimas empezaron a correrme por la cara también a mí.

–Tranquila, Mami, todo se va a arreglar –le dije mientras la abrazaba.

Al cabo de un rato se levantó, abrió el armario y sacó una caja ignífuga llena de papeles. Me puso en las manos un montón de documentos y, entre lágrimas, les eché un vistazo mientras pasaba las hojas, sin siquiera tener muy claro qué era lo que estaba mirando. Vi mi partida de nacimiento y varios formularios con información no identificativa sobre mi madre biológica. Había también documentos legales en los que figuraba su nombre, y se añadía que al padre biológico nunca se le informó del embarazo. Y luego mi madre me dio una nota manuscrita y una cadena de oro con una medalla de la Virgen María. Abrí la nota y vi que no estaba firmada. Era una nota que había escrito mi madre biológica para que yo algún día la leyera. Decía: «Estoy contenta sabiendo que mi bebé está con gente tan maravillosa. Aunque ella y yo nunca nos conoceremos, quiero que tenga algo que es muy valioso para mí. Mi madre y mi padre me regalaron esta medalla de la Virgen María cuando era pequeña. Si os parece, podríais dársela a ella cuando sea mayor y explicárselo todo, y decirle que la quiero mucho. Que Dios os bendiga».

Al terminar de leer, miré a los ojos a la persona a la que más quería y en la que más confiaba del mundo, mi madre, la que me había criado. Y de repente sentí una confusión angustiosa; todo lo que creía de mí misma hasta ese instante se volvió incierto. Los cimientos de la confianza en los que me había apoyado toda mi vida se acababan de derrumbar. Me sentía herida, traicionada y desolada. Me debatía entre el deseo instintivo de consolar y tranquilizar a mi madre y el dolor que me hacía preguntarme qué más cosas que había creído ciertas no lo eran. Estaba destrozada y me sentía sola. Toda sensación de paz me abandonó. La mente me llevó a esas oscuras sombras de desconfianza y soledad que se apoderan de ti cuando alguien a quien quieres con todo tu corazón te deja tirada.

En la vida no son nuestras experiencias lo que nos define, sino cómo respondemos a ellas. Y a la incertidumbre en que nos sumen. De dónde vienes no tiene por qué determinar a dónde vas, pero sin duda determina los cimientos sobre los que construyes. Cuando ocurre algo que te desestabiliza por completo, una vez que consigues procesarlo emocionalmente tienes distintas posibilidades. ¿Vas a elegir ser víctima o guerrera? ¿Vas a rendirte o a ascender de nivel y a creer en ti? La decisión es tuya.

Descubrir que venía de una mentira fue como si me hubieran metido en una de esas máquinas de los dibujos animados de *Los supersónicos* en las que entras y, momentos después, sales convertida en otra persona y vestida de otra manera. Ese día entré en la habitación de mi madre con una sudadera y un pantalón de chándal, contagiada del cálido y nostálgico espíritu navideño, y salí llorando, totalmente aturdida, pero consciente de que estaba en mitad del juego de incertidumbre más inquietante al que nunca había jugado. Me preguntaba si mi madre y mi padre estaban de verdad en mi equipo, y por qué me habían ocultado la pelota durante todos esos años. ¿Quién era yo? ¿Quién era mi madre biológica? Si la encontraba, ¿querría ella estar en mi equipo? ¿Y si me veía como a una oponente? La forma en que reaccionamos a los momentos de incertidumbre y el que tomemos decisiones basadas en el amor o en el miedo, pueden cambiar el curso de nuestra vida. Los campeones no se hacen cuando el juego es fácil. En ningún ámbito de la vida. No podía dejar que el miedo o el dolor decidieran mi destino.

Los campeones no se hacen cuando el juego es fácil.

Supe en aquel momento que, aunque tal vez mi madre biológica nunca había pensado en conocerme, yo necesitaba conocerla a ella. Necesitaba encontrarla. Y necesitaba descubrir quién era yo y de dónde venía. De repente me invadió una intensa certeza de que, para volver a sentir paz, iba a tener que encontrar todas las piezas que me faltaban.

TRES

Creer en el poder de abrazar tu verdad

Haz las paces con tus piezas rotas.

—R. H. SIN

Me entregué obsesivamente, en cuerpo y alma, a la misión de encontrar a mi madre biológica. Pasé los días y semanas siguientes inspeccionando los papeles que mi madre había guardado, en busca de cualquier pista o información que pudiera servirme. Como en aquella época trabajaba de periodista, estaba acostumbrada a investigar para localizar a una persona u otra. La mayor parte de la información que había en aquellos documentos era muy vaga, pero sí figuraba en ellos el nombre y el apellido de mi madre biológica, *Rosemary Ryan*, aunque no sabía si sería su nombre verdadero. La ley estatal de aquel tiempo obligaba a dar ciertos datos no identificativos, como cuántos hermanos tenía y el nivel de estudios de su padre y su madre. Sobre mi padre biológico había muy poca información. Básicamente se reducía a que estudiaban los dos en la Universidad de California en Santa Bárbara, y a que ella no le había hablado del embarazo. Aparecían los nombres de algunos médicos en las historias clínicas y en mi partida de nacimiento. La mayor dificultad para localizarlos era que en 1977 todos los expedientes se hacían en papel, y ahora, veintisiete años después, muchos de los médicos y abogados que se nombraban debían de haberse jubilado hacía tiempo o tal vez habrían fallecido.

Organicé todo lo que tenía y rápidamente puse manos a la obra. Llegaba al trabajo a las cuatro de la madrugada para presentar las noticias de la mañana. Luego, tras la emisión matinal, me dirigía a los lugares relacionados con las noticias que se transmitirían desde allí en directo al mediodía, y por lo general terminaba de trabajar a media tarde, a menos que hubiera alguna noticia de última hora. Después, cada minuto libre lo dedicaba a la misión de encontrar a mi madre biológica. Investigué a cada médico, abogado y asistente social que aparecía en los documentos, e intenté ponerme en contacto con las personas reales que había detrás de aquellos nombres, pero las que seguían vivas no tenían conocimiento o recuerdo de mi caso y no me podían ayudar. Al final, lo único que me quedaba era el nombre de mi madre biológica. Rosemary Ryan. Pero no tenía ni idea de si era su nombre real.

Todas las horas del día que no dedicaba al trabajo me las pasaba llamando por teléfono a cada Rosemary Ryan y Rose Ryan del país, y más adelante incluso a cada mujer cuyo nombre fuera una combinación de Rosemary o Rose o Mary y cualquier otro. Cada vez que marcaba un número de teléfono, rebosaba de expectación ante la posibilidad de que esa vez la mujer que contestara fuese ella.

–Hola, ¿hablo con Rosemary?

–¿Quién llama?

–Mi nombre es Jamie. Estoy buscando a una pariente mía llamada Rosemary.

Cada vez que una mujer me colgaba el teléfono sin dejarme decir más, como si quisiera estafarla o venderle algo, me cruzaba la mente por un instante que quizá fuera mi madre biológica, que no quería saber nada de mí. Y me colgaban casi la mitad de las veces. Yo lo entendía, sabía que mi reacción habría podido ser la misma si hubiera recibido una llamada así. Pero no me quedaba más remedio que seguir aguantando los golpes y seguir levantándome una vez detrás de otra. Estaba decidida a encontrarla.

DURANTE CINCO AÑOS llamé a cada Rosemary, y a cada mujer cuyo nombre fuera una variante de Rosemary, de todo el país. A partir de cierto momento, empecé a llamar también a cualquier mujer que se apellidara Ryan. Llamé a miles y miles de mujeres. Inspeccioné todas las bases de datos de Internet en busca de nombres. Fui al campus de la Universidad de California en Santa Bárbara (UCSB) dispuesta a registrar todos los anuarios hasta dar con ella, y allí me enteré de que en los años setenta solo una pequeña parte del alumnado se hacía fotos para los anuarios. Tengo que decir que aquella tenacidad (mmm... ¿determinación obsesiva?) me sería muy útil tiempo después en los negocios.

Iban pasando los meses y los años, y no dejaba de pensar obsesivamente en Rosemary Ryan. Entretanto, aunque mi carrera en televisión había empezado en una cadena de Tri-Cities (Washington), con el tiempo pasé a una de mayor audiencia, un canal de noticias local de Portland (Oregón). Presentaba las noticias matinales del fin de semana, y durante el resto de la semana preparaba los reportajes. Los sábados y los domingos entraba a trabajar hacia la una de la madrugada, ayudaba a redactar y editar las noticias y las presentaba en directo cuatro horas después. A la vez, estaba planificando mi boda con Paulo, organizándolo todo, desde los detalles más simples, como las invitaciones y las flores, hasta cuestiones de mayor dificultad, como hacer la lista de invitados y estar atenta a no pasarme del presupuesto. A pesar de que el nuevo trabajo y la boda me tenían ocupada prácticamente todas las horas del día, y a veces de la noche, aun así había momentos en los que me sorprendía sentada delante del ordenador investigando obsesivamente páginas genealógicas, sitios web de exalumnas de la UCSB, cualquier cosa que quizá pudiera darme una pista que me ayudara a encontrar a mi madre biológica. Los turnos de noche, sumados al desgaste de aquella búsqueda inútil, empezaron a pasarme factura. No conseguía dormir profundamente en ningún momento; estaba siempre cansada y no me sentía realmente viva. Empecé a tener la sensación de que era más que simple agotamiento. Algo no iba bien.

Concerté una cita con una terapeuta. Estaba muy, muy triste y sentía como si no fuera yo. Empecé a tener crisis de ansiedad. Si alguna vez has tenido una crisis de ansiedad, ya sabes lo aterradoras que pueden llegar a ser. Se me disparaba el ritmo cardíaco, tenía la impresión de que me iba a desmayar, y aunque en la cabeza sabía que era solo un ataque de ansiedad, la sensación física era de que realmente me podía morir. No estaba segura de si la causa de las crisis eran el estrés del trabajo y los horarios disparatados, o el tener que dar a veces las noticias desde la escena de un crimen (un día, tras un tiroteo, tuve que plantarme en mitad del pavimento teñido de rojo y transmitir en vivo, entre charcos de sangre y sesos salpicados, no es broma); no sabía si era el temor al matrimonio, o la batalla contra el peso y el perfeccionismo que parecía no acabar nunca, o la búsqueda inútil de mi madre biológica. La verdad es que no tenía ni idea de cuál podía ser la causa. En aquellos tiempos, me daba vergüenza contarles a mis amigas y a mi familia lo que me pasaba. Pero lo cierto es que los problemas de salud mental siguen estando tan estigmatizados en nuestra sociedad que me parece importante compartir contigo esta parte de mi historia. No tiene ningún sentido que nos avergoncemos por necesitar ayuda profesional para resolver nuestros problemas emocionales o mentales. Estoy deseando que llegue el día en que decir que tienes cita con tu terapeuta suene igual que si dijeras que vas a hacerte la manicura (salvo porque sería de esperar que fuera una experiencia más íntima y con mayor significado). Mi buen amigo Miles Adcox, director general de Onsite Workshops, lo resume muy bien. Dice que ocuparte de tu salud mental y tu bienestar emocional –en lo cual puede estar incluido buscar ayuda terapéutica e ir a terapia– «no es señal de tu desequilibrio, sino de tu cordura».

Mi terapeuta –la llamaré doctora Z– fue un regalo del cielo. Llegó a mi vida en el momento justo. En nuestro primer encuentro, me contó el único detalle personal que supe de ella en todo el tiempo que trabajamos juntas. Me dijo: «Debes saber que solo doy cita para los lunes, los miércoles y los viernes. Si vas a cancelar una cita, tienes que avisarme con veinticuatro horas de antelación. Y soy lesbiana». Su tono pragmático me hizo pensar que las tres cosas debían de haber sido motivo de malentendidos con sus pacientes en el pasado. A mí, su orientación sexual me era totalmente indiferente, pero me pregunté si habría querido dejarla clara porque la relación entre terapeuta y paciente tiende a ser muy personal y hay detalles que importan, o porque era posible que algunas personas tuvieran prejuicios al respecto. Quería pensar que era por lo primero, pero temía que en realidad fuera por lo segundo, un recordatorio más de que, como sociedad, aún nos queda mucho camino por recorrer.

La doctora Z tenía unos cincuenta años, y pocas veces he conocido a alguien que supiera escuchar tan bien. A lo largo de mi infancia y mi adolescencia, cuando en casa ocurría algo verdaderamente serio, mi familia procesaba las cosas como podía, sin plantearse nunca recibir atención profesional. Así que aquella era la primera vez que iba a una consulta a hablar de mí. Con la doctora Z, sentí desde el primer momento suficiente confianza como para expresar en voz alta cómo me sentía de verdad y qué cosas me creaban auténticas dudas. A las que os lo podáis permitir, os recomiendo encarecidamente que vayáis a terapia si os encontráis en una situación problemática. A mí, la doctora Z me ayudó a resolver los ataques de ansiedad y a superar la depresión. Trabajar con ella me hizo abrirme, y le hablé con franqueza de todo lo que me inquietaba, incluso de temas profundos e íntimos como que estaba empezando a dudar de que existiera Dios. Viajar, vivir en distintos lugares y moverme por el mundo hacía que me llegaran cada vez más argumentos con base científica que me llevaban a cuestionar si Dios era real o no. Cuanta más gente conocía que basaba sus ideas y su vida en pruebas irrefutables, y no en la fe, más dudas me entraban sobre mi fe cristiana. Le dije a la doctora Z que había acabado por admitir que el enfoque científico de la vida tenía sentido, que veía la lógica de creer solo en aquello que realmente se podía ver, tocar, oír y *demostrar*, para lo cual, por supuesto, no es necesaria la fe. Y le dije que, entre no saber de repente de dónde venía y haber empezado a dudar de mis creencias, me sentía perdida. En una de aquellas conversaciones, me dijo algo que cambiaría mi forma de pensar y mi vida para siempre.

—Si dudas de que Dios existe, díselo. Y dile que te demuestre que te equivocas al dudar de su existencia.

—¿Qué? ¿Qué quieres decir? —le pregunté.

Ten en cuenta que yo no tenía ni tengo la menor idea de si la doctora Z cree en Dios, de si practica alguna religión ni de si es siquiera una persona espiritual. Nunca me contó nada sobre esa parte de su vida. Pero aquel día, sus palabras tuvieron para mí mucho sentido. A continuación añadió:

—Si Dios creó la totalidad del universo, ¿qué te hace pensar que no es capaz de admitir que dudes? Dile que dudas de Él y pídele que te demuestre que te equivocas. Pídele que te demuestre que de verdad existe. Y luego, a ver qué pasa.

Eso hice. Durante los días siguientes, y después semanas y meses y años, cuando rezaba, le decía además a Dios que dudaba de su existencia. Y le pedía que me mostrara que existe, que me lo hiciera ver con absoluta claridad. Ni aunque llenara el resto del libro podría contarte las innumerables formas en que lo hizo.

LA DOCTORA Z me ayudó a sanar muchos aspectos de mí. Sin embargo, aunque la temporada de depresión había quedado atrás, no encontrar las piezas del rompecabezas que me faltaban para completar la parte correspondiente a mi familia biológica seguía pesándome a todas horas, por mucho que intentara no pensar en ello. Sobre todo, porque era posible que nunca obtuviera respuestas.

Una vez que lanzamos IT Cosmetics y empezamos a trabajar cien horas a la semana, no me quedaba mucho tiempo para buscar a mi madre biológica. Aun así, cada vez que podía, seguía investigando obsesivamente. Si alguna vez has entrado en cualquier plataforma de redes sociales y has perdido la noción del tiempo saltando de un tema a otro, entenderás a lo que me refiero si te digo que me sumergí de cabeza en una vorágine interminable de sitios web de datos personales, y portales de búsqueda, y páginas genealógicas. A veces me pasaba la noche entera buscando. Paulo se empezó a preocupar; si se levantaba a mitad de la noche para ir al baño, me encontraba despierta buscando en Internet. Me decía: «Cariño, tienes que irte a la cama», pero yo no podía parar. También empecé a grabar en DVD esos programas de adopción que reúnen, al cabo de muchos años, a padres o madres biológicos con sus hijas o sus hijos. Se los ve correr uno hacia el otro a cámara lenta por un campo de trigo mientras suena una música emotiva, y luego se funden en un abrazo inmenso y viven felices para siempre. Yo me pasaba los días soñando con que eso me ocurriera a mí. Me preguntaba cómo serían mi madre y mi padre biológicos. ¿Tendría hermanos o hermanas? Había días en los que no podía quitarme de la cabeza que no conocía a nadie con quien tuviera un vínculo de sangre. Era una sensación superextraña y me hacía sentirme muy sola. Por otro lado, estaba cada vez más segura de que Rosemary Ryan, el nombre que mi madre biológica había escrito en los documentos de adopción, no era su verdadero nombre. Después de haber llamado a miles y miles de mujeres y haberme pasado años buscando en las bases de datos, me quedaban pocas dudas de que había utilizado un nombre falso. Eso significaba que prácticamente cualquiera podía ser mi madre. Cada vez que veía en la televisión a una actriz o a cualquier otra mujer que tuviera algún rasgo como los míos, la buscaba en Google y leía su biografía, preguntándome si sería ella. Era desesperante.

UN PROGRAMA DE adopción de los que solía grabar animaba a los telespectadores a que escribieran contando su caso, para tener tal vez la oportunidad de aparecer en el programa. Si tu caso les interesaba, su equipo de localizadores podía ayudarte a encontrar a tu familia de origen. Paulo me pidió permiso para escribir al programa y contarles mi historia, lo que nos daría una oportunidad entre un millón de contar con su ayuda. No era propio de él demostrar el menor interés por un programa de este tipo. En lo que a espacios televisivos se refiere, tenemos gustos totalmente opuestos, así que me sorprendió incluso que hubiera visto el programa que yo había puesto a grabar. Le dije que sí, que escribiera si quería, y no le di más importancia. Poco después recibimos una llamada en la que nos dijeron que no me habían seleccionado, pero que, si pagábamos el precio correspondiente, su empresa de localización nos ayudaría a encontrar a mi madre biológica. Pensé que era una estafa y que solo querían sacarnos el dinero. Pero después de años de búsqueda sin haber encontrado ni una sola pista, decidimos pagar los honorarios y arriesgarnos a tirar unos cientos de dólares, aunque en realidad fuera un lujo que no podíamos permitirnos en aquellos momentos.

El día de Año Nuevo de 2010, estaba trabajando en nuestra oficina de IT Cosmetics de Studio City (California), también conocida como el salón de nuestra casa, cuando sonó mi teléfono móvil. Mi vida estaba a punto de cambiar para siempre. (Por cierto, te habrás dado cuenta de que las cosas importantes me pasan siempre en las vacaciones de Navidad). Contesté, y era la agencia de búsqueda de orígenes para personas adoptadas. La mujer que llamaba me dijo:

–Creo que hemos encontrado a tu madre biológica.

–¿En serio? ¿Cómo? ¿Estás segura? –pregunté.

–Casi segura. Abre tu correo electrónico.

Abrí el correo electrónico y encontré un enlace a la página web de una inmobiliaria, en la que aparecían los nombres de sus agentes acompañados de una fotografía. Una de ellas era de una agente que se llamaba Rosemary (cuyo apellido no era Ryan). Cuando la vi, me quedé literalmente con la boca abierta.

–¡Dios mío! Se parece *tanto* a mí...

–Sí, se parece mucho –contestó la mujer.

A continuación me dijo que, aunque mi madre biológica no había dado su verdadero apellido en los formularios, sí había respondido la verdad en lo referente a su familia: cuántos hermanos y hermanas tenía, su orden de nacimiento y qué lugar ocupaba ella. Su nombre de pila era realmente Rosemary, y también era verdad que había estudiado en la Universidad de California en Santa

Bárbara. Esta información les bastó para encontrarla. Le di las gracias, colgué el teléfono y me quedé en el mismo estado de *shock* que cuando me enteré de que era adoptada. Me senté con Paulo, incapaz de asimilarlo del todo, alucinando. Feliz Año Nuevo. ¡Qué fuerte!

EN UNA HORA había hecho una búsqueda en Google y había encontrado su número de teléfono, su dirección y hasta una imagen de su casa en Google Earth. Continué y descubrí que estaba casada y tenía dos hijos. (¡¡¡Tenía hermanos!!!). Examiné todas las fotografías de su página de Facebook, averigüé todo lo que pude sobre sus hermanos y hermanas y sus respectivas familias, y en una hoja de cálculo fui pegando fotos y información de cada uno de ellos. Mi madre biológica vivía en el norte de California. Cuando terminé de reunir los datos, tenía suficiente información como para montar en el coche y, seis horas después, llamar a la puerta de su casa. ¡Al fin nos íbamos a poder reunir!

Luego me quedé clavada. Después de cinco años de esperar, de soñar con aquel momento, me asaltaron de golpe las dudas. No podía evitar pensar: *¿Y si no quiere que la encuentre?* Tenía que calmarme y meditar bien qué era lo mejor. ¿Llamarla? ¿Enviarle una carta o un correo electrónico? ¿Presentarme en su puerta?

Era demasiado importante para decidirlo sola, así que le pedí a Dios que me ayudara. Al instante tuve la abrumadora intuición de que, primero, tenía que enviarle un correo electrónico. Y eso hice. En él le hablaba de mí, de lo que había sucedido en los cinco últimos años, y de que creía que era hija suya. Le decía que, aunque todavía no tenía ninguna respuesta a por qué me había dado en adopción, quería que supiera que, fuera cual fuera el motivo, le escribía con todo mi amor. Me pasé el resto del día de Año Nuevo escribiendo ese correo electrónico. Luego recé y pulsé el botón de enviar.

A la mañana siguiente, nada más despertarme fui como una flecha a comprobar el correo para ver si había respondido. Nada. Luego... No estaba segura de si tendría fuerzas para digerir lo que pasó después. De repente, su perfil de Facebook había desaparecido. Sabía lo que eso significaba: estaba eliminando su presencia en Internet para que no pudiera verla. Se me encogió el corazón. En aquel momento, supe en el corazón y en las entrañas que no quería que la encontrara. Me destrozó. Sentí como si me estuviera abandonando de nuevo.

Una semana más tarde, recibí de hecho un correo electrónico suyo en el que lo confirmaba. Me decía que sí, que creía que yo era su hija. Y que por favor respetara que no deseaba que nos conociéramos.

Me quedé desolada. No era eso lo que pasaba en los programas de televisión que solía ver. Nadie corría hacia mí, me abrazaba, me decía cuánto me quería y que llevaba su vida entera buscándome con desesperación; que haber renunciado a mí era lo que más lamentaba de cuanto había hecho nunca. Me sentí muy decepcionada y profundamente herida. Sentí de verdad que mi madre biológica rechazaba mi amor. Que me rechazaba *a mí*.

Llegada a este punto, no podía hacer más que rezar por ella y pedirle a Dios que se llevara aquel dolor. El de las dos. Muchas veces tuve la tentación de montar en el coche y presentarme en su casa. Solo eran seis horas de viaje, y, aunque ella no quisiera conocerme, yo no podía soportar la situación. Ahora que al fin sabía quién era mi madre, seguía sin conocerla; me era muy difícil aceptar eso tranquilamente. Había momentos en que el dolor era tan fuerte que tenía miedo de no poder soportarlo. A la vez, en lo más profundo de mi ser, sabía que lo que Dios planeara darme superaría con creces cualquier cosa que yo pudiera imaginar, y tenía que confiar plenamente en eso. Pero algunos días me sentía tan herida que pensaba para mis adentros: *No se merece conocerme. La madre era ella. Era ella la que debía haberme querido y haber cuidado de mí*. Sentía que yo era la niña a la que ella había abandonado, la niña que había pasado años tratando de encontrarla. Y ahora estaba ahí, justo delante de ella, pidiéndole que me quisiera, y ella decía *no*. Intenté adivinar por qué reaccionaba así, y me dije que debía de haber una razón que quizá algún día comprendería. Pero, entretanto, no sabía cuál era esa razón. Y también cabía la posibilidad de que no la hubiera.

Pasaron cinco meses, y de repente un día recibí otro correo electrónico suyo. Esa vez decía que estaba dispuesta a que nos conociéramos. Me desconcertó por completo. Todavía estaba muy dolida por su reacción inicial, y no solo dolida, sino además enfadada.

Aun con todo, no pude resistir el deseo de conocer mis orígenes. Tenía que ir a San Francisco para asistir a una reunión en Sephora (una nueva reunión en la que la compañía volvería a decir *no* a los productos de IT Cosmetics, pero yo en aquellos momentos aún tenía la esperanza de que, quizá, esta vez diría *sí*), de modo que decidí aceptar su proposición y quedar con ella después. Se lo comuniqué, y ella hizo una reserva para que comiéramos juntas en el hotel Palace. Teníamos una cita, a una hora concreta, en un lugar concreto... No me podía creer que al final iba a ocurrir.

LLEGUÉ TEMPRANO A la cita y me senté en el vestíbulo del hotel Palace a esperarla. Quince minutos después de la hora a la que habíamos quedado, aún no había aparecido. Me pasaban por la cabeza toda clase de pensamientos: *¿Vendrá?, ¿Cómo será en persona?, ¿Qué voz tendrá?, ¿Será cariñosa?, ¿Cómo tratará a la gente?, ¿Qué pensará de* *mí?, ¿Pensará que me parezco a ella?, ¿Le parecerá que estoy gorda?, ¿Y si no congeniamos?, ¿Y si no nos parecemos en nada?, ¿Me querrá?*

Y de repente la vi. Caminaba hacia mí con una sonrisa cálida y preciosa y los ojos brillantes de emoción, a la vez que de cierta preocupación o miedo. Irradiaba amor, pero percibí, casi al instante, que también llevaba a cuestas una historia muy pesada, que yo aún no conocía.

NOS SENTAMOS A comer, pero yo apenas probé bocado. Tampoco ella. Hablamos sin parar durante cinco horas seguidas. Me había traído un pequeño álbum de tamaño cartera que había llenado con fotos de la familia: el día de su boda, con sus dos hijos, con sus hermanos y hermanas, con su padre y su madre. Cuando me las dio, me sentí reconocida como parte de su vida. Luego continuó enseñándome fotos de otros miembros de la familia que para mí eran totalmente nuevos (no habían aparecido en mis investigaciones). La que más me llamó la atención fue la de su madre, que había fallecido hacía unos años. Se llamaba Leontia. Era mi abuela, y éramos idénticas. Literal y absolutamente idénticas. Rosemary me contó que su madre, mi abuela, a la que todos llamaban Nana, fue la única persona de la familia que me tuvo en los brazos cuando nací. Rosemary no. Dijo que habría sido insoportablemente doloroso. Pero mi abuela Nana me abrazó. Fue la única. Antes de darme en adopción.

Estas palabras me resonaron luego en la mente durante años. Pero en aquel momento, seguí escuchando y haciendo preguntas. Me enteré de que Rosemary y mi padre biológico, de cuyo nombre ni siquiera se acordaba, estuvieron juntos solo una vez. Se conocieron en una fiesta universitaria, después fueron a casa de aquel chico y se acostaron. Y en ese único encuentro me concibieron. Le ocultó el embarazo prácticamente a todo el mundo, incluido él. Se lo ocultó a sus hermanas y a sus amigas. Las dos únicas personas que lo sabían eran su madre y su padre.

Los últimos meses de embarazo, cuando se le empezaba a notar, los pasó en un apartamento en Novato (California), una ciudad no muy alejada de San Francisco. Sus hermanos y sus hermanas pensaban que seguía en Santa Bárbara, estudiando, y que aquel año se iba a quedar parte del verano allí. Ninguno de ellos sospechó nada. Estuvo escondida en aquel apartamento hasta que me dio a luz y luego reanudó su vida. Poco después de terminar la universidad, se casó con el que era actualmente su marido, Pat; los dos habían tenido gran éxito profesional y estaban juntos desde entonces. Me dijo que tampoco a su marido le había hablado nunca de mí. Y, por supuesto, tampoco se lo había contado a sus dos hijos. Así que cuando le envié aquel primer correo electrónico y desapareció de Internet, y después me escribió diciendo que no quería conocerme, era porque había guardado en secreto mi existencia. Había vivido más de treinta y dos años sin contárselo a nadie. Ni a su marido, ni a ninguna de sus amigas, ni a sus hermanos y hermanas, a los que estaba superunida. Sintió que necesitaba tiempo para procesarlo todo y decidir qué hacer.

Saber esto me ayudó a entender por qué había desaparecido cuando le escribí. Imaginé lo traumatizante que debió de ser para ella guardar en secreto mi existencia durante treinta y dos años. Y lo preocupada que debía de estar, cuando le escribí, por cómo reaccionarían las personas que eran importantes para ella. Quiero decir, ¿cómo le cuentas a tu marido que hace treinta y dos años tuviste una hija y se lo has ocultado hasta hoy? ¿Cómo les dices a tus dos hijos, dos adultos, que tienen una hermana de la que nunca les has hablado? Rosemary había formado una familia estupenda en el mismo pueblo donde creció, seguía viviendo cerca de sus hermanas y sus hermanos y hasta se había casado con un hombre al que conocía desde la escuela primaria. Y ni una sola de todas aquellas personas tenía ni idea del secreto que guardaba.

ROSEMARY Y YO tuvimos que empezar de cero. Tuvimos que aprender de cero a confiar la una en la otra. Y tuvimos que conocernos desde cero. En el curso de aquel primer año, yo le presenté a Paulo y ella me presentó a su marido, Pat. Luego, al cabo de unos años, conocí a mis dos hermanos, Steve y Patrick. La relación entre Rosemary y yo fue estrechándose muy lentamente, debido en parte a que yo estaba todo el día ocupada con la creación de IT Cosmetics. Pero se fue estrechando. Yo los invitaba a los cuatro a algunas de nuestras celebraciones familiares y fiestas y ellos nos invitaban a algunas de las suyas. Y mientras escribo este libro, Rosemary y yo todavía estamos en el proceso de conocer cada una a todos los miembros de la familia de la otra. Sin embargo, he tenido la suerte de que absolutamente todos los que he conocido hasta ahora –su marido, mis dos hermanos y todas mis tías y tíos y sus familias– me han acogido con la mayor calidez. Han sido de lo más cariñosos. Se han mostrado sorprendentemente abiertos a incluirme en la familia. Son divertidos, inteligentes, extravagantes y deliciosamente amables.

Una de las primeras veces que cené con Rosemary, su marido y toda su familia en un restaurante, me levanté para pagar. Pat me detuvo, y cuando sus ojos llenos de bondad se encontraron con los míos, dijo: «A ningún hijo mío le está permitido pagar». Se me saltaron las lágrimas. Aquellas palabras acallaron de golpe mis dudas sobre si me aceptaría plenamente en su vida. En aquel momento, delante de toda la mesa, me estaba reconociendo no solo como hija de Rosemary, sino también como hija suya.

MIENTRAS OCURRÍA TODO esto, me preocupaba lo que pudiera sentir mi familia, la que me había criado, sobre la incorporación de estas nuevas personas a mi vida. Mi padre adoptivo, Mike, había muerto de cáncer de colon sin tener ocasión de conocer a ningún miembro de mi familia biológica. Mi padrastro, Dennis, y mi madre adoptiva, Nina, han demostrado mayor comprensión y generosidad de las que nunca habría esperado de nadie. Al principio me preocupaba que Nina se sintiera amenazada o celosa, pero, muy al contrario, cuando conoció a Rosemary le dio las gracias por haberme entregado en adopción. Le dijo que yo era lo mejor que le había pasado en la vida, y lloramos las tres juntas. El día de aquel primer encuentro entre ellas, Rosemary había llevado un juego de tres brazaletes de oro que habían pertenecido a su madre. Nos dio uno a Nina y otro a mí y se quedó uno para ella. Nos los pusimos las tres y unimos las manos. Fue uno de los momentos más mágicos y rebosantes de amor que he vivido.

No se dio en mi vida ese momento tan anhelado del campo de trigo por el que mi madre biológica y yo corríamos con los brazos abiertos la una hacia la otra... Pero la unión entre Rosemary y yo se ha ido fortaleciendo poco a poco, y hoy nos abrazamos con el mismo amor de mi imagen soñada cada vez que estamos juntas. Cuando nos decimos por teléfono «te quiero», las dos lo decimos de verdad. Nuestra relación empezó de cero y se va consolidando paso a paso.

Cada ser humano tiene sus escollos particulares que salvar en el proceso de conciliarse con quien es y con su historia. Aunque la reacción inicial de Rosemary me hirió profundamente, sé también que no se puede juzgar a nadie, puesto que es imposible comprender de verdad el dolor y los obstáculos que otra persona ha encontrado en el camino de su vida. Los años de búsqueda perseverante, y el que mi corazón siguiera abierto al amor incluso después de que

Rosemary me rechazara por segunda vez, nos llevaron a las dos a un punto de nuestra vida en el que cada una fuimos capaces de abrazar plenamente nuestra propia historia. La verdad me ha liberado de la búsqueda y ha liberado a Rosemary de su secreto. Y ahora podemos curarnos juntas, con el corazón abierto y la puerta abierta a la hermosa experiencia de seguir conociéndonos y fortaleciendo nuestra relación.

Cómo iba yo a imaginar que la búsqueda de mi familia biológica sería también la búsqueda de mi identidad. La búsqueda de mis orígenes me llevó a descubrir de qué estoy hecha. Y eso me capacitó para ver las cosas a través de una nueva lente durante la puesta en marcha de IT Cosmetics, y para ayudar a millones de mujeres, que tenían sus propios escollos que salvar, en el proceso de conciliarse con su propia identidad y de recordar, ellas también, de qué están hechas. Aprendí que de dónde vienes importa menos que de qué estás hecha. Presta atención a los aspectos de ti y de tu vida que más te cuestan, porque pueden convertirse en tus superpoderes. Suelen ser partes de tu historia que desearías borrar u olvidar por el dolor que te causan. Pero cuando te das cuenta de que esas experiencias tan dolorosas son a la vez ocasiones en las que has tenido que ser lo bastante fuerte como para atravesarlas y salir triunfante, también ellas pueden formar parte de tu gran propósito en la vida. Y formar parte de la más elevada expresión de quien eres y de lo que puedes ofrecer a los demás mientras estás aquí.

Cree en el poder de abrazar tu historia, incluidas las partes más caóticas, que, al final, pueden hacerla aún más hermosa. Y cree en amar a cada ser humano mientras hace su propio viaje en la misma dirección.

Mi madre biológica, Rosemary, y mi madre Nina el día que se conocieron.

Cuando miro estas tres manos juntas, veo tres superpoderes femeninos unidos. Y aunque en ese momento yo aún no lo sabía, estaba a punto de enterarme de que, en un aspecto de mi vida distinto, iba a tener que sacar fuerzas de superheroína para hacer frente a los villanos.

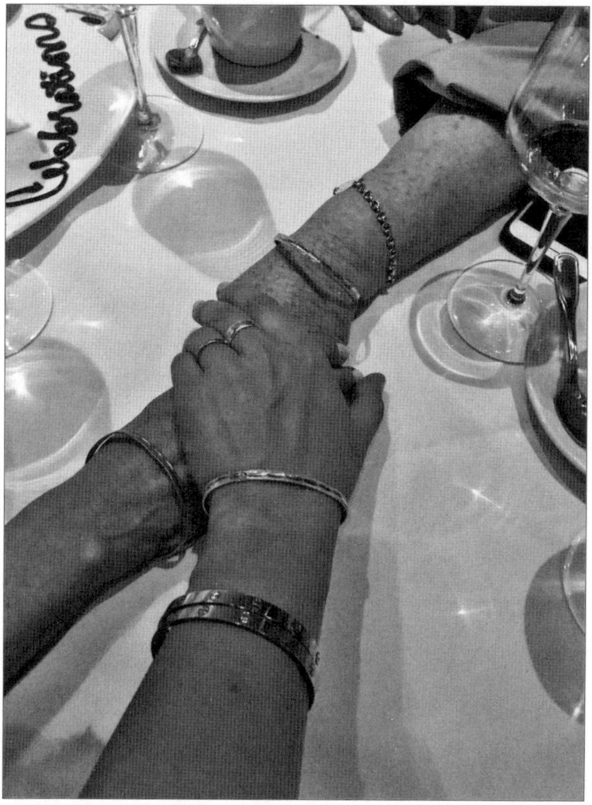

Mi madre Nina, Rosemary y yo con las manos unidas, cada una con uno de los brazaletes que pertenecieron a la madre de Rosemary.

CUATRO

Creer en que eres más fuerte que tu oponente (incluidas las chicas malas)

No puedes sentarte con nosotras.

–*CHICAS MALAS*, LA PELÍCULA

«Mejor que no entres aquí. Hazme caso». Estas palabras, que salieron de la boca de una mujer adulta segundos antes de que me cerrara en las narices la puerta del camerino en el que me disponía a entrar, me sonaron a amenaza. Si hubiéramos estado en la escuela primaria, habría corrido al cuarto de baño a esconderme y me habría echado a llorar. Pero no estábamos en la escuela primaria, sino en los camerinos *comunales* de QVC durante las grandes ligas, y yo solo tenía unos minutos para prepararme antes de entrar en el plató y tratar de vender más de cien mil dólares en productos. No podía permitirme el lujo de esconderme ni de echarme a llorar. Tras el enorme éxito de nuestro lanzamiento, me convertí en la novata a la que se le daba regularmente una oportunidad junto a la alineación inicial de fundadoras de empresas de cosmética, respecto a las cuales QVC tenía plena confianza en que alcanzarían los grandes objetivos de ventas de los programas de máxima audiencia.

Aunque ahora me invitaban a aparecer en más y más emisiones, la presión no se hacía más llevadera. Sabía que cada vez que salía en directo en QVC tenía que alcanzar el objetivo de ventas o me arriesgaba a que no me volvieran a invitar. Cada vez que lo conseguía, no sentía alegría, sino alivio. Era como estar eternamente a prueba. Vivía con la sensación constante de que teníamos que aprovechar la buena racha porque en cualquier momento las cosas podían cambiar. Así que seguía apareciendo en directo, con la cara lavada, haciendo demostraciones de nuestros productos en mujeres reales. Y seguía funcionando. Una y otra vez. Y como cada vez que salía alcanzaba un volumen de ventas insospechado, QVC nos daba cada vez más tiempo de emisión y nos otorgó permiso para promocionar nuevos productos. El negocio iba viento en popa y pronto tuvimos tres productos básicos que se vendían muy bien. Aunque nuestra cuenta en QVC seguía en manos de una asistente de compras muy joven, ahora nos prestaban un poco más de atención. Y esto tenía un lado bueno y otro no tan bueno. Porque, como estaba a punto de saber, cuando eres una pequeña empresaria que pasa prácticamente desapercibida, nadie te valora y nadie te ve como un peligro, así que tus colegas suelen mostrarse amables contigo o, en el peor de los casos, indiferentes. Pero cuando las cosas empiezan a irte verdaderamente bien, no todo el mundo está encantado.

Me di cuenta de que, a medida que nos daban más y más emisiones, dos fundadoras y una portavoz de marcas de cosméticos que competían con la nuestra se distanciaban cada vez más de mí en la sala de espera. Hasta cierto punto lo comprendía; me decía a mí misma que todas estábamos sometidas a la misma presión. Y además, eran solo tres. Así que empecé a pasar el rato con mucha otra gente superinteresante que se movía por allí, en algunos casos mujeres y hombres que habían fundado sus propias marcas de cosméticos y que me trataban con simpatía. Sin embargo, con el tiempo, esas tres mujeres pasaron de distanciarse a ser groseras conmigo y a menospreciarme y excluirme abiertamente. Al principio, pensé que quizá estaban utilizando tácticas competitivas para dejarme descolocada, pero al final aquello se convirtió en un acoso laboral en toda regla.

HABÍA UNA HILERA de camerinos comunales. A veces, durante un programa, era posible que alguien cerrara un momento la puerta si necesitaba cambiarse de ropa en privado, pero, por lo general, las puertas estaban abiertas y los camerinos bullían de gente que entraba y salía, que compartían el espejo y las luces de maquillaje para retocarse y prepararse antes de entrar en antena. Una noche, durante una emisión en horario de máxima audiencia, estas tres mujeres estaban juntas en un camerino. Una de ellas cerró la puerta al ver que me acercaba. El gesto rayaba en la grosería, y me pareció que otra me miraba mal, pero pensé que no podía ser... ¿Cómo no iban a dejarme entrar? Fui a la sala de espera a recoger mis cosas, pensando que una de ellas habría tenido que cambiarse de ropa y por eso habían cerrado. Cuando volví al camerino a retocarme frente al espejo rápidamente, dos de las mujeres salían en ese momento hacia el plató y una seguía dentro. Me arrimé al marco de la puerta y estaba a punto de entrar pero la tercera se me plantó delante. Fue entonces cuando me dijo: «Mejor que no entres aquí. Hazme caso», y casi me da con la puerta en la cara.

¿Qué? ¿Qué significaba eso? ¿Era una amenaza, una advertencia, una recomendación? Me dije: *No soy una niña, soy una mujer de treinta y cinco años. ¿De verdad que tres mujeres de mi edad están tratando de intimidarme? ¿En serio? ¿Esto está pasando de verdad?* Y así era.

En fin, el camerino de al lado que hacía un rato estaba lleno de gente se vació un poco y entré a arreglarme. Parecía que estuviera de vuelta en el instituto y no se me admitiera en el club de las chicas malas. Y aunque no tuviera el menor deseo de pertenecer a ningún club de chicas malas, el rechazo duele, mucho, venga de donde venga. Y yo me sentía rechazada. En el fondo sabía que la única razón por la que podía estar pasando algo así era que estaba teniendo mucho éxito. Las firmas de cosméticos de esas tres mujeres eran muchísimo mayores que la mía. Tal vez temían que las alcanzara y que mi éxito de ventas les restara tiempo de emisión (es decir, dinero). Pero sabían que QVC dicta quién obtiene tiempo de emisión basándose objetivamente en quién vende más. Y eso hay que ganárselo. Así que mi éxito de ventas podría haberlas inspirado para trabajar más y utilizar estrategias de venta más eficaces, no para intentar hundirme.

Que una persona tenga éxito no quita que otra lo pueda tener. Y aunque el tiempo de emisión en QVC es limitado, en el mundo de la belleza, y en el mundo en general, hay espacio de sobra para que triunfemos todas y todos. Como nota al margen, quiero añadir algo que me parece muy interesante, y es que, cuando las mujeres compiten entre sí, hay una razón invisible de mucho más peso que la aparente. Me explico: los hombres compiten entre ellos desde niños, pero no suelen tener de fondo un sentimiento de escasez que determina hasta dónde pueden llegar. La gran mayoría de las mujeres, en cambio, desde niñas pensamos –y vemos– que solo hay un sitio libre en la mesa. Que solo una mujer puede conseguir ese puesto tan codiciado. Cuando en las películas, y en la vida real, vemos una sala de juntas, en la mesa únicamente hay una mujer. *Una* vicepresidenta o *una* representante del consejo de administración. El mensaje está tan arraigado en la mente de las mujeres que, en lugar de pensar: *Cómo me gustaría que hubiera alguna mujer más en la mesa*, piensan: *Si hay alguna otra mujer en la mesa, igual pierdo mi puesto*. Suena muy anticuado, pero desgraciadamente es la mentalidad imperante todavía hoy. Las cosas están empezando a cambiar, y hay cantidad de mujeres que aspiran a tener su sitio en la mesa, o a tener su propia mesa, o, lo que es más, a llevar literalmente a otras mujeres a la mesa a la que ellas se sientan, pero el cambio no se está produciendo tan rápido como debería y como es necesario. Así que, entretanto, sigue existiendo esta modalidad de supresión de género, fundamentalmente autoimpuesta, porque las mujeres siguen creyendo que las posibilidades de triunfar son siempre limitadas y ven a las demás mujeres como sus rivales.

Fuera cual fuese el motivo de lo que ocurrió aquel día en el camerino de QVC, lo peor era que no tenía forma de evitar a aquellas mujeres. Con mucha frecuencia, nos invitaban a aparecer en los mismos programas. Uno de ellos, *Friday Night Beauty*, se emitía en horario de máxima audiencia y era uno de los programas con mayor volumen de ventas. Todos los viernes por la noche a la misma hora, el programa empezaba de la misma manera: aparecían en directo unas imágenes de grupo, que mostraban a las fundadoras y fundadores de firmas cosméticas que fueran a aparecer en pantalla esa noche junto con el presentador o la presentadora, todos de pie en un salón que se montaba en el escenario, charlando entre sí y pasándolo en grande, como si estuvieran en una fiesta. Siempre me había encantado esa apertura, hasta ahora. Cada vez que me tocaba estar con estas tres mujeres en ese programa, que se emitía en directo a más de cien millones de hogares, formaban un círculo cerrado para hablar entre ellas y no me dejaban unirme. Imagínate una fiesta en la que tres personas se ponen a hablar en corro, pegadas una a otra, y tú intentas unirte a ellas, o incluso te acercas y tratas con delicadeza de hacerte un huequecito, y te dejan claro que eres *persona non grata*. Eso es lo que me hacían. Si estaba de suerte, había otras personas en la apertura del programa y hablaba con ellas. Pero una noche estábamos las cuatro solas; su círculo cerrado era la única opción, y no tenía ni idea de qué hacer. Estiraron los codos hacia los lados para cerrarme el paso y dejarme fuera. Así que aparecí en directo en la televisión nacional sola, haciendo como que estaba feliz de estar allí e impaciente por que empezaran las ventas, sin parar de menear los pies y de frotarme con nerviosismo las manos y conteniendo las lágrimas.

A continuación, tenía que salir a presentar mis productos. Respiré hondo y puse toda la atención en serenarme, como imagino que hacen los boxeadores cuando están a punto de subir al ring y en la cabeza las dudas empiezan a levantar la voz. Yo las hice callar, no era momento de lloriqueos sino de comportarme como una mujer, y salí a escena. Tenía que alcanzar un desorbitado objetivo de ventas aquella noche. Pero, la verdad, no fueron las ventas lo que me puso los pies en la tierra. Y demostrarles algo a aquellas tres chicas malas, menos aún. No estaba allí para caerles bien. Lo que paró en seco todas mis inseguridades fue la idea de algo muy superior a mi mundo individual. Estaba allí para que cada mujer que me viera en la pantalla del televisor supiera que era importante. Que yo la veía. Que yo *era* ella. Para que supiera que me identificaba con el dolor que sentía por creerse insuficiente.

Imaginé a mujeres reales de todo el país. Quería que la madre de Nebraska que después de acostar a sus hijos estaba viendo el programa mientras doblaba la ropa supiera que ella también era bella. Sentí que, por encima de lo que estuviera pasando en su vida, de qué cosas le causaran inseguridad, de quiénes la juzgaran o la trataran injustamente o le hicieran el vacío, quizá mi mensaje le hablara más que de maquillaje. Quería incluir a todas las mujeres, y en aquel momento lo sentí con más fuerza que nunca. Me daba igual que cada mujer que estaba viendo el programa hiciera un pedido o no. Lo que me daba fuerzas era que, al encender el televisor y verme, todas sintieran que importaban, que eran guapas, que se las tenía en cuenta y que eran sobradamente dignas de aspirar a lo que quisieran. Ese era mi PORQUÉ. Y enfocar en él toda mi atención era la única posibilidad que tenía de no perder mi poder. Así que salí a escena y me quité el maquillaje para dejar al descubierto las mejillas rojas brillantes y presenté a mis modelos favoritas. Y juntas vivimos ese PORQUÉ.

Cuando terminó la emisión, salí del edificio de QVC, respiré hondo y... Quizá una imaginaría que el fulgor del logro había hecho desaparecer el escozor del rechazo, pero, de repente, ¡BUM!, todo el dolor de unas horas atrás me asaltó de nuevo. Lloré a lágrima viva dentro del coche en el aparcamiento de QVC. Lloré hasta que no me quedó en la cara ni una pizca de maquillaje. Entré en la espiral del *¿qué he hecho para que me rechacen?*, *¿por qué no les caigo bien?*, aun sabiendo lo contraproducente que es pensar esta clase de cosas. Era como haber retrocedido a la infancia y sentir que las demás niñas del patio no querían jugar conmigo. Tenía que serenarme y recuperar mi centro, porque a la mañana siguiente, como todas las mañanas, iba a entrar en la oficina y necesitaba poder ser una líder inspiradora para toda la gente que trabajaba allí y se esforzaba tanto como yo cada día por que la empresa floreciera. Para entonces habíamos contratado a varias personas fabulosas, con muchísimo talento, que habían dejado su trabajo en consolidadas empresas de cosmética y habían apostado por la nuestra porque creían en nuestra misión. No podía dejar que me vieran llegar derrotada. Pero por dentro, estaba realmente hecha pedazos.

No hablé del maltrato psicológico que estaba sufriendo con ninguna de las demás vendedoras ni fundadoras de otras marcas, porque no quería que aquello cobrara mayores dimensiones ni arriesgarme a que empezaran a circular rumores y se enterara todo el mundo, y sobre todo porque me daba vergüenza y solo quería que se terminara de una vez. Aunque sabía que QVC no habría permitido algo así, decidí no quejarme. En aquellos momentos, la única persona de la cadena con la que teníamos trato laboral directo era la asistente de compras que se encargaba de nuestra cuenta. Y sabía que, aunque debía de tener poco más de veinte años, las tres mujeres que se habían propuesto hacerme la vida imposible solían incluirla en los eventos sociales que organizaban fuera de QVC, tal vez porque tenía poder de decisión o tal vez por verdadera amistad. En cualquiera de los casos, no creía que esta joven asistente de compras fuera a responder con objetividad si se lo contaba. Así que, en lugar de hablar con nadie, me sentaba a llorar. Duele mucho que se te trate como si fueras una intrusa. Aunque en la cabeza tuviera claro que solo quería ser amiga de gente que me valorara, no podía evitar sentirme excluida, rechazada y despreciada. Y por muchas explicaciones lógicas que me diera a mí misma en la cabeza, aquello seguía doliéndome en el corazón.

Fue una de mis amigas de verdad la que me ayudó a salir de aquella espiral de dolor. Sentada en el aparcamiento, llamé a mi amiga incondicional Natasha. Mis amigas del alma son muy distintas unas de otras. Tienen diferentes orígenes y diferentes creencias. Votan a partidos políticos diferentes y su forma de expresar amor es también diferente. Natasha es una «guerrera de la oración», quizá la más convencida de todas. De hecho, fue ella la que me enseñó a rezar. También es mi amiga más conservadora y rara vez, o nunca, se le escapa una palabrota (no puedo decir lo mismo de mí 😮). Y es de las que se ríen a carcajadas, le importa una m***** lo que piense nadie. Una vez me compró un disfraz de mamá canguro peluda para Halloween de regalo de cumpleaños, en julio, y no sé cómo me convenció para que me lo pusiera. (Nota a mí misma: La bolsa marsupial no es favorecedora… sobre todo cuando se suma a la que hay debajo. ¡Gran carcajada!). Es la amiga que me recuerda que no me tome a mí misma demasiado en serio.

Cuando le conté a Natasha lo de las chicas malas, pensé que se pondría a rezar allí mismo, al teléfono. En lugar de eso, me dijo: «Querida, acuérdate de la ardilla de los huevos gigantes. Bien, pues tú los tienes igual de grandes que ella o más, así que cada vez que entres en ese edificio de QVC y te cruces con esas chicas malas, ¡balancea los huevos delante de ellas con orgullo!».

Deja que te sitúe. Unos años antes de que esas chicas malas me acosaran, Natasha vino a visitarme a Nueva York cuando estaba yo en la escuela de posgrado. Un día habíamos entrado en una tienda de regalos y, de repente, la oí aullar de risa en el otro extremo. Me volví hacia donde estaba y la vi sosteniendo en alto una foto tamaño póster de una ardilla con unos huevos gigantes. Gritó de lado a lado de la tienda: «¡Somos nosotras, Jamie, somos nosotras! Como esta ardilla, intrépidas. ¡Tenemos unos huevos así de grandes!». No sé si te acuerdas de que esta es mi amiga más conservadora.

Desde el día de la tienda de regalos, esta ardilla ha sido nuestro *alter ego*. Cuando Natasha se presentó a una selección en el canal HLN de la cadena CNN, que podía darle la oportunidad de presentar su propio programa de televisión con su propio nombre, le recordé que canalizara a la ardilla antes de la entrevista. Consiguió el programa. Cuando yo estaba tan nerviosa porque iba a aparecer por primera vez en QVC, me recordó que canalizara a la ardilla. Y esta vez, de nuevo, mientras estaba sentada en el aparcamiento de QVC llorando, me recordó «¡balancea los huevos!». Me recordó que nunca le permitiera a nadie empequeñecerme. Me sacó del pobrecita de mí y me hizo partirme de risa.

Natasha tenía razón. No debemos dejar que nadie nos impida «balancearlos». Todavía hoy, para darme ánimos cuando no me siento particularmente alegre o sociable, imagino que soy una ardilla gigante «balanceándolos» al entrar en la sala de juntas, en una reunión de ventas o en una fiesta. Si estabas buscando algo nuevo que añadir a esa caja de herramientas con lo que potenciar tu confianza en ti misma, he aquí una lección de eficacia probada para todo tiempo y lugar: ¡¡¡BALANCÉALOS!!!

Esta intrépida ardilla es el *alter ego* de Natasha y el mío, pero fíjate en una cosa: es una ardilla bien dotada, es decir, *abundante*. ¡Lo de la escasez está anticuado! La ardilla puede ser también *tu alter ego*. Si necesitas canalizar a la ardilla intrépida, ¡hazlo! Y digo «huevos», pero lo mismo pueden ser ovarios externos. En el amplio espectro del género, pueden ser lo que tú quieras. Da igual, porque, sean lo que sean, ¡lo importante es ¡BALANCEARLOS! Tú decides qué es para ti la ardilla intrépida. Pero si te sirve de ayuda, ¡SÉ LA ARDILLA!

Sé la ardilla cuando lo necesites y ¡BALANCÉALOS!

Hablar con Natasha me animó de verdad, y cuando llegué a casa le conté a Paulo todo lo que había pasado. En cuanto me vio entrar con el maquillaje hecho una pena, se dio cuenta de que había estado llorando, así que cerró el portátil y me dedicó toda su atención.

—No entiendo por qué me excluyen de esta manera —dije.

Me miró con cara de auténtica confusión.

—¿Y por qué te importa? ¿Qué importancia tiene que no les caigas bien?

No lo decía para consolarme, realmente no conseguía entender que estuviera tan dolida, ya que, en su opinión, era obvio que me tenían envidia por lo bien que me iban las cosas, así de simple. Además, a Paulo le da exactamente igual lo que la gente piense de él. Que de verdad no te importe en absoluto lo que piense nadie ¡debe de ser una liberación inmensa!

Pensé que ojalá yo pudiera decir lo mismo, pero, especialmente en aquel momento, estaba claro que no era así. No podía evitarlo; mi lado complaciente quería caer bien... A la vez, me daba cuenta de que Paulo tenía razón. Me había pasado la vida apoyando con entusiasmo a otras mujeres; ¿qué sentido tenía que me importaran tanto esas tres que hacían todo lo contrario? Esas mujeres me habían mostrado quiénes eran, y lo que había visto en ellas no era precisamente bondad, así que... ¿por qué les estaba entregando mi poder? Permitir que me quitaran un gramo de energía más significaba dejar que me quitaran también la fuerza que necesitaba para llevar a cabo mi misión. Quería decirles una cosa que instintivamente sabía con certeza: «Quizá tengáis la tentación de subestimarme, pero permitidme que os ahorre la molestia... No lo hagáis».

Quizá tengáis la tentación de subestimarme, pero permitidme que os ahorre la molestia... No lo hagáis.

Sin embargo, en lugar de decirles nada, y confiar en que quizá eso las haría cambiar, me reconfortó darme cuenta de que puede ser un superpoder que te subestimen. Porque nunca te ven venir. Y sabía que, aunque estuvieran molestas conmigo porque empezaban a irme tan bien las cosas, no tenían ni idea de cuánta *voluntad de ganar y fe en que es posible hacerlo* hay dentro de mí. No había ido allí a competir con ellas. Había ido a competir con lo que Dios me había dado la capacidad de hacer. Aquella noche, me prometí conseguir que un día nuestra empresa hubiera crecido tanto que ni se les pasaría por la cabeza competir conmigo. Y lo creía de verdad.

No había ido allí a competir con ellas. Había ido a competir con lo que Dios me había dado la capacidad de hacer.

Luego, todo Estados Unidos oyó decir a Michelle Obama en su famoso discurso de 2020: «No les vamos a responder con sus mismas estrategias rastreras». Pero antes de que tuviera ocasión de demostrarme o de demostrarles a las chicas malas que no me iba a rebajar a tratarlas como ellas me habían tratado a mí, las cosas dieron un giro que ni en mis momentos más catastrofistas hubiera podido prever. Estaba a punto de saber lo que era sufrir los ataques, no de tres chicas malas, sino de un competidor gigante.

UNA TARDE, ABRÍ un correo electrónico masivo de los que enviaba QVC a la totalidad de sus clientes para que echaran un vistazo a los artículos de próximo lanzamiento, y vi un producto que era EXACTAMENTE igual que uno de los nuestros, solo que con el logotipo de otra marca en el envase. ¿¿¿QUÉ???

No. No podía ser.

Parecía que iba a salírseme el corazón por la boca y el cuerpo se me quedó rígido, en estado de *shock*. Sentí que iba a vomitar. Cómo te explico: las fórmulas de nuestros productos nos pertenecían y, legalmente, los fabricantes con los que nos asociábamos no podían cedérselas a nadie. Además, yo era una perfeccionista obsesiva en lo referente a las fórmulas, hasta el punto de que a menudo probábamos cientos de iteraciones antes de llegar a la fórmula definitiva. Aunque al equipo de químicos aquel perfeccionismo mío los volvía locos, era además una forma de garantizar que las probabilidades de que alguien creara por casualidad algo idéntico eran prácticamente nulas. Así que ¿cómo había podido ocurrir? Aquí estaba pasando algo muy raro. Deseaba estar equivocada, pero tenía la sospecha de que esa marca estaba jugando sucio.

Llamé a nuestro fabricante, aquí en Estados Unidos, y le envié una foto del producto. Sentía ansiedad y rabia, a las que pronto sustituiría un devastador sentimiento de impotencia. Al principio, el fabricante negó que tuviera nada que ver con el producto que la competencia iba a lanzar. Pero insistí, lo presioné tanto que, al final, admitió que le habían vendido a una de las grandes marcas una versión «muy similar» de la fórmula que NOS PERTENECÍA. Al parecer, cuando una pequeña empresa inventa un producto que resulta ser un éxito, lo que acostumbran a hacer algunas grandes marcas es dar un incentivo al fabricante de la fórmula y al encargado de hacer la mezcla para que les vendan una versión «muy similar» de la exitosa invención, que a continuación modifican lo justo para poder decir que es diferente. No es lo que se dice legal, pero es lo que nuestro fabricante había hecho. Él sabía que iba a ganar mucho más dinero con esa gran marca que con nosotros, así que nos traicionó.

El hecho era que una gran marca de cosméticos se disponía a sacar al mercado una imitación de nuestro producto. En comparación con ella, éramos una empresa minúscula, y QVC era nuestra única cuenta importante. A esa marca se le concedía ya mucho más tiempo de emisión en la cadena que a nosotros, y sus productos se vendían ya en todas las tiendas de cosmética y en los departamentos de productos de belleza de todos los grandes almacenes. ¡Y esa marca estaba a punto de lanzar una fiel imitación de nuestro producto en todas esas plataformas! No podía pensar en otra cosa. Los responsables de esa marca iban a utilizar su colosal influencia para decirle al mundo que ese innovador producto era de creación suya, y, además, tenían los medios para que todo el mundo se enterara de su lanzamiento y para distribuir el producto a todas partes. Podían difundir la noticia a toda velocidad, incluso con anuncios en las revistas. Crearlo nos había costado sangre, sudor y lágrimas, y no podía dejar de pensar que de repente, ¡bum!, esa marca no solo se iba a llevar el mérito de su invención sino que, mucho peor todavía, iba a llevar a nuestra empresa a la quiebra. ¿Y si al final parecía que habíamos sido nosotros quienes les habíamos copiado? Me pasaban por la cabeza toda clase de posibles desenlaces, a cuál más desastroso. Sentía como si estuviéramos bajo el fuego enemigo. Y en guerra.

Y aquí entramos una vez más en los mil inconvenientes de ser una pequeña empresa. En teoría, habríamos podido demandar a nuestro fabricante, pero no teníamos dinero para hacerlo, y, aunque lo hubiéramos tenido, seguía siendo el que fabricaba la mayoría de nuestras fórmulas principales. Esto quería decir que si lo demandábamos, probablemente dejaría de fabricar nuestros productos. Había diferentes cursos de acción posibles y justos pero, cuando eres una empresa emergente, hay también muchas probabilidades de que adoptar cualquiera de ellos te perjudique al final más de lo que te ayuda, o peor aún, te lleve directamente a la quiebra.

La otra posibilidad era llamar a QVC y hacerles saber que estaba a punto de promocionarse en su canal un producto de imitación hecho con una fórmula que NOS PERTENECÍA. Yo imaginaba que QVC habría hecho sus pedidos a esa marca sin tener ni idea de que la fórmula fuera similar a la nuestra, pero quizá si les demostraba que lo era, paralizarían su lanzamiento.

Decidí llamar a Allen Burke para preguntarle cuál era la mejor forma de actuar. Sí, al mismo Allen Burke que una vez me había dicho *no* porque nuestros productos no eran apropiados para promocionarse en QVC (lo cual me hizo sollozar esa noche hasta quedarme dormida y luego, día tras día, despertarme cada mañana y echarme a llorar porque no sabía cómo íbamos a conseguir que la empresa sobreviviera).

Pero resulta que, poco después de nuestro exitoso lanzamiento en QVC, Allen se puso en contacto conmigo, y pronto se convirtió en uno de los mentores que más me han enseñado y uno de mis amigos más queridos. A partir de entonces, apoyó públicamente la autenticidad y la misión de nuestra empresa, utilizando además como argumento la respuesta unánime que estaban teniendo las mujeres reales de todo el mundo. Aun después de que se jubilara en QVC, siguió siendo uno de los consejeros más inteligentes y valiosos de mi vida. Así que lo llamé, y ese día nos dio un consejo que probablemente evitó que el negocio se hundiera. Nos dijo que podíamos hacer lo que yo proponía, que era llamar a QVC y pedir que retiraran el producto, pero que en definitiva eso iba a perjudicar a la cadena, puesto que ya habían asignado un tiempo de emisión para presentarlo y los objetivos de ventas previstos estaban ligados a su lanzamiento. Si tenían que hacer un cambio de última hora y sustituir ese producto por otro, lo más probable es que no se alcanzara el volumen de ventas que preveían. Me dio cierto consuelo oír a Allen decir que QVC no tenía manera de saber que se trataba de una imitación cuando hizo el pedido a la otra empresa. Y me hizo ver que esa otra empresa tenía un posicionamiento totalmente diferente del nuestro y que el producto no coincidía con la línea de *marketing* que su marca había seguido hasta entonces. Y tenía razón. Es como si, por ejemplo, una marca que vende maquillaje para fiestas, con purpurina y una base de azúcar, lanzara de repente una revolucionaria crema antiedad hecha con ingredientes extraídos de las profundidades del océano, solo porque están de moda los productos de origen orgánico. Así de chocante era la incongruencia. Nuestro producto no se correspondía con el mensaje implícito de esa marca, y no transmitía por tanto ninguna sensación de autenticidad. Posiblemente se les ocurrió imitarlo y lanzarlo al mercado porque veían que una marca poco conocida y de creación reciente (la nuestra) estaba teniendo mucho éxito gracias a él. Yo sabía que es un error incorporar precipitadamente un producto, por muy prometedor que parezca o muy de moda que esté, si no representa la imagen de la marca, ya que lo único que se consigue con esto es confundir a la clientela habitual, que dejará de confiar plenamente en ella. Pero eso no quitaba que esa marca lo estuviera haciendo. Parecía la historia de David y Goliat, y ella era el gigante Goliat que podía destruirnos.

DURANTE LAS SEMANAS previas al lanzamiento de NUESTRO producto con una marca que no era la nuestra, no tengo palabras para expresar el malestar tan profundo que sentía a todas horas. ¿Alguna vez te han dado una mala noticia y a la mañana siguiente, al abrir los ojos, tenías la esperanza de que todo fuera un sueño, y se te ha revuelto el estómago al darte cuenta de que no lo has soñado? Pues eso era lo que me pasaba a mí cada día. Paulo decidió emular el programa de televisión *Supervivientes* y empezó a poner cartelitos por toda la oficina (también conocida como nuestra sala de estar) que decían «Burlar», «Superar» y «Sobrevivir». También me hizo unas camisetas de «Super JJ». Decidió que algo debía recordarme la superheroína que soy, así que dibujó con rotulador negro una *S* y una doble *J* en un logotipo al estilo Superwoman. Yo me las ponía. Mucho.

Decidimos seguir el consejo de Allen. No avisamos a QVC de lo que había hecho esa otra marca. No queríamos causarle trastornos a la cadena intentando que lo retiraran, pues significaría tener que cambiar la programación entera. Además, QVC seguía siendo nuestro principal socio de distribución, así que no podíamos arriesgarnos a que nuestra relación saliera perjudicada. Y, por supuesto, no podíamos permitirnos entablar una batalla legal contra nuestro competidor Goliat.

Llegó el día. La gran marca de cosmética lanzó el producto de imitación en QVC y en tiendas minoristas de todos los rincones de Estados Unidos y del mundo. Se promocionó con un mensaje ligeramente diferente del nuestro, pero su aspecto y sus resultados eran casi idénticos. Durante la presentación del producto en QVC, yo tenía la mirada puesta en el contador digital de ventas. Para gran sorpresa mía, tomando como referencia mis objetivos de ventas, las cifras no aumentaban demasiado rápido... ¡No se estaban vendiendo el número de unidades estipuladas! El producto de imitación se vendía ¡moderadamente bien! ¿Cómo? ¿En serio? Sí, *moderadamente bien*. Aquel día en QVC alcanzó justo sus objetivos de ventas. A esa marca MUCHO más grande y conocida que la nuestra le fue peor que a nosotros prácticamente con el mismo producto. ¿Por qué? Recordé algo que Allen Burke me había dicho por teléfono: «No se puede fingir autenticidad». Yo sabía que era cierto, creía de verdad en ello, pero ahora tenía la prueba delante de los ojos.

Durante las semanas siguientes al lanzamiento, el producto de imitación (léase *nuestro* producto) ¡tuvo unas críticas estupendas!

A las mujeres que lo habían comprado les encantó. Pero a pesar de las buenas críticas, como no se correspondía auténticamente con el ADN de la marca, no había habido demasiadas clientas habituales que conectaran lo suficiente con él como para decidirse a probarlo. Cuando lo vi en las tiendas, las estanterías estaban llenas. ¡Y adivina qué! ¡Nuestra marca siguió vendiendo el producto original FABULOSAMENTE!, porque era auténtica expresión de quienes éramos, de lo que queríamos para *nuestras* clientas y de aquello en lo que creíamos. Incluso en la actualidad, que tenemos cientos de productos en nuestro muestrario, este sigue siendo uno de los más apreciados y de los que más se venden.

UN DÍA, AL cabo de los años, nos habíamos convertido en una empresa mucho mayor que la que nos hizo esto. Y un día, varios años después, al ver al fundador de aquella marca que había imitado nuestro producto, pensé que ya era hora de que tuviéramos una conversación. Estábamos en las instalaciones de QVC, en una zona amplia y despejada de la gran sala de espera donde todo el mundo hacía sus últimos preparativos antes de entrar en el plató. Había repartidas por la sala unas cuantas docenas de empresarias y empresarios, cada cual en su fase particular de la preparación para el programa. Vi al fundador, sentado solo, y me decidí a hablar con él. No sabía si el resultado iba a ser una discusión o una reparación, si se indignaría, si asumiría la responsabilidad por lo que hizo o si incluso me pediría disculpas.

–Hola, ¿tienes un segundo para que charlemos?

–Sí –dijo.

Fuimos hacia unas escaleras anchas, enmoquetadas, que conducían a la sala de control y nos sentamos en los escalones, a unos seis metros de distancia del resto de la gente. Era un momento superintenso. El corazón me latía con fuerza. Si hablábamos *de verdad*, tal vez pudiéramos dejar atrás lo ocurrido.

Le recordé el lanzamiento del producto, hacía años, y que trabajábamos con el mismo fabricante, y le conté lo devastador que había sido para mí.

–Vuestra marca era enormemente más grande que la nuestra... –le dije–. Lo que hiciste podía habernos llevado a la quiebra. Estuvo mal, muy mal.

Me encontraba en una posición verdaderamente excepcional: yo, David, allí sentada hablando con el gigante Goliat en persona. Durante mucho tiempo me había sentido desarmada ante mi oponente, cuya fuerza me parecía descomunal, insuperable. Pero para entonces había coronado ya cumbres mucho más altas que esa. Y una y otra vez había visto con toda claridad que Dios es más poderoso que cualquier oposición.

Goliat respondió que ellos no habían hecho tal cosa. Le dije que tenía pruebas, incluso del propio fabricante. Me explicó que habían cambiado varios ingredientes y también la forma de presentar el producto, y que nunca habían tenido intención de imitarnos. Lo miré a los ojos y no tuve miedo de decirle lo que pensaba, y por último añadí que esperaba que nunca se lo hicieran a nadie más. Independientemente de cómo decidió responder él, yo me liberé del dolor. Y del resentimiento. Sinceramente, me sentí victoriosa. Porque había sobrevivido y prosperado. Aprendí una nueva lección sobre el poder de la autenticidad. Y yo era una empresaria más fuerte, y un ser humano más fuerte, gracias a aquella experiencia.

Ah, y en cuanto al fabricante que le vendió a esa marca tan importante una fórmula «muy similar» a la nuestra, en fin, hoy nuestra empresa es su cliente más importante. Con mucho. Y ahora es a nosotros a quienes teme perder.

Un día, la gente que no creía en ti
hablará de cómo te conoció.
–ANÓNIMO

¿TE PREGUNTAS QUÉ pasó finalmente con las tres mujeres que durante una temporada me trataron tan mal? Pues que cumplí la promesa que me hice aquella noche, una de las noches más angustiosas que viví en QVC. Con el tiempo, nuestra empresa creció tanto que las tres chicas malas dejaron de odiarme. Dos de ellas se volvieron agradables, corteses, o como mínimo indiferentes, y la tercera incluso hizo un intento de entablar amistad conmigo. A lo más que me he sentido capaz de llegar con ella es a la relación que mantenemos actualmente: dos conocidas que se dirigen unas palabras de ánimo la una a la otra desde una distancia prudencial.

La experiencia que tuve con ellas me hizo estar aún más agradecida por el resto de la gente con la que coincidí allí, en su mayoría mujeres que habían fundado sus propias empresas y que me apoyaron a lo largo de toda mi trayectoria en QVC. A muchas de ellas las sigo considerando grandes amigas. Nos une un profundo respeto mutuo, porque sabemos lo difícil que es sacar adelante un proyecto empresarial. Aunque somos competidoras, nos apoyamos y nos damos ánimos. Y competimos mejorando nuestras estrategias, no intentando desmantelar las de nadie.

Después de lo que viví con las tres chicas malas, cada vez que veo a otra mujer sola en una fiesta, en un evento de empresa o en cualquier otro lugar, si puedo, trato de que se sienta incluida. Me acerco a ella, la saludo y le pregunto cómo está. Y mis amigos y amigas más íntimos son personas que también lo hacen. Así que gracias a esas tres mujeres por enseñarme lo mucho que puede significar un gesto tan simple para una persona que se siente sola.

UNA COSA MÁS. He contado antes que en aquel momento de duda llamé a Allen Burke para pedirle consejo. Pues bien, cuando se jubiló en QVC, lo contratamos para que formara parte del consejo asesor de IT Cosmetics. Allen Burke, la leyenda de la industria cosmética que dirigió y transformó la forma de presentar los productos de belleza en QVC, tenía un puesto de trabajo en nuestro consejo asesor. El tipo que una vez ME RECHAZÓ ¡¡¡ahora TRABAJABA PARA MÍ!!! ¡¿Qué?!

Ahora que el negocio había crecido hasta ese punto, entendí además que Allen tenía razón cuando dijo *no*. Los *noes* siempre duelen, pero hay veces en que son un verdadero regalo. Lo que quiero decir es lo siguiente: si QVC hubiera dicho *sí* en aquel momento, no habríamos triunfado. En aquel momento, no habríamos sido capaces de hacer frente a una producción de tal volumen y con fechas precisas, ni de gestionar al milímetro el movimiento de productos, es decir, todo lo que conlleva una relación comercial de tal magnitud. Sencillamente, no teníamos suficiente personal, ni infraestructura, ni relaciones operativas, y habríamos fracasado estrepitosamente. En realidad, Allen había tenido razón desde el principio, solo que en aquel momento no lo podíamos saber. A veces los *noes* son en realidad una bendición que nos llega, en el momento oportuno, bajo la apariencia de *doloroso rechazo*. Y al igual que las chicas malas me hicieron apreciar aún más a las personas que me apoyan, los *noes* hacen que los *síes*, cuando llegan, sean mucho más agradables.

A veces los* noes *son en realidad una bendición que nos llega, en el momento oportuno, bajo la apariencia de doloroso rechazo.

LO QUE APRENDÍ y lo que creo que es cierto en todas las circunstancias de la vida cuando vives tu verdad, cuando te entregas de corazón a tu trabajo y tratas a los demás con ecuanimidad y respeto, es lo siguiente: que las personas malintencionadas, las competidoras inclementes, las que te dicen *no* sin inmutarse y las que te critican puede que ahora no crean en ti, pero un día te pedirán consejo. Puede que hoy digan que eres una *incompetente*, pero un día presumirán de que te conocen. Puede que te llamen *poca cosa*, pero un día dirán que eres *lo más*. Que les parezcas un *aburrimiento*, pero un día se llamarán *amigas* tuyas. Que te consideren *insignificante*, pero un día te mirarán como a una *fuera de serie*. Que te tachen de *loca*, pero un día dirán que eres un *genio*. Que crean que *no eres digna* de relacionarte con ellas, pero un día se dirigirán a ti *con admiración*. Puede que hoy te vean *llorar*, pero un día te verán *BALANCEARLOS*. Puede que hoy te llamen para *rechazarte*, pero quién sabe si un día te llamarán *jefa*.

Puede que hoy te llamen para rechazarte, pero quién sabe si un día te llamarán jefa.

CINCO

Creer en el poder de tu micrófono

Lo que cuenta no es el tamaño del perro en la pelea, sino el tamaño de la pelea en el perro.

–DWIGHT D. EISENHOWER

He madurado mucho desde los tiempos en que permitía que el desprecio de unas chicas malas como las que conocí en QVC me hiciera daño, y he aprendido de verdad que el poder de tu círculo íntimo es uno de los mayores secretos del éxito, tanto en los negocios como en la vida.

Mis seis amigas íntimas son mujeres que han triunfado en sus profesiones. Si pasaras un rato con ellas, te darías cuenta de que tienen personalidades muy dispares, y también algo en lo que son idénticas, que es un inmenso corazón. Alguien que solo las conozca por las fotos que ha visto en las redes sociales, tal vez imagine que tienen esa clase de vida glamurosa y llena de éxitos que solo les toca en suerte a *otras* personas. Pero, como en mi caso, la historia de su vida está muy lejos de ser perfecta. Les he pedido permiso para compartir aquí contigo algunas partes de sus historias que no son lo que se trasluce de ellas a primera vista en las redes sociales, en su vida profesional o en persona.

Echa un vistazo a la cara de las siete en la foto siguiente. Mis amigas me parecen todas tan preciosas que, para mí, ¡esta es una foto perfecta sin la menor duda! Aunque, además de valientes, las siete seamos un poco caóticas y, además de triunfadoras, ¡seamos cualquier cosa menos perfectas!

De izquierda a derecha : Natasha, Dana, yo, Denise, Lia, Desiree y Jacquie.

He aquí la verdad de la vida real que se esconde tras estas hermosas caras sonrientes:

De las siete,
Una de nosotras fue una niña sintecho.
Una de nosotras pasó su infancia en hogares de acogida.
Dos de nosotras somos adoptadas.

Una de nosotras creció con una madre que tenía un trastorno mental grave.

Una de nosotras creció con un padre que se suicidó cuando ella acababa de cumplir los quince años.

Dos de nosotras no sabemos quién es nuestro padre.

Una de nosotras tiene dificultades de aprendizaje.

Una de nosotras se quedó embarazada a los quince años y crio sola a su bebé.

A una de nosotras le han diagnosticado cáncer de mama.

Cada una hemos tenido algunas VICTORIAS de fábula, en su mayoría fruto del puro coraje:

Cuatro de nosotras somos empresarias, fundadoras, y directoras ejecutivas.

Una de nosotras tiene su propio programa de noticias (que lleva su nombre) en el canal HLN de la cadena de televisión CNN (es Natasha, a la que has conocido en el capítulo anterior).

Una de nosotras ha revelado recientemente a su familia y a su círculo de amistades que se identifica como bisexual/de género fluido.

A una de nosotras se la conoce como la Jerry McGuire femenina, y una celebridad de primera línea va a «hacer de ella» en una serie de televisión que está a punto de estrenarse.

Una de nosotras está en la Lista *Forbes* de las mujeres hechas a sí mismas más ricas de Estados Unidos.

Una de nosotras ha tenido más de un papel importante en series de máxima audiencia.

Una de nosotras se está liberando de la inseguridad derivada de una deformidad física.

Superficialmente, somos unas cuantas piezas de puzle que no encajan unas con otras. No todas tenemos la misma religión, ideología política o estatus socioeconómico, pero nada de esto afecta a nuestra amistad. Lloramos las siete juntas, soñamos juntas con cambiar la sociedad, defendemos juntas a las mujeres y apoyamos causas que necesitan solución urgente, y TODAS somos VICTORIOSAS, no VÍCTIMAS, a pesar de nuestros respectivos pasados, a pesar de nuestras trabas y a pesar de nuestros defectos. Todas creemos en vivir una vida de servicio a los demás, ¡una vida que sirva!

Estas son mis amigas más íntimas porque son mujeres que afrontan la vida con valentía y autenticidad. Sé que puedo contar incondicionalmente con ellas, y ellas saben que pueden contar incondicionalmente conmigo. Me hacen más fuerte. Me recuerdan que no necesito ser perfecta, que me quieren tal y como soy, los días buenos en los que sale mi lado más luminoso y los días malos en los que no tengo fuerzas para levantarme de la cama. Nos vemos mutuamente en toda nuestra vulnerabilidad y nuestra verdad. Y nos queremos de corazón, sin juzgarnos.

Te hablo de estas mujeres y de nuestra amistad como ejemplo de que, por difícil que haya sido nuestro pasado o por mucho que nos avergüencen, quizá, ciertas partes de nuestra historia, cuando tenemos la valentía de compartirlas descubrimos normalmente que no estamos solas.

Dana es amiga mía desde hace más de veinte años. Hace poco descubrió, y nos contó, que se identifica con la orientación bisexual y con el género fluido.* Me dijo: «Desde que lo descubrí hasta que

* N. de la T.: La identidad de género y la orientación sexual son independientes. La fluidez de género hace referencia a la identidad de género de una persona, que podría sentirse identificada con el género masculino, femenino, una mezcla de ambos o ninguno de los dos en distintos períodos o momentos de su vida. La bisexualidad hace referencia a su orientación sexual. Y a pesar de que «bi» aluda a *dos* géneros, muchas personas que se identifican como bisexuales se sienten atraídas también por personas de géneros no binarios o transgénero.

se lo he contado a la gente cercana y a mi familia, he tenido la sensación de que mi relación con todo el mundo era falsa. Me sentía *más sola* que nunca. A partir de que les he contado la verdad, mi vida ha dado un giro completo, ¡todo ha empezado a expandirse!». Cuando me hizo esta confidencia lloré de alegría, porque nunca la había visto tan feliz. Dana me ha pedido que te hable del impulso y la libertad que sintió cuando al fin aceptó plenamente su verdad y decidió compartirla con las personas a las que más quiere. Y aunque no todas le han dado el apoyo que ella tanto deseaba, Dana se siente más libre que nunca antes en su vida.

La investigadora y escritora Brené Brown ha descubierto en sus estudios que ser dueñas de nuestra verdad y compartirla, por muy difícil que sea de expresar y de oír, es la única forma de conectar auténticamente con otro ser humano. Y una conexión auténtica es la clave del amor.

Cuando ocultas partes importantes de quien eres, no puedes tener relaciones auténticas, ya que la otra persona está amando a alguien que no es exactamente tú. Nos entra la duda: *¿Y si deja de quererme al ver cómo soy de verdad?* Pero en ese momento tenemos que preguntarnos qué es peor, perder a esa persona o perder la oportunidad de vivir con ella un amor verdadero y auténtico el resto de nuestra vida. Nacemos con la necesidad de conexión humana. Así que, si has tenido miedo de mostrarte plena y auténticamente como la verdadera y auténtica tú, te estás robando a ti misma la posibilidad de una conexión humana real.

MI AMIGA DESIREE descubrió que estaba embarazada cuando tenía quince años. «Justo después de enterarme, mi novio desapareció. Estaba asustada, sola, muerta de miedo. A esa edad, sin estudios, sin ayuda de nadie, no sabía qué hacer, si dar al bebé en adopción en cuanto naciera o criarlo yo sola, sabiendo que lo tendría todo en mi contra... y él también. Casi al final del embarazo supe que no podía dárselo a nadie. Pero el día que nació, cuando la enfermera me lo puso en los brazos, me quedé tan paralizada de miedo que no quería mirar a mi propio hijo. No quería que me viera la cara y que el primer recuerdo de su madre fueran unos ojos aterrados. Mientras estaba tumbada con él en los brazos, mirando al techo y con las lágrimas agolpándoseme en las pestañas, me pasaban por la cabeza pensamientos como: *¿Voy a tener fuerzas para hacer esto a los dieciséis años? ¿Por qué me confía Dios este regalo? ¿Le robaré a este bebé inocente la oportunidad de tener una vida normal?*

Entonces, su instinto de mamá osa tomó el mando, y Desiree decidió dejarse guiar por el amor, en vez de por el miedo. Y esa decisión le cambió la vida. «Miré por primera vez a mi hijo a los ojos y lo inundé de todo el amor que tenía dentro. Y en ese instante, supe con certeza que era exactamente aquello lo que la vida quería para mí, lo que me tenía preparado: ser madre. *Su* madre».

QUINCE AÑOS DESPUÉS, Desiree era una de nuestras modelos en QVC. Fue así como nos conocimos. Toda su vida había sufrido a causa de un acné persistente, y me contó que IT Cosmetics le había cambiado la piel y le había dado una seguridad en sí misma que era nueva para ella. Un día, al terminar el trabajo nos fuimos juntas a almorzar y estuvimos hablando durante horas. Aquel día, vi una luz en su interior. Sentía su corazón, su vulnerabilidad sin velos.

–Qué te parecería hablarles de corazón a millones de mujeres de todo el país y contarles la auténtica historia de tu vida? –le pregunté.

Necesitaba contratar a algunas personas más para que representaran a IT Cosmetics en QVC, no solo para que hicieran de modelos, sino para que fueran presentadoras de nuestra marca y mostraran nuestros productos en directo. A diferencia de la mayoría de las marcas, que para promocionar sus productos contratan a profesionales con experiencia en televentas, yo quería encontrar a mujeres cuyas vidas hubieran cambiado auténticamente gracias a nuestros productos y cuyos corazones estuvieran en total sintonía con nuestra misión; la parte referente a las televentas ya me encargaría de enseñársela *después*.

Cuando le pregunté a Desiree si quería ese nuevo puesto, me miró como una cierva paralizada frente a los faros de un coche. Luego, tras muchos días de pelearse con la inseguridad y las dudas, me llamó y me dijo *sí*.

Nunca olvidaré su debut en QVC. Lo mismo que años atrás los productores habían estado preocupados por mí la primera vez que salí hablando en aquel plató, ahora era yo la que temía que Des se fuera a desmayar. Un momento antes de que las cámaras empezaran a emitir en directo, se la veía aterrada, con los ojos llenos de lágrimas. Pero en cuanto se oyó «¡estamos en el aire!», vi cómo su mirada pasaba del miedo por sí misma al amor por las mujeres que la estaban viendo desde sus casas. Lo dio todo en aquella primera emisión y lo ha seguido dando en todas las que ha hecho desde entonces. Como directora de empresa, hice una apuesta muy arriesgada al contratar autenticidad en lugar de experiencia. Y ella lo arriesgó todo al confiar en mí, en la fe que tenía en ella, y al confiar en sí misma y ser capaz de dejar que el amor prevaleciera sobre el miedo.

Esa confianza mutua ha seguido creciendo a lo largo de los años y ha dado lugar a una hermosa amistad. Desiree me recuerda la fuerza y el poder que entraña ser vulnerable. Y cada vez que tengo la tentación de dejar que el miedo se apodere de mí, o me empequeñezco sin darme cuenta, ella es la primera en recordarme que camine hacia el amor, nunca hacia el miedo.

QUÉ BIEN SIENTA hacer las cosas siendo una misma, ¿verdad? No necesitas intentar hacerlas. Simplemente suceden. Sin el menor esfuerzo. Si trabajas en algún terreno creativo o tienes una afición creativa, sabes que cuando te encuentras en eso a lo que llaman estado de *flow* o estado de fluidez, totalmente entregada a lo que haces, te llenas de energía y creatividad y las cosas salen solas. Lo mismo ocurre cuando vives en ese estado el día a día. Y el único requisito para experimentarlo es ser plena y auténticamente tú. Ser las partes buenas, las extravagantes, las incómodas, las amables, las asustadas..., las partes *de verdad*. Cuando escondes partes de ti, o atenúas tu luz, o finges para intentar satisfacer las expectativas de alguien, te arriesgas a perder la oportunidad de desarrollar plenamente tu potencial humano, tu auténtico ser, y de establecer relaciones que te llenen el alma.

¡Desperdiciamos una parte *tan* grande de nuestra vida encogiéndonos, limitando al ser que somos y cómo nos mostramos a los demás porque nos preocupa lo que piensen de nosotras!

Uno de los mayores miedos que nos impiden mostrar nuestro verdadero yo es el de no caerle bien a la gente. A ver, seamos realistas. En la vida vamos a encontrarnos con chicas malas, gente que va a intentar acomplejarnos, cotillas, competidoras despiadadas e incluso «simpatizantes confundidos».* No vamos a caerle bien a todo el mundo en todo momento y lugar, hagamos lo que hagamos. De modo que ¿por qué no aceptar que es así y ser tú misma? Si no, encima, quienes te desprecien y te critiquen estarán juzgando a alguien que en realidad *no* eres. Tal vez te duelan menos las críticas, o tal vez pienses que si te encoges o te escondes, encontrarás menos negatividad. Pero a un precio muy alto. Lo bueno es que cuando

* N. de la T.: El capítulo once, «Creer en que los *haters* no son más que simpatizantes confundidos», como indica su título, está dedicado a ellos.

empiezas a mostrarte auténticamente como eres, recuperas tu poder y, literalmente, tu vida entera.

Una de las claves para creer en nosotras mismas es rodearnos de personas que no solo crean en nosotras y nos quieran tal y como somos, sino que además nos hagan más fuertes. Se ha dicho muchas veces que somos la culminación de las cinco personas con las que más tiempo pasamos. Piénsalo un momento. Aparte de tus hijos o tus hijas, por supuesto, si eres madre, ¿quiénes son las cinco personas a las que ves o con las que hablas más a menudo? ¿Te animan y te ayudan a desarrollar todo tu potencial y a tener una vida de la que estés contenta? ¿Te apoyan para que hagas realidad tus sueños y te sirven de inspiración para vivir con amor? ¿Te recuerdan tus talentos, tus mejores cualidades y la belleza que hay en ti? ¿Te hacen ver cuándo estás diciendo gilipolleces y te ayudan a salir lo antes posible de la espiral de la inseguridad y las dudas?

Si las cinco personas con las que más tiempo pasas no te hacen más fuerte ni te sirven de inspiración para que salga lo mejor de ti, vale la pena que dediques un poco de tiempo a hacer inventario de la gente a la que tienes por amiga. Porque es fácil que, sin darnos cuenta, mantengamos relación con personas que en realidad nos hacen daño, o nos dejan sin energía, o nos arrastran a un nivel de vibración más bajo del que nos es natural. A menudo las conservamos en nuestra vida por simple comodidad o conveniencia. O porque son amigas de toda la vida. O porque tenemos miedo de que sea muy difícil hacer nuevas amistades. Es fácil bajar el listón y, contagiadas del ambiente, participar en los cotilleos, aun sabiendo en lo más profundo lo mal que nos sienta. Es fácil pasar el rato con gente que, en realidad, fomenta nuestros malos hábitos y hace que arraiguen con fuerza las partes de nosotras que menos contribuyen a que nos sintamos bien. Incluso es fácil contarle a alguien con entusiasmo la idea que acabamos de tener o nuestros mayores sueños, aun sospechando que no va a compartir nuestro entusiasmo ni nuestra forma de ver las cosas. Como dice Reshma Saujani en su libro *Valientes e imperfectas*: «Estamos condicionadas a transigir y a encogernos para caer bien. El problema es que, cuando te esfuerzas tanto por gustarle a todo el mundo, con mucha frecuencia acabas por *no* gustarte demasiado a ti misma».

¿Quizá te parece que no tienes elección, que esas son tus amigas y no puedes cortar la relación con ellas así de repente? ¿Y si resulta que algunas de las personas con las que más tiempo pasas, y que no te ayudan a vivir como te gustaría ni a hacer realidad tus sueños, son de hecho miembros de tu familia... o incluso tu pareja? No puedes decir simplemente: «chao, mamá, estoy harta», ni deshacerte para siempre de cualquier miembro de tu familia que no te apoye, ¿verdad? Aprendí algo muy valioso de mi maravilloso amigo y mentor Bob Goff, escritor y conferenciante. Una vez, mientras conversábamos en un pequeño grupo, expresó una idea que luego me ha ayudado muchísimo, y le he pedido permiso para compartirla aquí contigo.

Bob me enseñó que los seres humanos tenemos todos un micrófono que podemos ofrecer a discreción. Es enteramente decisión nuestra a quién se lo entregamos para que hable por él y a qué volumen. Tener la valentía de decidir a quién dejamos que lance sus palabras a nuestra vida, o a quién le ofrecemos el micrófono, puede cambiarlo todo.

DURANTE EL BACHILLERATO y después de terminar el instituto, uno de mis muchos trabajos fue el de recepcionista en un gimnasio; con el tiempo me ascendieron a dependienta y poco más tarde a encargada. En la misma época, mi padre trabajaba de inspector en la cadena de montaje de una fábrica de vidrio. Cuando empecé a encargarme de la sección de ventas, empecé también a recibir, además del sueldo, una comisión por cada artículo que compraban las socias y socios del gimnasio, y en total ganaba más de cincuenta mil dólares al año, que era mucho más de lo que ganaba mi padre. Cuando le conté que me habían admitido en la Universidad Estatal de Washington y que estudiar allí eran mis próximos planes, su respuesta fue: «¡Pero qué dices! ¿Cómo se te ocurre una cosa así? Estás ganando mucho dinero. No es fácil conseguir un trabajo como el tuyo, tienes que conservarlo». Sus intenciones eran buenas; me estaba aconsejando lo que pensaba que era mejor para mí, pero lo hacía desde la perspectiva de sus experiencias, que era una perspectiva muy limitada.

Yo quería salir del sitio donde había nacido y vivido hasta entonces, viajar, ir a la universidad, conocer a gente que hubiera tenido experiencias diferentes a las mías y, por encima de todo, ¡quería ver mundo! Al oír sus palabras, supe que me las decía con todo el amor de que era capaz, pero supe también que tenía que quitarle el micrófono en lo referente al tema.

Cuando dominas el arte de decidir a quién le subes o le bajas el volumen, te sientes más fuerte. Tal vez tengas, por ejemplo, una amiga con la que te encanta hacer ejercicio, pero su tendencia al victimismo no te gusta nada. En este caso, puedes hacerle llegar tu cariño mientras estáis en el gimnasio, pero decidir no ofrecerle el micrófono en lo que respecta a ningún otro aspecto de tu vida. O tal vez hay alguien a quien aprecias mucho, tu socia o un miembro de tu familia, pero sabes que, en cuanto le cuentas tus planes o tus sueños, adopta un aire escéptico y solo ve los mil y un inconvenientes, y eso te deja desmoralizada y sin una gota de energía. No hace falta que borres a esa persona del mapa, pero puedes decidir sobre qué temas de tu vida vas a dejarla hablar por el micrófono. Y, además, tienes la posibilidad de bajarle el volumen siempre que quieras. Algunos días, quizá la escuches solo cuando te habla del tiempo, o de lo que hay para cenar, o de qué candidatas del programa *The Bachelor* inspiran confianza,* y decides no pedirle su opinión sobre ninguna idea con la que en esos momentos estés emocionada. Puedes reservar la conversación para cuando estés con alguien que merezca hablar por el micrófono a todo volumen sobre ese tema en particular. ¡Alguien que te inspire a sacar lo mejor de ti y a volar alto en esa área de tu vida!

Cada vez que notes una discordancia casi física entre lo que estás oyéndole a alguien y lo que el instinto te dice, imagínate retirándole el micrófono con la misma rapidez que se lo retira una reportera, en una emisión en directo, a un testigo de los hechos que no sabe ni lo que dice. Cuando pusimos en marcha IT Cosmetics, a Paulo y a mí nos hacían constantemente comentarios y preguntas escépticos, incluso nuestras familias y muchos de nuestros amigos y colegas de aquella época: «¿Pero sabéis algo de maquillaje?», «¡No sé, Paulo, el maquillaje no es que sea muy de hombres!», «¿Cómo vas a dejar un trabajo fijo, con un seguro médico y un seguro de vida?», «¿De verdad creéis que estáis preparados para hacer esto?». Si hubiéramos contemplado a través de la lente de la duda las posibilidades reales de que nuestro sueño se materializara, ¿dónde estaríamos ahora? Y a la inversa, cuando tengas la sensación de que alguien, para complacerte, solo te está diciendo lo que quieres oír, tienes que bajarle también el volumen, porque no es real.

Si la intuición te dice que un amigo, una compañera de trabajo o alguien de tu familia no va a ver tus objetivos y tus sueños desde una perspectiva que pueda ayudarte, no le pidas consejo.

* N. de la T.: *The Bachelor* ('el soltero') es una serie estadounidense de telerrealidad sobre citas y relaciones amorosas, que lanzó en 2002 la cadena ABC, en la que un joven soltero debe elegir esposa. Durante el transcurso de la temporada, eliminará a una candidata cada semana, y tras la selección final, propondrá matrimonio a la mujer elegida.

No le ofrezcas el micrófono en lo referente a ese tema. Aprende a querer a esas personas desde un lugar de ti en el que estés a salvo de sus interferencias no favorables. Mantén con ellas una relación de verdad, pero en torno a cosas en las que conectáis. La energía es contagiosa, y aunque tú no tienes control sobre cómo se manifiestan los demás, sí puedes decidir a quién dejas que influya en tu vibración energética.

Si tu círculo de amistades no te apoya, pregúntate si tal vez, más que un círculo, es una jaula. Cuando nos rodeamos de personas negativas o tóxicas, hay muchas probabilidades de que empecemos a ser reflejo de su negatividad. Piensa en qué personas de tu vida te deprimen. ¿De verdad quieres contagiarte de su energía negativa y hacerla tuya? Puede que sin darte cuenta ya lo estés haciendo. Es muy fácil dejar que ocurra.

Si no hay a tu alrededor gente que te dé el apoyo que necesitas, estate abierta a incorporar a tu círculo personas nuevas que puedan inspirarte a desarrollar plenamente tu potencial. Y que estén deseando que tú lo hagas por ellas. Cuando alguien opera a un nivel de vibración superior al tuyo, lo percibes, y puedes pedirle que hable por tu micrófono cada vez que necesites un buen consejo relacionado con ese aspecto.

Una amiga de mi círculo más íntimo, Lia, desprende la energía más alegre de cuantas conozco. Es como un sol radiante en forma humana. De esa lista de circunstancias no fáciles en las que nos habíamos encontrado mis amigas y yo, Lia es la que creció sin un hogar, y más adelante en un barrio de viviendas de protección oficial de Filadelfia. Vivía rodeada de gente que nunca la animó a tener grandes sueños, y no los tenía. Pero incluso de pequeña, sentía que Dios tenía grandes planes para ella. Aunque creció en un ambiente de miedo, eligió la alegría. Desde muy niña, aprendió a bajarle el volumen a la mayoría de la gente con la que tenía contacto. Y si había alguien, como su madre, que la animaba a brillar con luz propia, ella sabía que debía subirles el volumen a esas palabras que sonaban a verdad. A base de puro coraje, Lia fue introduciendo en su círculo, una a una, a personas que le levantaban el ánimo, como ella hace con los demás. Con el tiempo, empezó a introducir en su círculo a gente que sabía de negocios más que ella, y en cierto momento creó su propia empresa, una línea de joyería llamada Valencia Key, que acaba de lanzar sus creaciones en QVC. La niña que creció sin hogar estaba ahora en las pantallas de cien millones de *hogares*, compartiendo su sueño y su alegría. En los muchos años que lleva siendo mi amiga íntima, es la persona a la que acudo cada vez que alguien en Internet me dice algo muy hiriente, o me entero de que un empleado ha traicionado mi confianza, o una competidora ha intentado hacerme daño personal. Lia me hace reaccionar rápidamente; en un instante, me saca de la espiral de la inseguridad y la duda. Me recuerda que no ponga mi poder en manos de nadie ni deje que nadie me robe la alegría.

Y acuérdate también de ser paciente y amable contigo. Suele llevar tiempo crear un círculo fuerte de personas que sean de verdad tus amigas. A veces, hay una que traiciona la confianza que habías depositado en ella y resulta no ser quien tú creías. Y puede que hasta te parezca imposible encontrar el tipo de personas que buscas. Pero creo que, cuando eres una verdadera amiga para los demás, atraes a amigos y amigas verdaderos, honestos y afines. En lo referente a la gente de la que te rodeas, no te conformes con lo más cómodo.

Cuando estableces un vínculo auténtico con alguien, esa persona te ayuda a creer en ti misma y en tus sueños y, en última instancia, a hacerlos realidad. Lia me inspira a elevar mi alegría. Denise me inspira a no aguantarle gilipolleces a nadie. Dana me inspira a expresar mi verdad. Natasha, a ser la ardilla intrépida. Desiree, a abrazar mi vulnerabilidad. Jacquie, a ser fuerte y valiente. Las personas de las que me rodeo y a las que ofrezco el micrófono e invito a que hablen a mi vida han sido esenciales para que haya podido hacer realidad mi sueño. Son generosas y no me juzgan. Ven lo mejor de mí y me lo recuerdan. No me permiten bajar el listón ni volver a caer en un mal hábito. Me desafían. Cumplen su palabra. Aceptan mis rarezas y me quieren como soy. Y yo intento hacer lo mismo por ellas. Tener un círculo así de sólido me ha ayudado a encontrar las fuerzas para soportar los fracasos y los disgustos. Y ha sido fundamental para que haya creído en mí misma incluso cuando daba la impresión de que nadie me entendía.

Da igual si tu círculo está compuesto por dos personas o por cinco, lo importante es que sean las adecuadas. Si te gustaría incorporar unas cuantas amigas o amigos a tu círculo íntimo, asegúrate de identificar antes qué cualidades esperas realmente de una persona amiga. Y asegúrate de tener la mente y el corazón abiertos en cuanto a quién estás dispuesta a incluir. Yo he descubierto que los verdaderos amigos y amigas no siempre se parecen a los del grupo que frecuentabas en el instituto o al tipo de personas entre las que creciste. Y para encontrarlos, es posible que tengas que deshacerte de filtros superficiales y prejuicios obsoletos.

Mi precioso grupo de amigas íntimas y yo no somos como esos perros de exposición a los que, desde el día que nacen, se los cría entre algodones para que ganen premios. Nos parecemos mucho más a los perros callejeros. Perros vagabundos que quizá no saben de dónde vienen, pero saben sin duda de qué están hechos. Como ellos, hemos conocido íntimamente a no pocos sabuesos, hemos parido cachorros sorpresa, hemos tenido que sacudirnos las pulgas y lamernos juntas las heridas. Como perros callejeros, hemos superado la necesidad de oír: «¡Muy bien, así me gusta». No te juzgamos porque hayas estado en la perrera, y sí, a veces incluso nos meamos un poco cuando algo nos pone locas de alegría y emoción. Perros callejeros que aúllan de risa y comparten la sabiduría adquirida en sus años de vida perruna. Que no tienen un pasado lujoso, pero sí una fuerza colosal en su interior. Como ellos, sabemos instintivamente que hay un solo requisito para unirse a nuestra manada: tener un corazón enorme y loco por amar. Somos perros callejeros, sin raza, que aun así decidimos participar en las exposiciones caninas, y, aunque nadie sabía de dónde habíamos salido, ganamos el premio al «Mejor ejemplar de la exposición» en las competiciones más importantes, simplemente porque decidimos creer que podíamos.

SEIS

Creer en el poder de la autenticidad

Sé quien eres y di lo que piensas, porque la gente a la que pueda molestarle no te importa, y a la gente que te importa no le va a molestar.

– BERNARD M. BARUCH

«Hola, Jamie, mi nombre es Sarah Beth y llamo desde Texas para encargar más productos de estos hoy mismo. No sé lo que les echáis, pero el otro día mi marido me dijo que estaba muy guapa. Me quedé... "¿Qué?". Bueno, la verdad es que me dijo que estaba *radiante*. A ver, tienes que entender una cosa: un día me equivoqué al comprar el tinte y me quedó el pelo de color rojo púrpura brillante, y mi marido ni se dio cuenta. Así que para que diga *esto*... Por eso llamo para que me enviéis más». Las clientas como Sarah Beth, con las que hablaba por primera vez durante la presentación en directo del programa, me daban su opinión sobre nuestros productos en tiempo real.

Trabajando en QVC aprendía cosas muy importantes que podía aplicar para la expansión de nuestra empresa en el aspecto digital, empresarial y de las redes sociales, y aún más para mi crecimiento personal.

Unos años después de la primera presentación en QVC, seguíamos siendo una marca relativamente poco conocida en comparación con las grandes marcas de la época, pero crecíamos a ritmo constante. Nuestros productos se vendían bien en QVC y la tasa de recompra era bastante alta, es decir, que a las clientas que los compraban por primera vez les gustaban tanto que, en cuanto se les acababan, volvían a por más. Ese había sido siempre mi objetivo: que una clienta repitiera. De todos los indicadores patentes de éxito, ese era el que más me importaba. Si una empresa vende algo una vez, es solo una venta. Pero cuando a los compradores les ha gustado tanto el producto que lo compran por segunda vez, ahora es una marca. Lo importante en un negocio no es solo generar muchas ventas, sino ganarse la confianza de los consumidores y que su percepción de la marca sea favorable. Si una clienta confía en que tus productos funcionan y van a hacer de verdad lo que dices, entonces puedes construir algo real.

Si una empresa vende algo una vez, es solo una venta. Pero cuando a los compradores les ha gustado tanto el producto que lo compran por segunda vez, ahora es una marca.

Como nuestras ventas y «recompras» seguían creciendo, me invitaban a salir en televisión tan a menudo que, al final, prácticamente no hacía otra cosa. QVC emite en directo las veinticuatro horas del día todos los días de la semana y todos los días del año, excepto el día de Navidad. No hay ni guion ni apuntador electrónico; en el estudio estáis solo tú y la presentadora mirando a las cámaras mientras se emite en directo a todo el país y por Internet. Cada minuto de emisión cuenta mucho, y es propiedad de QVC. Cuando entras en un gran supermercado, puedes comprar miles de artículos en el mismo sitio. Pero comprar por televisión es otra cosa: solo se puede anunciar y comprar uno cada vez. Eso significa que todas las empresas, marcas y productos compiten entre sí para conseguir tiempo de emisión en QVC. Aunque IT Cosmetics es una empresa de maquillaje, competimos con las empresas de mayor prestigio en todas las categorías, como Apple, Dyson o Vitamix. Y, en buena medida, se le concede más tiempo de emisión a quien esté consiguiendo hacer ventas por mayor cantidad de dólares por minuto.

Cada vez que entraba en antena, veía el reloj debajo de las cámaras que me decía cuántos minutos y segundos me quedaban. Y mientras hablaba en directo, oía al productor diciéndome por el pinganillo si las ventas iban bien, literalmente cada segundo. Era la experiencia más estresante de mi vida, pero, por supuesto, tenía que hacer como que estaba disfrutando mucho con la presentación. ¿Y sabes?, lo cierto es que *tienes* que disfrutar, porque si te esfuerzas demasiado por vender, vas a conseguir justo lo contrario. Los telespectadores son muy agudos y no compran a alguien que *intenta* venderles un producto. Y a la inversa, si eres fiel a ti misma y muestras auténtica pasión por lo que vendes, también lo notan.

Ahora bien, que seas auténtica no garantiza que el producto se vaya a vender. Como ya he dicho, cada vez que sales a presentar tus productos en QVC sabes que su valor está ligado al éxito que tuviste en el último programa. E incluso aunque en el último programa las cosas te fueran muy bien, es posible que te recorten el tiempo de emisión, *mientras estás hablando en directo*, si esta vez el volumen de ventas no está siendo tan bueno. Me ha pasado muchas veces. Estaba presentando un producto que nos había costado cientos de miles de dólares fabricar y transportar al almacén de QVC y, si las ventas no iban bien, de repente veía reducirse notablemente el tiempo que marcaba el cronómetro. Imagínate estar ahí de pie, hablando en directo a cien millones de hogares sobre este nuevo producto, sabiendo la cantidad de dinero que tu empresa ha invertido en él, y solo tienes ocho minutos para promocionarlo. Y de pronto ves que el reloj salta en un instante de seis minutos a dos. Tienes que seguir sonriendo y hablando de sus propiedades y no expresar la mínima reacción, pero en esos momentos te pasan muchas cosas por la cabeza. Te acaban de quitar cuatro minutos de presentación porque el producto no se estaba vendiendo suficientemente bien durante los dos primeros. Esos cuatro minutos representan decenas de miles de dólares en ventas que acabas de perder. Y para colmo, como no se está vendiendo según lo esperado, lo más probable es que no te den otra oportunidad de presentarlo en directo, lo que significa que probablemente QVC te devuelva todas las unidades que no se vendan, por cuya fabricación ya has pagado, y no te pagará nada por lo que no consigas vender en los dos próximos minutos. Ya, quizá te parezca salvaje, pero es así como funcionan los negocios, y pasa exactamente lo mismo en las tiendas físicas. Si tu producto no se vende, lo retiran y pierdes tu espacio en la estantería. El negocio es el negocio, y esos minoristas tienen que comer ellos también, así que es lógico. La gran diferencia, de todos modos, es que en QVC todo ocurre de inmediato, no tienes ocasión de exponer tu producto en un estante un montón de días, como ocurre en los grandes almacenes, para demostrar que se venderá bien. Por lo general, te dan una sola oportunidad. Y si tienes un historial de ventas estelar, puede que te den otra.

Las cosas llegaron a un punto en el que vivía de guardia las veinticuatro horas del día. Literalmente.

La verdad es que fue durísimo. No tener un horario regular de sueño es demoledor para el cuerpo y para la salud. Y a esto hay que añadirle la incesante presión de tener que alcanzar las previsiones de ventas. Cuanto mejor te va, más tiempo de emisión te conceden, pero la expectativa de ventas también sube, así que siempre tienes la sensación de que tu marca es solo tan buena como fueran las ventas en el último programa. A la vez, cuanto más tiempo pasaba en

QVC, más veía a una marca detrás de otra durar un solo programa. Así que me di cuenta de que era un honor increíble que nos siguieran invitando porque una y otra vez alcanzábamos las previsiones.

QVC dio a conocer nuestra empresa en una época en la que no teníamos dinero para publicidad, y gran parte de nuestro éxito actual se lo debo a esta cadena de televisión. Después de habernos visto en QVC, mucha gente fue a las tiendas a preguntar por nuestra marca, y el que las clientas pidieran nuestro producto contribuyó a que los minoristas que me habían dicho *no* durante años *finalmente* dijeran *sí*. Tener que cumplir con las formalidades y regulaciones extremadamente exigentes que impone QVC a fin de garantizar la alta calidad de los productos fue costoso y engorroso para una empresa pequeña, pero también nos evitó tener que hacer frente a las quejas de las consumidoras o a problemas de calidad como les ocurre a muchas empresas emergentes y en expansión. Al mirar atrás, veo que el *sí* de QVC fue la mejor plataforma de lanzamiento que nuestra empresa hubiera podido pedir, así que, hasta con las dificultades incluidas, volvería a hacerlo todo otra vez sin la menor duda.

Además de lo que significó a nivel empresarial y personal ver catapultadas nuestras ventas y popularizada nuestra marca, una de las partes más bonitas de estar en QVC fue compartir la experiencia con algunas personas fabulosas que había allí (aparte de las chicas malas). Helen, una de nuestras modelos, tenía un ingenio rápido y agudo, y cada día nos hacía reír al grupo entero hablándonos de sus peripecias. Estaba soltera y tenía más de setenta años, y durante las largas horas que pasábamos en la sala de espera nos contaba anécdotas de sus citas románticas, y casi nos meábamos de risa con algunas de ellas. Estaba inscrita en muchos sitios web de búsqueda de pareja, y la mayoría de los hombres con los que quedaba le duraban solo el tiempo que tardaba en entender por qué estaban solteros, es decir, la primera cita. Una vez descubrió que el hombre con el que había quedado, que hasta entonces decía tener, como ella, setenta y tantos años, le había mentido y en realidad tenía casi noventa.

–¿Qué? –pregunté yo–. ¿Los hombres mienten sobre su edad a los ochenta y muchos años?

Otra de las modelos preguntó:

–O sea, ¿que los hombres *siguen* mintiendo después de los ochenta?

Pero eso no era lo peor. Además, estaba casado y también había mentido sobre eso. En una cita con otro tipo, que en ese caso tenía realmente setenta y tantos años, a mitad de la cena el hombre se inclinó y le lamió a Helen la mejilla. Sí, con toda la lengua, la mejilla entera. No hace falta decir que esa fue la primera y última cita que tuvo con él. En fin, poco a poco se ganó el apodo cariñoso de «Imán de hombres», y cuando estábamos haciendo programas a mitad de la noche y empezábamos ya a delirar un poco, ¡en algún momento llegué a comentar en directo la cantidad de citas que le estaban saliendo gracias a aquellas presentaciones! (lo comenté con el permiso de Helen, por supuesto). Y es que tenía realmente un magnetismo irresistible. Las telespectadoras llamaban para decir que era su modelo favorita, o que ojalá tuvieran ellas una vida de encuentros sentimentales tan activa como la suya.

Helen era tan sarcástica y tan divertida que Paulo y ella se metían la una con el otro constantemente mientras estábamos en la sala de espera. Parecían hermanos.

–Jamie, ¿cómo aguantas a este tipo? –decía Helen si veía a Paulo de pie a mi lado.

Jamie, ¿cómo es posible que este producto se haya vendido si la modelo ha sido Helen? –contratacaba Paulo–. No lo entiendo.

Y los dos se echaban a reír. Pasábamos mucho tiempo allí en grupo, más del que pasábamos con la gente de nuestras familias. Nos enteramos de que el televisor que tenía Helen en su casa era uno de aquellos antiguos, pequeñito, ahora que su cara aparecía en tantísimos televisores de pantalla grande de todo el país. Así que un año, durante las vacaciones, Paulo y yo la sorprendimos con un televisor HD, para que pudiera grabar los programas en los que hacía de modelo y ver su precioso rostro en pantalla grande.

Una de las cosas que más me gustan de QVC como plataforma de ventas es que, a diferencia de cuando entras en una tienda física y ves muchos productos de marca pero es raro que llegues a conocer a quienes fundaron esas empresas, en QVC casi siempre son las fundadoras o fundadores de la empresa o de la marca quienes salen hablando en directo. Y con mucha frecuencia, los programas de una hora que se emiten en la cadena presentan productos de varias marcas distintas. A nivel personal, esto significa además que tienes ocasión de conocer a mucha de esa gente tan fascinante e inspiradora, porque pasas el rato charlando con unas y otros en la sala de espera antes de que a cada cual le toque salir a presentar su producto.

Uno de mis recuerdos más entrañables es el de Paulo y otros dos empresarios caminando por el pasillo del estudio con la cara pringosa de salsa de mantequilla aromatizada de langosta, que les chorreaba por la barbilla y les iba cayendo en la camisa y en la corbata. Acababa de terminar su presentación una marca de alimentos y, como ocurre normalmente, había invitado a quienes estaban por allí a que comieran cuanto quisieran de los platos que habían preparado para la presentación. Dependiendo de cuál sea la marca, es un momento que se espera con más o con menos impaciencia. Yo, por ejemplo, me ponía toda nerviosa cuando sabía que estaban en antena empresas como Cheryl's Cookies. Aquellas mesas repletas de galletas que nos ponían delante tras la emisión las archivaba en la categoría «las calorías no cuentan cuando es gratis». Pero las favoritas de Paulo eran las vendedoras de langosta. Cuando los vi a los tres en mitad del pasillo del estudio envueltos en aquella especie de gloria, con la cara reluciente de la salsa de mantequilla en la que mojaban la langosta salvaje, estallé en una larga carcajada.

«Nos han dicho que todo lo que no se coma de esta mesa en los próximos minutos va a la basura», dijo Paulo con la boca llena mientras arrancaba colas de langosta de los caparazones y, tratando de sujetar varias colas en cada mano, las mojaba en salsa de mantequilla y se las metía en la boca una detrás de otra como si estuviera en uno de esos concursos de «zampadores de perritos calientes». A menudo, durante la programación nocturna, estábamos todos agotados, y allí en la sala de espera nos reíamos de las cosas más tontas, lo cual relajaba la tensión y ayudaba a estrechar lazos, como si estuviéramos en las trincheras. Al final, en muchos casos, nacía una verdadera amistad.

Cuando estás al frente de una empresa, es inevitable que en algún momento haya un competidor al que le va mejor que a ti, y tienes la tentación de replantearte cómo hacer las cosas, ya sea la forma de vender tu producto, cómo describes tu misión o incluso qué productos vendes. Lo he visto una y otra vez, y me consta que es uno de los mayores errores que puede cometer cualquier emprendedor. Cada vez que he visto a una marca o a su fundador querer cambiar algo e incorporar un producto que no estaba en sintonía con su auténtico PORQUÉ, o con su propia autenticidad, a la larga ha fracasado. Después de haberlo visto ocurrir a mi alrededor tan a menudo, era algo que tenía muy, muy claro. Así que, cada vez que alguien de mi equipo se inquietaba por lo que otra marca estaba consiguiendo, o por lo que estaba causando furor en el mercado, yo decía insistentemente: «El mayor riesgo para nuestro negocio no es lo

El mayor riesgo para nuestro negocio no es lo que haga la competencia. El mayor riesgo es que nos distraigamos, nos dejemos influenciar y diluyamos nuestra salsa secreta.

que haga la competencia. El mayor riesgo es que nos distraigamos, nos dejemos influenciar y diluyamos nuestra salsa secreta». Lo repetí tantas veces que, al final, en cuanto decía las seis primeras palabras, el equipo a coro terminaba la frase. La misma autenticidad que es imprescindible en las amistades y en las relaciones de pareja debe existir en los negocios. En los negocios, esa relación auténtica es con tu clienta o tu cliente. Comprender el valor de la autenticidad te quita mucha presión y te evita un montón de estrés. Porque solo hay una tú. Y querer ser distinta de ti... sencillamente no funciona. Darte cuenta de esto te libera.

Todavía hoy, cada vez que cambio de canal y pongo QVC, conozco a muchas de las personas que aparecen presentando sus productos. Al poco de empezar a presentar los míos, me di cuenta de que quienes dan lo mejor de sí delante de la cámara son iguales cuando salen del plató. Las fundadoras de algunas de las marcas más vendidas en QVC tienen una personalidad, una vibración y un punto de vista muy particulares cuando hablan en directo, y son exactamente iguales cuando salen del escenario. En cambio, las personas que se ponen delante de la cámara y hacen teatro, o tratan de encandilar al público, o ponen demasiado empeño en convencer, a la larga nunca tienen éxito. Entran por una puerta y salen por la otra. Los espectadores, y la gente en general, solo pueden conectar contigo si eres auténtica. Y, como ya sabemos, no se puede fingir autenticidad. Mally Roncal, la fundadora de Mally Beauty, es un icono de QVC. Fue la maquilladora de Beyoncé y desprende paz y amor, además de hacer un maquillaje estupendo. En la tele, irradia una energía de un millón de vatios: extravagante, segura de sí misma, divertida, jovial. Te preguntas cómo es posible que esté tan llena de vida cada vez que sale en pantalla. Pero luego, en las oficinas de QVC, ¡es igual!, las carcajadas de Mally se oyen por todo el pasillo, y sigue siendo exactamente la misma cuando te la encuentras camino del aparcamiento a las tres de la madrugada. Las veces que hemos comido juntas, ella y yo solas, después de cuatro horas de sobremesa seguíamos riéndonos al salir del restaurante. Podría llamarla ahora mismo y hablar cuatro horas seguidas con ella y, cuando colgáramos, nos seguiría quedando muchísimo de lo que hablar. ¡Es una mujer tan carismática y llena de amor! Por eso tiene tanto éxito. Es auténticamente ella, dentro y fuera del escenario.

Otro ejemplo es la legendaria y fabulosa Joan Rivers, una de las reinas originales de QVC, que falleció hace unos años. Aparecía en pantalla siempre llamativa, excesiva, salvaje, con su estilo a menudo excéntrico, pero así era también en la vida real. Nunca olvidaré un día en QVC en el que parecía que todo el mundo en sus casas estuviera dormido y los pedidos llegaban con cuentagotas, y había tal tensión en la sala de espera abarrotada que se podía cortar. Nadie decía una palabra. Yo estaba allí sentada, preparándome en medio de un montón de empresarias muy estresadas, cuando de repente las grandes puertas metálicas de la entrada se abrieron de golpe y Joan entró con los brazos abiertos y proclamó en voz alta con su irreverencia contagiosa: «¡Despertemos a América y vendamos algo de una vez hoy, gente!». No podías evitar sonreír y quererla. Y ella quería a sus clientas. Y siempre era auténtica, y siempre tenía éxito. Vender es un logro efímero. La longevidad se consigue cuidando de que el producto cumpla lo que promete, demostrándole a la gente que puede confiar en ti, siendo tú misma y conectando de verdad. Si quieres tener una clientela realmente duradera, o relaciones realmente duraderas, o crear en Internet una comunidad que perdure, tienes que mostrarte con autenticidad.

LA AUTENTICIDAD NO garantiza el éxito, pero la inautenticidad garantiza el fracaso. Mientras nuestra empresa ha ido creciendo, he visto a miles de empresas triunfar y fracasar. Recuérdalo siempre: no se puede fingir autenticidad. Y saber que es en ella donde reside nuestro verdadero poder es una de las lecciones más valiosas que he aprendido sobre los negocios y sobre la vida.

La autenticidad no garantiza el éxito, pero la inautenticidad garantiza el fracaso.

Dos modelos que han estado en nuestro equipo desde el principio y que ahora, diez años después, están presentes en casi todos nuestros programas en QVC: Alisha y Helen (alias Imán de hombres).

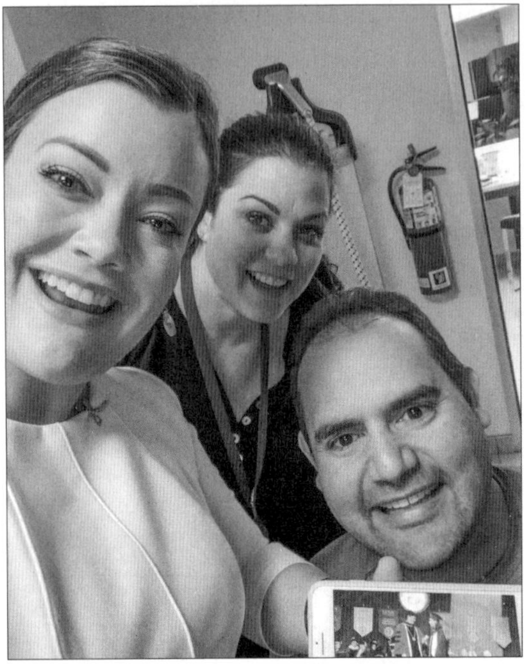

Paulo, Jacquie y yo viendo la ceremonia de graduación de mi sobrina desde la sala de espera de QVC. Uno de los innumerables eventos familiares que nos perdimos para poder expandir el negocio.

Nuestro equipo celebrando la victoria en los Customer Choice Beauty Awards de QVC. Estos premios significan tanto porque son exclusivamente las clientas y clientes quienes eligen con sus votos a la marca ganadora.

SIETE

Creer en que puedes pasar de subestimada a imparable

¿Tú crees que las niñas pequeñas pueden volar?
—*NADIA*, LA HISTORIA DE NADIA COMĂNECI

«Queremos ofrecerte mil doscientos millones de dólares por tu empresa». Todavía soy incapaz de procesar que escuché estas palabras. Pero las escuché. A esta chica, que empezó con un sueño y trató de hacerlo realidad desde el salón de su casa, le estaban diciendo que lo que había creado era valioso. Muy valioso. A pesar de que tantas personas expertas le dijeran que no valía nada, durante tantos años. Oír esas palabras me hizo creer de verdad en que la pasión y la tenacidad inquebrantables realmente dan fruto. Pero quedaba aún mucho camino de baldosas amarillas por recorrer antes de llegar a la tierra de Oz. Un camino sinuoso, interrumpido por señales de *stop*, desvíos y un montón de lecciones de fortaleza y perseverancia.

En 2013, hicimos más de doscientos programas en directo en QVC. Un año tiene trescientos sesenta y cinco días, y llegamos a hacer más de doscientos programas. Nos habíamos trasladado de California a Jersey City, en Nueva Jersey, para poder formar un equipo y a la vez estar lo bastante cerca de QVC, que tiene sus estudios en Pensilvania. Y cuando no estábamos en QVC, estábamos en el despacho o viajando para asistir a reuniones con minoristas de todo el país. Empecé a hacer presentaciones en tiendas de ULTA Beauty por todo Estados Unidos. Cientos de clientas viajaban para estar en los eventos y conocernos en persona a nuestro equipo de IT Cosmetics y a mí. También estábamos preparando el lanzamiento internacional de nuestra marca en el sudeste asiático y Australia.

Conseguimos formar un equipo maravilloso, con Jacquie, nuestra primera empleada, al frente. Un equipo que se encargaba de que todo estuviera a punto para cada aparición en QVC, desde la preparación del *atrezzo* hasta la selección de las modelos y la puesta en escena, desde los aspectos burocráticos hasta la planificación de los programas, y que además estaba allí en directo con Paulo y conmigo en cada uno de ellos.

Para Paulo y para mí, formar un buen equipo de trabajo, y luego tener que aprender a relajarnos y a delegar en nuestras estupendas empleadas y empleados, era el combustible que nos activaba cada mañana. Por fin podíamos contratar a gente experta que se ocupara de áreas del negocio en las que hasta entonces habíamos hecho lo que buenamente habíamos podido: recursos humanos, el aspecto digital y el educativo, y las estrategias de venta. En el cuarto cumpleaños de la empresa contraté a una asistente, Zega, que rápidamente se metió de lleno en el negocio.

Sin embargo, el volumen de pedidos aumentaba a tal velocidad que, aun así, no dábamos abasto. Yo no quería que se creara en la oficina un clima de agotamiento, así que seguía contratando a gente lo más rápido que podía. Pero entretanto, cada miembro asumía más y más responsabilidades, y estábamos trabajando todos al límite de nuestra capacidad humana.

Paulo seguía dirigiendo los departamentos de operaciones, finanzas, IT, digital y jurídico, y supervisaba todo lo referente a almacenamiento, envíos, aduanas y previsiones (¡menos mal que me casé con el supercerebro de la clase!). Yo seguía dirigiendo más de la mitad de los departamentos de la empresa, además de idear todos los productos, supervisar el desarrollo de nuestra estrategia e iniciativas de educación y de ventas, redactar textos sobre productos y *marketing*, aprobar campañas, formular y probar productos, participar en reuniones y conferencias de minoristas, dar charlas en eventos para clientas, entrevistar y contratar a nuevos miembros, ocuparme de la prensa y los medios de comunicación de la empresa y hacer presentaciones en QVC, todo ello sin dejar de gestionar el día a día de la empresa y asegurarme de que alcanzábamos las previsiones de ventas.

Pero si alguna vez has montado un negocio, sabrás muy bien lo que voy a decir. Aunque tener la posibilidad de contratar a gente es un regalo, y un gran hito para cualquier gerente de empresa, ¡gestionar a la gente que contratas es un trabajo a jornada completa totalmente distinto! Estábamos al borde de la extenuación, y seguíamos corriendo lo más rápido que podíamos. Muchos días me sentía como un hámster dentro de una rueda. Pero de una rueda que ahora impulsaba toda una empresa, lo que me hacía tener que correr más deprisa y con todo el peso de la empresa sobre los hombros. Como un hámster que corre y corre como si le fuera la vida en ello, con un miedo atroz a que, si se para, la rueda del éxito pueda venírsele encima. Había oído tantas veces *no*, y habíamos estado prácticamente sin dinero durante tanto tiempo que, cuando por fin empezaron a llegar los *síes* y el saldo de la cuenta bancaria comenzó a aumentar, no conseguía creerme del todo lo que estaba ocurriendo. Cada día me asaltaba el temor de que, en cualquier instante, todo se viniera abajo. Lo llaman el «síndrome de la impostora»: no te puedes creer que el éxito que te ha llegado sea real o merecido. Yo no venía de una familia que tuviera nada que ver con aquella prosperidad financiera, ni había visto que a nadie le ocurriera algo parecido a lo que estaba viviendo. ¿Cómo era posible que le pasara algo así a una chica como yo? Sabía que me estaba dejando la piel. Pero tenía la sensación de que, en el momento menos pensado, podía desaparecer todo.

IBAN PASANDO LOS años y el agotamiento era cada vez mayor. Engordé mucho, y Paulo también. Por temporadas, el estrés me provocaba urticaria, ronchas elevadas, rojizas, en distintas zonas de la cara y del cuerpo y que me picaban a rabiar. Empezó a ser cíclico. Una vez, en una reunión importante de la junta directiva, parecía que tuviera dos pelotas de béisbol rojas gigantes pegadas a los codos. Algunos días, a punto de entrar en el plató en QVC, tenía que cambiarme rápidamente de vestido para ocultar las ronchas, dependiendo de dónde hubieran decidido aparecer ese día. Había tres cosas que llevaba conmigo a todas partes: café, crema de cortisona y Benadryl. Y a pesar de las cien horas de trabajo a la semana y del estrés constante, Paulo y yo habíamos decidido formar una familia. No sé en qué estábamos pensando, pero nuestro sueño era adoptar un bebé y tener otro de la forma tradicional. Paulo y yo le ocultamos esta parte personal de nuestra vida prácticamente a todo el mundo. Sufrimos varios abortos. Entramos en el proceso de los tratamientos de fertilidad, los procedimientos quirúrgicos de extracción de óvulos, y de intentar averiguar por qué no conseguía quedarme embarazada o que el embarazo siguiera su curso natural.

Cuando tu cuerpo no responde como te parece que debería, es muy difícil no sentirte fracasada. Fue un período de mucha angustia y de continuas decepciones. Y por si el estrés laboral fuera poco, se entremezclaba con él la preocupación por cómo íbamos a poder cuidar de un bebé y seguir trabajando desde el minuto en que nos despertábamos hasta el minuto en que nos íbamos a dormir. Paulo y yo no teníamos cenas románticas, y si decidíamos buscar un hueco para nosotros, al final parecía una reunión más que tuviéramos que programar. Encargábamos por teléfono todas las comidas y yo me pasaba el día entero tomando cafés. De vez en cuando, ponía de fondo en la tele un *reality*, uno de mis placeres secretos... ¿Se me descarga de culpa si digo que eran *The Real Housewives** y *The Bachelor*? No nos despegábamos de los portátiles. Al final de una jornada de veinte horas, estaba extenuada, como si hubiera corrido una maratón. Y luego echaba un vistazo al Fitbit... ¡y solo había dado doscientos pasos en todo el día!

Cuando aparecía en QVC, tenía que dar siempre una imagen serena y hablar con elocuencia, pero una noche el agotamiento me jugó una mala pasada. Intentaba decir que nuestros productos no tenían ni brillo ni purpurina (*no shimmer or glitter*). Era un detalle importante, porque las clientas a las que no les gustaban los reflejos y la purpurina de otros productos podían confiar en que los nuestros no tenían nada de eso. Pero, en directo, la primera vez que quise decir «*shimmer and glitter*» me salió «*glimmer and shitter*» ('ni brillo ni cagada'). ¡Huy! Vi a la presentadora taparse la boca fuera de cámara. No era una metedura de pata inofensiva, en un canal donde está totalmente prohibido decir una sola palabra malsonante. Pero una vez cometido el error, era difícil de arreglar. Bien, pues durante todo el programa, cada vez que trataba de decir «*shimmer and glitter*», me salía «*glimmer and shitter*». Las modelos, fuera de cámara,

* N. de la T.: *The Real Housewives* es una franquicia estadounidense de programas de telerrealidad que documenta la vida personal y profesional de varias amas de casa de clase alta residentes en distintas regiones de Estados Unidos. La primera versión, *The Real Housewives of Orange County* se estrenó en 2006. Tras su éxito se han emitido otras once versiones en el país y veinticuatro versiones internacionales.

se morían de risa. Yo intentaba con todas mis fuerzas decirlo bien, pero daba igual. A ver, no creas que es fácil, prueba a hacerlo ahora mismo. Di «*shimmer and glitter*» rápido cinco veces seguidas. Es muy, muy difícil no decir... «cagada».

Zega fue mi acompañante fiel en casi todos los programas de QVC. Cuando estaban programados a mitad de la noche, solía llevarme a casa al terminar o directamente al trabajo. Durante las dos horas de trayecto a Jersey City, yo intentaba dormir en el asiento del copiloto para llegar un poco descansada a la oficina, donde había una ducha y tenía algo de ropa, un cepillo de dientes y artículos de aseo. Aunque a menudo no tenía ocasión de ducharme porque llegaba justo a tiempo para las reuniones de la mañana. No habría podido hacer una jornada laboral de veinticuatro horas sin Zega.

Aquellos viajes nocturnos desde QVC directamente a la oficina y a la sala de reuniones empezaron a ser tan frecuentes que un año, por Navidad, Paulo me hizo un regalo sorpresa: había convertido el asiento del copiloto de mi coche en un asiento eléctrico totalmente reclinable. Tengo grabada su cara, cuando me dijo orgulloso: «Es como los de *Pimp My Ride*.* Ahora quizá puedas dormir un poco más a gusto mientras viajas». Siempre he querido que Paulo se hiciera un tatuaje, pero él nunca ha querido, para algunas cosas es muy conservador. Así que creo que regalarme por Navidad algo que le recordaba a *Pimp My Ride* le hizo sentirse atrevido y muy *cool*.

---

* N. de la T.: *Pimp My Ride* ('tunea mi coche'), conocido en Latinoamérica como *Enchúlame la Máquina* y en España como *MTV Tuning*, fue un programa de televisión estadounidense transmitido por MTV desde 2004 hasta 2007 durante seis temporadas, y lo presentaba el rapero Xzibit. En cada episodio, el programa llevaba el coche de una persona anónima, normalmente en pésimas condiciones, a un taller exclusivo, donde lo transformaban gratis en un modelo «tuneado», adaptado a los gustos y la personalidad de su propietario o propietaria.

Nos perdimos bodas, vacaciones en grupo y cumpleaños. Una vez, en compensación por eso, invité a parte de mi familia a unas vacaciones en las islas Turcas y Caicos, al sudeste de las Bahamas, pero yo estuve todo el tiempo en la habitación del hotel delante del portátil. No podía permitirme el lujo de parar.

Muchas veces me preguntaba cómo iban a ser las cosas si me quedaba embarazada. ¿Nuestro bebé crecería como había crecido yo, con un padre y una madre que se pasaban el día trabajando?

Durante el período de hipercrecimiento de IT Cosmetics, tenía la sensación de que dirigir la empresa era lo único que hacía realmente bien. Paulo y yo trabajábamos tanto que no nos sentíamos ni humanos. Parecíamos robots. El negocio prosperaba, pero nuestra salud no, nuestra relación de pareja era casi inexistente, apenas veíamos a nuestra familia ni a nuestros amigos... Literalmente, todos los demás aspectos de nuestra vida sufrían las consecuencias.

En cierto momento, nos dimos cuenta de que, durante años, habíamos pasado casi cada aniversario de boda, cada cumpleaños y cada día festivo en la sala de espera de QVC. La única excepción era el día de Navidad, el único día que no se emitía en directo. Pero, de todos modos, a menudo estábamos en QVC incluso en Navidad porque nos habían concedido, o esperábamos que nos concedieran, alguna aparición en directo en esas fechas. Estábamos tan enfocados en el crecimiento de la empresa que, cuando anunciaban que se acercaba una gran tormenta de nieve, montábamos en el coche e íbamos a QVC, y nos alojábamos en un hotel próximo aunque no tuviéramos prevista ninguna emisión. Avisábamos de que estábamos allí, listos para salir en directo, por si acaso se cancelaban los vuelos de otros vendedores debido al mal tiempo y quedaba algún hueco que hiciera falta cubrir. Habíamos llegado a un punto en el que estábamos en condiciones de asumir un riesgo comercial calculado. Para entonces teníamos una idea bastante clara de los productos y kits que mejor se vendían, así que nos atrevíamos a ponernos en el lugar de las consumidoras con la esperanza de que valiera la pena el riesgo. Como los productos suelen tardar de cuatro a seis meses en fabricarse, empezamos a actuar estratégicamente y a hacer pedidos superiores a la demanda real, apostando por la posibilidad de que nos concedieran más emisiones de las que en principio nos habían prometido. Y si de repente otra marca no alcanzaba los objetivos de ventas, o una vendedora fallaba en el último minuto, cuando QVC nos preguntaba si teníamos existencias adicionales para cubrir un hueco inesperado, las teníamos y estábamos listos para salir en directo. Es decir que, por si hasta entonces el ajetreo era poco, Paulo y yo nos afanábamos por elevar el concepto de ajetreo a una nueva dimensión.

EN LOS PRIMEROS años, justo cuando nuestra marca empezaba a calar entre las clientas, recibí un correo electrónico de una mujer de L'Oréal que tenía interés en reunirse con nosotros. Se llamaba Carol Hamilton y supervisaba todas las marcas de lujo englobadas en L'Oréal con sede en Estados Unidos. Enseguida supe que esa invitación a que nos reuniéramos era el fruto de una semilla que yo había plantado (bueno, más bien una semilla que había plantado la ardilla intrépida) muchos años atrás. Una semilla que nunca imaginé que había germinado. En una ocasión oí a Carol dar una charla en un evento del sector, en la que contó al público cuáles eran sus diez productos de belleza favoritos. Como en la lista no había ninguno de IT Cosmetics, la ardilla intrépida que hay en mí decidió enviarle a su despacho una nota escrita a mano en la que le explicaba que si probaba nuestros productos, estaba convencida de que los incluiría en su lista. Junto con la nota, le envié una cesta de regalo con cosméticos de IT. Para gran sorpresa mía, estaba a punto de enterarme de que no solo recibió la nota, sino que la había guardado. Como si tuviera un presentimiento. El día que recibí su correo electrónico en el que proponía que nos reuniéramos, le dije a Paulo: «¡Creo que L'Oréal va a querer comprar nuestra empresa!». La invitamos a nuestra oficina y la reunión fue muy bien. Hizo muchas preguntas, y nos dijo que creía en lo que hacíamos y que admiraba que nos dirigiéramos a un grupo de mujeres a las que el sector de la belleza casi siempre solía ignorar. (*Ummm, creo que el sector de la belleza ignora principalmente a casi todas las mujeres*, pensé para mí). Dijo que lo que hacíamos era genial y que lo consideraba muy necesario. Y que creía que llegaríamos muy lejos. Pensé: *¡Sí, esta mujer lo ha entendido!*

Supuse que, en vista de eso, querría comprarnos la empresa. Pero, como estaba punto de saber, las cosas no eran tan sencillas. Ese año Carol había hablado con la directiva de L'Oréal en París sobre nuestra marca; les había dicho que estábamos haciendo algo realmente original y que creía que debían prestarnos atención. Pero éramos una empresa tan pequeña que no había modo de evaluar si teníamos potencial para convertirnos en una gran marca mundial o si nuestro éxito sería como mucho de ámbito nacional. Así que, por el momento, no se planteaban comprar la marca. Me sentí rechazada, pero a esas alturas era ya una experta en encajar rechazos. Además, me pareció alucinante que Carol Hamilton valorara tanto lo que hacíamos, porque en aquellos momentos, aunque las cosas nos iban muy bien, seguíamos siendo una empresa relativamente desconocida.

Y, por supuesto, la otra parte de esta ecuación era si a Paulo y a mí nos interesaría vender la empresa en caso de que se presentara la oportunidad. Estábamos tan agotados que no teníamos energía para meditarlo con calma. ¿Queríamos conservarla y legársela a las siguientes generaciones? ¿Queríamos cotizar en bolsa? Solo había una cosa que sabíamos sin ninguna duda: éramos una pareja adicta al trabajo. No podíamos seguir ocupándonos de la empresa como lo hacíamos y tener un mínimo de vida aparte de eso.

Pasaban los años, el agotamiento era cada vez más profundo. Yo no me quedaba embarazada y seguíamos trabajando sin descanso todos los días del mes. Decidimos encontrar la manera de aligerar la carga de trabajo e incorporamos a un inversor minoritario, Guthy-Renker, la empresa de *marketing* de venta directa al consumidor más prestigiosa en el ámbito de los infomerciales. Yo siempre había tenido el sueño de poder un día asociarnos con ella. No solo porque es la mejor, sino porque un comercial televisivo de larga duración nos permitiría transmitir nuestro mensaje a las mujeres de todo el mundo sin que yo tuviera que estar físicamente despierta y en directo en la televisión para hacerlo.

Filmamos un infomercial que rápidamente empezó a emitirse a todas horas. Muchas telespectadoras que lo veían sentían interés por nuestros productos, pero los querían probar antes de hacer un pedido, así que cada vez eran más las mujeres que iban a las tiendas físicas a probarlos. Esto hizo prosperar a nuestros socios minoristas. La expansión global de nuestra marca estaba en marcha. Sin embargo, pronto nos dimos cuenta de lo difícil que es expandirse a otros países. Cada uno tiene su propia normativa sobre los productos y sus propias leyes en lo referente a los recursos humanos. No sabíamos nada de todas estas cuestiones ni teníamos de dónde sacar tiempo para estudiarlas mientras nos ocupábamos de todo lo demás, lo cual significaba que no podíamos resolverlo por nuestra cuenta.

Así que incorporamos gente nueva a nuestro equipo, pensando que eso aliviaría la presión; pero el negocio iba siendo cada vez más complejo, así que nuestro trabajo era igual de difícil que antes o más. El mayor problema era que ni Paulo ni yo sabíamos poner límites: vivíamos íntegramente por y para la empresa. Un día me di cuenta de que, cuando sonaba el teléfono y veía que era él, daba por hecho que era una llamada de trabajo, nunca una llamada personal. A última hora de la noche, cuando él o yo decíamos: «Basta de hablar de trabajo, por favor», el otro asentía y, un instante después, volvía a hacer algún comentario relacionado con el trabajo. ¡Muchas veces era el mismo que había dicho «basta» el que sacaba el trabajo otra vez! Comprendimos que algo tenía que cambiar, porque aquello no era sostenible si queríamos seguir vivos. Literalmente.

HABÍAN PASADO VARIOS años desde nuestra primera reunión con Carol Hamilton y L'Oréal. Yo la había mantenido al corriente de todos los éxitos que íbamos cosechando en nuestra andadura, igual que en el pasado había continuado enviando noticias de nuestros éxitos a los minoristas que durante años siguieron diciendo *no*, e igual que «Marie» había enviado repetidas actualizaciones a las editoras de revistas de belleza antes de que tuviéramos cobertura mediática. Y Carol siguió informando puntualmente sobre el crecimiento de nuestra marca a la directiva parisina. Luego, una tarde de la primavera de 2015, recibimos la llamada que yo llevaba esperando desde hacía tanto tiempo. Era Carol, para decirnos que L'Oréal estaba interesada en que tuviéramos una reunión más formal con varios miembros de su equipo directivo.

Paulo y yo no sabíamos con absoluta certeza si queríamos asociarnos con L'Oréal, o ni siquiera venderle una parte o la totalidad de nuestra empresa, ¡pero algo teníamos que hacer! No podíamos seguir así. Pasamos semanas preparándonos para la reunión. El material que organizamos no tenía nada que ver con los libros de presentación que años atrás había llevado a Sephora. A esas alturas habíamos incorporado a un inversor de capital privado, TSG Consumer Partners. Y a diferencia del otro inversor potencial, que dijo *no* a nuestra marca a causa de mi peso, a TSG no le importó lo más mínimo cuánto pesara; le gustó que fuera auténticamente yo y le gustó la autenticidad de nuestra misión como empresa. Nuestros inversores y abogados, junto con Paulo y nuestra jefa de finanzas, se encargaron de preparar informes financieros exhaustivos, libros de presentación y vídeos sobre la marca. Teníamos docenas de personas en nuestro departamento creativo dedicadas al diseño gráfico, así que ahora disponíamos de bellos gráficos de producto y activos de marca. Es cierto que estos libros de presentación seguían teniendo las mismas cubiertas de acetato pero, por lo demás, compararlos con los que hice en los primeros tiempos sería como comparar un dibujo que hagas ahora con los garabatos que hacías en la guardería.

Era difícil de creer que esto estuviera pasando de verdad. Misteriosamente, la chica que empezó queriendo dar forma a una idea desde el salón de su casa estaba a punto de presentar su empresa como posible adquisición a la mayor y más glamurosa empresa de productos de belleza del mundo, L'Oréal. Ya sabes, una de esas cosas que, cuando las ves en una película, piensas que solo pasan en el cine. Pero esta vez, ¡estaba ocurriendo en la vida real!

Las oficinas de L'Oréal eran un mundo de ensueño, habitado por hombres con trajes confeccionados a medida y mujeres con vestidos de alta costura que, en su mayoría, habían venido desde la sede central de París expresamente para la reunión. No puedo decir que me hubiera preocupado mucho por mi atuendo. Era consciente de que mi aspecto no encajaba en un sitio como aquel, pero la razón de que estuviera allí era justo esa: ¡libertad! Yo no hacía exactamente lo mismo que hacían aquellas personas: lo complementaba.

Así que no sentía la presión de tener que amoldarme. Para entonces ya había aprendido una lección: que no encajar puede ser un superpoder. Probablemente, en los primeros años me habría bajado puntos, porque además me habría creado inseguridad. Pero es que entonces tenía confianza en mi visión, y ahora tenía plena confianza en lo que defendía: estaba allí para hablarles a las mujeres de otra manera.

No encajar puede ser un superpoder.

Hay que ser raro para ser número uno.

–DOCTOR SEUSS

LA REUNIÓN FUE muy bien, y nos hicieron preguntas muy inteligentes pero muy difíciles de responder. L'Oréal tenía más de ochenta y seis mil empleados y empleadas y era propietaria de docenas de marcas, todas ellas sensacionales, y ninguna parecida a la nuestra, ni en cuanto a productos ni en cuanto a misión. Pero como esa empresa era perfectamente capaz de lanzar una nueva marca sin comprar una ya existente, tuvimos que demostrar el poder de la nuestra y el modo en que conectaba con sus clientas, principalmente. Al final, entendieron que no se puede fingir autenticidad. Aquel día les dije: «Creo que algún día seremos la marca número uno del país». Sabía que Carol había visto en mis ojos una convicción que le decía que lo creía de verdad. Y la chispa que yo vi en los suyos me dijo que ella lo creía también.

L'Oréal contaba con equipos de expertos sobre el terreno en más de cien países y con una infraestructura que permitiría distribuir al mundo entero nuestros productos y nuestro mensaje, dirigido a todas las mujeres animándolas a ser ellas mismas y a descubrir el poder que eso entraña. Así que, si nos asociábamos con L'Oreal, en lugar de tener que encontrar la manera de lanzar nuestra marca en un país detrás de otro desde nuestra oficina, ella se encargaría de hacer llegar ese mensaje a muchas más mujeres en mucho menos tiempo. Me pasaba el día soñando con lo que significaría esa asociación: su influencia nos ayudaría a conseguir más espacio en los estantes de las tiendas, lo cual expandiría aún más la imagen de la marca y nuestro surtido de productos, y, además, asociarnos con su ejército de químicos nos permitiría expandir la producción y crear productos de calidad aún más alta gracias a su pericia.

Después de la reunión, durante varias semanas viví a la espera de que sonara el teléfono. Al final, un día sonó y era Carol. Me puse muy nerviosa, sentía un cosquilleo en el estómago. Me dijo que a todo el mundo le había encantado conocernos y que les había causado muy buena impresión lo que hacíamos, «pero la respuesta es *NO*».

¿QUÉ? ¡Noooooo! A continuación me explicó que aún no les habíamos demostrado que pudiéramos tener éxito a escala mundial. L'Oréal necesitaba ver pruebas más convincentes para asociarse con nosotros. Estaba segura de que Carol creía que estaban cometiendo un error. Era demasiado profesional para decírmelo abiertamente, pero yo lo notaba. Mientras hablábamos, recorrí de lado a lado mi despacho ni sé cuántas veces. Estaba decepcionada, pero no lloraba como cuando Allen Burke me anunció el *no* en nombre de QVC. Con plena convicción, le dije:

–Carol, algún día será un *sí*. Lo creo de verdad. Y un día contaré esta historia para inspirar a otras personas.

Con la mayor profesionalidad y sin rastro de emoción, se limitó a responder:

–Mucha suerte, Jamie. Te felicito por todo lo que estás haciendo.

Le di las gracias y volví a decirle:

—Algún día será un *sí*.

Me dedicó una risita de cortesía y colgamos.

Y me quedé allí sentada, en el fondo de un pozo de extenuación, con aquel *no*, uno más. Vale, lo admito. Lloré el día entero. Pero esa vez fue más por agotamiento que porque nos hubieran rechazado. Luego, como todas las veces anteriores, me levanté, y con ayuda de Dios, gracia divina y agallas volví a la lucha.

Luego, como todas las veces anteriores, me levanté, y con ayuda de Dios, gracia divina y agallas volví a la lucha.

Nuestra genialidad fue no rendirnos.

—JAY-Z

SIN HABERLO DECIDIDO conscientemente, me había provisto de veinte camisas negras iguales y veinte pantalones negros iguales y eso era lo que me ponía cada mañana. Para reservar las energías. Era una táctica instintiva de supervivencia. Poder ahorrarme cada día aunque solo fuera la pequeña decisión de qué ropa ponerme, significaba mucho. (Todavía lo hago cuando necesito concentrar toda mi energía en algo concreto, como escribir este libro. Sí, estoy aquí sentada escribiendo con esos mismos pantalones y camisa negros). Llevaba el pelo recogido en un moño todos los días y en todas las emisiones de QVC. Cada vez que las asesoras de imagen me sugerían que llevara el pelo suelto, yo les explicaba que, con el pelo echado hacia atrás, se veía mejor el efecto de los productos cuando me los aplicaba en la cara y el cuello, lo cual era verdad. Pero la razón principal era que a duras penas conseguía sobrevivir al agotamiento y necesitaba ahorrar cada gramo de energía que pudiera.

Y toda la energía que era capaz de robar a las demás áreas de mi vida, la vertía de lleno en impulsar el crecimiento del negocio con más ímpetu aún. En QVC, el equipo de compras estaba sorprendido de que, a diferencia de otras marcas, en las que se iba notando el cansancio acumulado, o se oía a sus presentadoras o presentadores quejarse de que necesitaban dormir (y sin duda lo necesitaban, lo necesitábamos todos), Paulo y yo adoptábamos la actitud opuesta: inexplicablemente, sacábamos fuerzas de donde no las teníamos y llamábamos a QVC y pedíamos más; daba igual si lo que nos concedían iba a suponer pasar allí una noche entera o varias. Cada vez que entraba en el plató, la gente del equipo de compras me llamaba «Conejito Duracell». Lo que pasa es que, en los anuncios de Duracell, al conejito nunca se le gastan las pilas. Yo, en la vida real, sentía que se me habían gastado las pilas, que había agotado el generador de reserva y que no tenía más fuente de alimentación que mi propia resistencia y persistencia. En nuestra oficina, había días en los que, para cuando decidía irme a casa, había visto llegar y marcharse a las empleadas y empleados de tres turnos completos de ocho horas.

Estaba forzando el cuerpo y la mente hasta tal punto que empecé a notar que se me olvidaban las cosas. Cada día más. A veces no me acordaba de lo que habíamos cenado la noche anterior, o ni siquiera de lo que habíamos desayunado esa mañana. Aún en la actualidad hay cantidad de momentos de esa época que otros recuerdan vívidamente y que yo no tengo registrados. Cuando me di cuenta de que estaba perdiendo la memoria, me asusté muchísimo. Pero seguí esforzándome más y más. Sin embargo, aunque esa fuera mi realidad cotidiana, nadie lo habría imaginado viéndome hablar por televisión. A pesar de lo agotadísima que estaba, íbamos viento en popa y a menudo doblábamos nuestros objetivos de ventas en los programas de QVC. Y en algunos programas de belleza grupales en los que varias marcas hacíamos consecutivamente nuestras presentaciones dentro de la misma hora, las pantallas de la sala de espera nos mostraban los resultados de ventas de cada una, y en muchos de los programas duplicábamos el volumen de ventas de todas las demás.

Ahora que habíamos presentado a L'Oréal las proyecciones financieras de nuestra empresa, la presión había ascendido a un nivel enteramente nuevo: ¡teníamos que alcanzar las previsiones si queríamos asociarnos con ella en un futuro! Así que ahora la necesidad de alcanzar los objetivos de ventas en cada programa era mayor todavía que antes. A la par que crecíamos y crecíamos, me fui volviendo supersticiosa, como un jugador de béisbol al que le llega una racha de suerte. Yo nunca había creído en la suerte ni había sido supersticiosa, pero pensé que, por si acaso, mejor cubrirme las espaldas. No llegué al extremo del jugador de béisbol que no se afeita la barba ni se cambia de ropa interior para que siga la racha de victorias. Pero casi. Llevaba el mismo par de zapatos en cada emisión. Y los mismos pendientes. Al cabo de cientos y cientos de emisiones, aquel par de zapatos de tacón dorados tipo sandalia, con una tira fina que bajaba por el empeine adornada con pedrería, tenían la tira sujeta con un imperdible. Estaba claro que necesitaba comprarme unos nuevos zapatos de la suerte que reemplazaran a los que llevaba puestos. Registré Internet en busca de unos exactamente iguales pero fue en vano. Al final encontré unos parecidos, de color dorado rosáceo que casi se fundía con el color de mis piernas, y me los ponía para cada programa. Para todos, absolutamente todos los programas a partir de entonces. Sí, ¡aún los conservo!

Cuando tomas el desvío hacia la central de QVC, en la carretera de entrada ves una gigantesca *Q* de neón que se va tiñendo sucesivamente de cada color del arcoíris. Tarda entre uno y dos minutos en pasar lentamente del rojo al azul, al verde, al violeta... Pues bien, adopté una superstición más: antes de enfilar el camino de entrada, tenía que esperar a que la *Q* se tiñera de verde, lo cual me daría suerte/prosperidad/dinero. Algunos días, eso significaba estar parada un par de minutos esperando, mientras oía los pitidos de los coches que venían detrás. Me daba lo mismo. Ponía el intermitente para indicarles que me rodearan: hasta que la *Q* se pusiera en verde no me iba a mover. En retrospectiva, me doy cuenta de que no sabía asimilar el éxito y la presión que lo acampañaba, y de que las supersticiones eran un mecanismo de supervivencia. Pero entonces, llevar cada día los mismos pendientes y los mismos zapatos y esperar a que la *Q* se tiñera de verde (y alguna otra cosa similar) parecía tener sentido.

CONTINUÁBAMOS CRECIENDO MÁS y más, y la industria de la belleza lo había empezado a advertir. Luego, un día de febrero de 2016, después de un año tras otro de cortejar a L'Oréal mientras avanzábamos a toda máquina, sonó el teléfono y era Carol Hamilton. L'Oréal estaba interesada en que nos reuniéramos de nuevo.

Al fin y al cabo, soñar es una forma de planificar.
–GLORIA STEINEM

ESA VEZ, L'ORÉAL nos sometió a una evaluación aún más formal. Nuestros asesores financieros y abogados iniciaron las conversaciones directamente con los suyos. No era momento de andar dando vueltas. Y si podíamos evitarlo, tampoco queríamos invertir ahí todo nuestro tiempo y energía para al final, tal vez, oír nuevamente un *no*. Se hizo un examen mucho más detallado de cada aspecto de nuestro negocio. Años atrás le dije a Carol que algún día la respuesta sería *SÍ*, y todo parecía indicar que ese día había llegado.

Mantuvimos en secreto las reuniones porque no queríamos que empezaran a correr rumores en el sector. Tampoco queríamos que nuestras empleadas y empleados se entusiasmaran y luego se llevaran una decepción si la asociación no llegaba a materializarse. Además, sabíamos que, pasara lo que pasara con L'Oréal, nuestra empresa tenía que seguir cumpliendo con las previsiones de ventas y no podíamos arriesgarnos a que el equipo se distrajera. El inconveniente de ese secretismo era que no contábamos con la colaboración del equipo para preparar las reuniones y organizar todo lo que suponían. La mayor parte del trabajo recayó en Paulo y en la única empleada que estaba al corriente, la mujer que nos ayudaba a dirigir el departamento financiero de la empresa. Tuvimos que decírselo, puesto que las finanzas y operaciones tenían obviamente una importancia crucial en el análisis pormenorizado que estaba haciendo L'Oréal antes de tomar una decisión.

Todo esto nos sorprendió en mitad de estar rodando un segundo infomercial. Durante semanas, nos pasábamos todo el día en el estudio y, luego, toda la noche despiertos preparando las reuniones y las negociaciones. Yo quería que las cosas se hicieran ya de una vez, pero L'Oréal no tenía prisa, no había motivo para que la tuviera. Su directiva debía de saber perfectamente que en aquellos momentos nadie más tenía interés en comprarnos la empresa. No había tensión competitiva. Hasta que la hubo...

Vale más tener precisión que fuerza, y saber actuar en el momento oportuno que ser muy rápido.

–CONOR MCGREGOR, LUCHADOR DE ARTES MARCIALES MIXTAS (CAMPEÓN MUNDIAL DE PESO PLUMA EN 2015)

SONÓ EL TELÉFONO, y esta vez era nuestro socio inversor, y nos contó que acababa de recibir inesperadamente una oferta de otra compañía que tenía interés en comprarnos la empresa. En un momento en el que parecía que al fin las estrellas se alineaban a nuestro favor, de repente nos encontrábamos con lo que en el mundo de los negocios se llama *tensión competitiva*. L'Oréal tenía ahora una competidora. ¡Hagan juego, señores!

Pero esto no fue todo. Justo al mismo tiempo, otra empresa de productos de belleza que se sabía que estaba en venta se vendió, y, acto seguido, algunas de las empresas que habían perdido la oportunidad de adquirirla se interesaron por comprar la nuestra. ¡¡¡SÍ!!! Así es la naturaleza humana: en cuanto vemos que alguien se interesa por algo, nuestro interés por ese algo aumenta. Y así ocurrió.

Finalmente, L'Oréal nos hizo una oferta para adquirir IT Cosmetics. Me quedé boquiabierta. ¡Era TANTÍSIMO dinero más del que habríamos aceptado con gusto hacía unos años! Pero la cosa tiene más gracia todavía, porque, aun siendo una oferta de ensueño, era inferior a las ofertas que nos llegaban en aquel momento de otras empresas. Aunque en el fondo yo tenía claro que asociarnos con L'Oréal era lo que más sentido tenía, y estaba impaciente por que llegáramos de una vez a un acuerdo y difundiera cuanto antes nuestro mensaje a miles de millones de personas de todo el mundo, sabía también que aquella era la oportunidad de nuestra vida de hacer un auténtico negocio. Y sabía que lo que habíamos creado valía más de lo que reflejaba su primera oferta. Así que dijimos *NO* a L'Oréal. Me habría gustado ver las caras del equipo directivo cuando, tras años de obedecer sus exigencias e incluso de intentar superarlas para que nos dijeran *sí*, ¡ahora éramos nosotros los que les decíamos *no*! Yo había tenido un largo aprendizaje y sabía escuchar la palabra *no*, pero no estaba acostumbrada a decirla.

Aun así, no vacilé. Creía en mi poder y creía en nosotros. Tenía miedo, pero nos mantuvimos firmes en nuestro *no*. L'Oréal sabía para entonces, por sus propios asesores financieros, que eran muchas las empresas que tenían interés en nosotros. Poco después, nos hizo una oferta mucho mejor. Y esta vez dijimos *sí*.

Hasta los milagros llevan su tiempo.
–EL HADA MADRINA, *CENICIENTA*

A PARTIR DE entonces, todo fue muy rápido. Había momentos en los que aún me asaltaba el temor a que algo fallara. Todavía no me podía creer que estuviera pasando de verdad. Pero las cosas seguían su curso. Nos sentamos a hablar de aspectos concretos, como los contratos de trabajo. Hice cuanto estuvo en mi mano para asegurarme de que L'Oréal entendía lo valiosas que eran todas las personas de nuestro equipo, lo perspicaces y competentes que eran, y que nuestro éxito se debía en gran parte a la valentía y la ausencia de egos del equipo que había trabajado conmigo. Me pasé horas explicando con detalle lo que hacían muchos de los talentos de la empresa y le pedí a la directiva de L'Oréal que me prometieran que los iban a valorar y proteger como merecían.

Al principio, quisieron cambiarme el título de directora ejecutiva. En aquella época, eran los jefes de una zona o de un país quienes tenían ese título. El responsable de otra prestigiosa marca de cosméticos estadounidense que L'Oréal había adquirido hacía poco tenía también el título de director ejecutivo y, por supuesto, el director general de L'Oréal era el director general. Pero no estaba claro si yo debía conservar mi título de directora ejecutiva. Era un título que me había ganado con muchos sudores, como demostraba la empresa que había construido desde cero, y no estaba dispuesta a abandonarlo. No lo podía ni concebir.

Nunca olvidaré el día en que Carol Hamilton se enteró del debate que había acerca de mi título. Inmediatamente tomó partido por mí y defendió la importancia de que lo conservara. Pronto comprendí que aquel asunto significaba para ella mucho más de lo que yo habría imaginado. Carol era una auténtica defensora de los derechos de las mujeres. Quería que todas asumieran su poder y utilizaba el suyo propio para elevarlas, como me elevó a *mí*. Le estaré eternamente agradecida por lo que hizo. Su actitud es para mí fuente de inspiración. Después supe que, en los más de cien años de historia de L'Oréal, yo era la primera mujer en ocupar un puesto de directora ejecutiva. No pude evitar preguntarme por qué no había sido Carol. Por su instinto y su agudeza empresariales, yo creía de corazón que hubiera debido ser ella. Pero no lo fue. Y utilizó todo su poder para elevar a otra mujer, a mí, a ese puesto.

Toda la vida había sido una de mis mayores pasiones luchar por otras mujeres, pero ese día Carol me despertó un nuevo nivel de pasión. Por eso creo que es tan importante contar, siempre que sea posible, con una compañera. Y si de entrada no te la ofrecen, pide que se te permita incorporarla tú. Trae a otra mujer a la mesa. Hazle un hueco. Llévala contigo allá donde se tomen las decisiones, ya sea la sala de juntas, una reunión del comité de acuerdos comerciales o un evento conmemorativo. Muchas mujeres no tienen la oportunidad de vivir estas experiencias, y a veces necesitamos ver lo que es posible para atrevernos a soñar sin límites y a creer en que también nosotras podemos lograr lo que nos propongamos. La proximidad puede traducirse en poder. Cada una tenemos ese poder y podemos ofrecerlo libremente.

Bien, volvamos a la negociación con L'Oréal. Acepté quedarme y dirigir la marca durante tres años más después de la adquisición.

Paulo también. Acordamos un plazo muy corto para cerrar el trato, y, como L'Oréal es una empresa pública, todo tenía que ser extremadamente confidencial mientras se realizaban las gestiones. Esto significaba que, durante ese breve plazo, en el que había acciones de por medio y estaban en el aire un millón de cosas más, nuestro equipo no podía saber nada. Paulo trabajó contrarreloj para conseguirlo, y apenas dormimos durante varias semanas (¡menos mal que QVC nos había entrenado para no sucumbir a tal grado de agotamiento!). El trato aún no estaba cerrado, y todavía teníamos que pasar lo que se llaman *comprobaciones de diligencia*. En ellas, equipos de abogados, asesores bancarios y expertos de todo tipo examinan con lupa cada registro, cada número, cada fórmula de acuerdo de propiedad, cada contrato, la titularidad de propiedad intelectual, y se enteran literalmente de todo sobre la empresa. Era casi como estar desnudos delante de ellos y dejarnos inspeccionar en busca de la más mínima imperfección.

La noche antes de que se cerrara el trato, tuvimos un problema. Por más que rebusqué, no encontraba el certificado de uno de nuestros productos principales que demostraba que su fórmula nos pertenecía. Me había pasado el día entero grabando un infomercial y luego me pasé toda la noche al teléfono, hablando con asesores legales y con el fabricante, intentando encontrar la prueba de propiedad. Nuestros abogados estaban como locos porque, si no disponíamos de algo por escrito, se podía paralizar el acuerdo. (Recomendación a todas las empresarias: Asegúrate de tener certificados de cada fórmula, y de todo lo que sea de propiedad intelectual tuya, en lugar seguro y organizado desde el primer momento, cuando todavía nadie te conoce. Ten registrado por escrito que esas fórmulas te pertenecen antes de que los fabricantes quieran, tal vez, quitártelas. Si crees que cabe alguna posibilidad de que un día quieras vender tu empresa, infórmate cuanto antes de todo lo que te hará falta tener para ello ¡y tenlo desde el principio!). El fabricante decidió ponérnoslo difícil y no nos enviaba una confirmación por escrito, pese a saber que la fórmula era propiedad nuestra. A nuestros inversores y abogados empezaba a preocuparles que el asunto pudiera truncar el acuerdo, porque ese producto en concreto representaba una parte muy importante de nuestro negocio. Antes de colgar el teléfono aquella noche, les dije a mis abogados y a nuestros inversores que iba a rezar el resto de la noche y que todo saldría bien. Silencio escéptico al otro lado de la línea. Hasta yo tuve que hacer un esfuerzo por creerme lo que acababa de decir. Recé mucho esa noche. Lloré mucho. Todos los años de trabajo incesante, toda la presión, fue como si de repente me empezaran a salir en cascada.

A la mañana siguiente, recibimos confirmación escrita de que éramos los propietarios de la fórmula. Por teléfono, nuestros inversores y abogados me decían: «Yo también quiero rezar a quienquiera que hayas rezado tú». No se podían creer que hubiera llegado aquel correo electrónico.

Estábamos a punto de vender oficialmente nuestro negocio a L'Oréal. Y nadie lo sabía. Y me sentía como si estuviera viviendo dentro de un sueño.

Cuando de verdad quieres algo,
el universo entero conspira para ayudarte a conseguirlo.
–PAULO COELHO

SE FIRMÓ EL acuerdo y llegó el día –el 22 de julio de 2016– en que por fin pudimos contárselo a nuestro equipo. La noche anterior me había enterado de que L'Oréal iba a anunciar el precio de compra, todo en efectivo, de mil doscientos millones de dólares en el comunicado de prensa público. Sería la mayor adquisición estadounidense de su historia. Todavía me cuesta asimilarlo. En aquellos momentos, lo único que sabía era que al final estaba ocurriendo. Convocamos a todos los empleados y empleadas a una reunión de empresa que se celebraría ese día, y acordamos con L'Oréal que coincidiría exactamente con el momento en que se hiciera público el comunicado de prensa. Pocos minutos antes de que se publicara, habíamos programado llamadas telefónicas a todos nuestros socios minoristas, para que oyeran personalmente de Paulo, de Carol y de mí que L'Oréal iba a adquirir IT Cosmetics.

Aunque dentro de la empresa prácticamente nadie sabía lo que estaba ocurriendo, esa mañana hubo un incidente que casi lo delata. Carol había tomado un vuelo en París con destino Nueva York, y, debido a que el avión aterrizó con retraso en el aeropuerto JFK, no tuvo más remedio que pedir un helicóptero para poder llegar a nuestras oficinas de Jersey City a tiempo para la reunión y la rueda de prensa. Yo estaba mirando por la ventana de mi despacho y, de repente, vi un helicóptero posarse en el helipuerto que había a unos cincuenta metros de distancia. No parecían imágenes de la vida real. Instantes después de que aterrizara, Carol Hamilton bajó del helicóptero con un precioso vestido de alta costura blanco y rosa, zapatos de diseño y gafas de sol blancas. Se bajó las gafas para mirar a su alrededor, se las volvió a subir y empezó a caminar directa hacia nuestro edificio. A mí me preocupaba que la gente del equipo viera por las ventanas aquella escena como de película, con el helicóptero y Carol, y supieran que algo estaba pasando, o todavía peor, que empezaran a publicar fotos de aquella escena tan poco común en las redes sociales.

Mientras Carol se dirigía hacia nuestra oficina, reunimos al equipo ejecutivo en una sala; por precaución, les pedimos que dejaran sus teléfonos en una caja y les comunicamos la noticia. La sala se llenó de sorpresa, lágrimas y entusiasmo.

Después, junto con Carol y los demás directores de L'Oréal de Estados Unidos, hicimos las llamadas a los minoristas y reunimos a todas las empleadas y empleados de la empresa en la sala de juntas más grande que teníamos. Se hizo público el comunicado de prensa. Era real. Estaba ocurriendo.

Con el corazón palpitando tan fuerte que parecía que iba a salírseme del pecho, me puse delante de aquellas personas, que eran para mí como mi familia, que habían construido conmigo esa empresa y materializado con tanto amor mi visión, y les dije: «Tenemos una noticia muy emocionante que comunicaros...», y les contamos que, desde aquel día, la empresa formaría parte de la gran familia L'Oréal, lo cual nos permitiría expandir nuestra misión a nivel global. Todo el mundo aplaudió. L'Oréal era célebre por las excelentes prestaciones laborales que ofrecía al personal que contrataba (pensiones, seguro médico y muchos otros beneficios), y a algunos de los empleados y empleadas se les escapaban lágrimas de gratitud, pues sabían que eso contribuiría al bienestar de sus familias. Hablamos Paulo y yo, hablaron Carol y los jefes de L'Oréal, y lo celebramos todos juntos.

Yo aún no sabía cómo iba a salir todo, ni que tanto el tamaño de nuestra empresa como nuestras ventas e ingresos totales se duplicarían en los próximos dos años. (Sí, ¡duplicamos el tamaño de la empresa en los dos años siguientes a la venta!). Aún no sabía qué retos y altibajos estaban por venir. Pero lo que sí sabía en ese momento era que la vida nunca volvería a ser la misma.

Fue una celebración a lo grande, y todo el mundo estaba superanimado. Parecía estar sucediendo a cámara lenta. Se descorchó champán francés, y Carol me regaló una pulsera de Hermès y a Paulo una corbata de Hermès en nombre de L'Oréal. Era mi primera joya de esta firma tan prestigiosa. Menos mal que, al menos, para entonces sabía que se pronunciaba «ehrmess» y no «jermís», como siempre había creído. Y dado que era la primera, no sabía cómo abrir el broche de la pulsera para ponérmela. Fue un poco embarazoso. O al menos lo fue para Carol, por la expresión de su cara. Creo que daba por hecho que yo era mucho más sofisticada en lo que a moda se refiere. Pero rápidamente acudió al rescate, como una madre que ve a su hijita enseñando inocentemente las braguitas en un restaurante. Me enseñó a girar la H y me ayudó a ponérmela en la muñeca. Tuve que luchar durante unos instantes contra la sensación de ser una impostora, que se manifestaba en esos momentos como la de ser alguien que no merece que le ocurra algo así. Alguien que no es lo suficientemente sofisticada o elegante. No dejé de sonreír. Me quité de la cabeza tanto como pude todas esas inseguridades y procuré disfrutar de aquel momento asombroso y fantástico.

Me sentía como Cenicienta. Y me pregunté si todas las calabazas de mi vida se convertirían ahora en carrozas, y si todos mis zapatos se convertirían en preciosos zapatitos de cristal, sobre todo los que había llevado a QVC durante más de seis años seguidos. Me pregunté si todas las personas que no habían creído en mí, como las malvadas hermanastras de Cenicienta no habían creído en ella, serían a partir de ahora más amables conmigo.

Mientras todo esto ocurría, nadie de mi familia ni de nuestras amistades sabía nada de lo que estaba pasando, ya que, por motivos legales, habíamos tenido que mantener en secreto el acuerdo hasta que fuera oficial. Y ya lo era. Ese día la noticia saltó rápidamente a la portada del *Wall Street Journal* y desde allí se extendió como un reguero de pólvora, así que seguramente estaban a punto de enterarse. Mi familia y mis amigas apenas me habían visto desde que pusimos en marcha la empresa, y pensé que posiblemente su pregunta sería: «¿Significa esto que cuando vayamos de vacaciones pararás de trabajar y saldrás de tu habitación?». A la vez que intentaba estar presente en la celebración y festejar con todos aquella fecha tan señalada, los pensamientos me daban vueltas en la cabeza sin cesar. *¿Estarán orgullosos mi madre y Dennis? ¿Seremos capaces de frenar ahora Paulo y yo la adicción al trabajo? Espero que se entere de esto el inversor que me dijo que ninguna mujer le compraría maquillaje a alguien que tuviera un físico como el mío*. Y un pensamiento que quedó en el aire: *Quizá, después de todo, mis hijos sí van a poder pasar tiempo conmigo*.

EN LA SALA de juntas, la mesa estaba rodeada de caras de alegría y fascinación, como si cada miembro del equipo fuera un personaje de aquella realidad de fantasía que se desarrollaba ante sus ojos. Paulo me besó en los labios, allí, delante de todo el mundo (cosa que no le permito), y el equipo entero aplaudió. Y en medio de los vítores, mientras nuestra sonrisa les decía a todos «¡lo hemos conseguido!», Paulo y yo nos miramos y, a un nivel muy profundo, compartimos el saber todo lo que habíamos pasado para llegar a aquel preciso momento. Habíamos estado juntos en las trincheras; sentados en el suelo, habíamos sollozado juntos al ver que apenas nos quedaban unos dólares en el banco. Año tras año habíamos trabajado juntos semanas de cien horas, y juntos habíamos oído *no* tantas veces que perdimos la cuenta. Juntos habíamos hecho cientos y cientos de programas en QVC, nos habíamos dividido la inmensa cantidad de trabajo que suponían, y juntos habíamos salido airosos. No conozco a un hombre más inteligente y trabajador que Paulo. Y en ese momento, en la sala de juntas, sabíamos los dos que no hubiéramos podido hacerlo la una sin el otro. Era como abandonar el campo de batalla, con los guerreros y guerreras que habían combatido a nuestro lado, y tener, juntos, la satisfacción de haber vencido. Era como levantar juntos la bandera de la victoria tras haber sido capaces de abrirnos paso contra viento y marea.

Con los ojos llenos de lágrimas, miré a Jacquie, que había dedicado los últimos años a construir esa empresa con nosotros. Jacquie, que nos vitoreaba a los dos ese día con más entusiasmo que nadie porque siempre, en todas las situaciones, estaba a mi lado animándome. Ese día, al mirarnos a los ojos, las dos sabíamos que su vida iba a dar un giro. Sabíamos que ese era también para ella el primer día de una nueva etapa, un día trascendental, porque el cambio iba a ser muy notable. Para que entiendas por qué digo esto, con su permiso quiero hablarte un poco de ella y compartir aquí contigo algo que hasta ahora Jacquie no ha compartido con nadie. Y hablarte un poco también de la inverosímil historia de nuestra amistad. Tal vez descubras partes de tu propia historia en la suya. Y puede que eso te cambie la vida, como me ocurrió a mí.

PERO ANTES DE nada, recuerda el poder que entraña creer en nuestro poder. *Eso*, acompañado de trabajo incansable y de no estar dispuesta a tirar la toalla, es lo que hizo posible que una idea que empezó a germinar en el salón de mi casa se transformara en una empresa de mil millones de dólares. Y lo que transformó un viaje lleno de inseguridad y dudas en un sueño imparable.

OCHO

Creer en que la vida te hará llegar lo que necesites

Su victoria es tu victoria. Celébrala con ella.
Tu victoria es su victoria. Asegúrate de que lo sabe.
–ABBY WAMBACH*

Cuando Jacquie y yo nos miramos a los ojos en aquella sala en medio de las aclamaciones, nadie podía imaginarse todo lo que habíamos pasado juntas. Nadie sabía que algo que normalmente separa a las mujeres, como es salir con el mismo hombre –en nuestro caso, un mentiroso redomado– fue en realidad lo que a ella y a mí nos unió, y lo que marcó el inicio de una larga serie de decisiones vitales que a partir de entonces tomaríamos juntas en la montaña rusa de nuestras vidas.

Esta es la historia de Jacquie. Ya sabes, Jacquie la primera empleada de IT Cosmetics. Mi dama de honor Jacquie. Jacquie que es una de mis mejores amigas desde hace más de veinte años. Jacquie

* N. de la T.: Mary Abigail Wambach, conocida como Abby Wambach, es una exfutbolista estadounidense, medallista olímpica y ganadora del Balón de Oro en 2012 por ser la máxima goleadora de la selección de Estados Unidos. Es además autora del libro *Manada: cómo unirnos, liberar nuestro poder y cambiar el juego.*

que dejó un trabajo estable para venir a trabajar para mí en el salón de mi casa. Jacquie con la que lloré de alegría después de la primera venta en QVC, y con la que he llorado lágrimas de dolor cada vez que alguien lleno de odio me ha hecho pedazos o ha dicho cosas hirientes sobre mí en Internet. Jacquie que es mi amiga incondicional. Lo que he aprendido gracias a ella es que, en un instante, una persona puede entrar en tu vida de la manera más inesperada y cambiarla para siempre.

¿SABES ESO QUE dice Oprah de que el universo te habla continuamente? Primero en susurros. Y si no escuchas, te da un cogotazo. Y si sigues ignorando las señales de advertencia, entonces se planta delante de ti como una pared de ladrillos que amenaza con derrumbársete encima. Pues así fue como nos conocimos Jacquie y yo: justo delante de una pared de ladrillos a punto de venirse abajo.

El día que la conocí, yo estaba en mi apartamento universitario con Dirk, el novio que tenía en aquella época, y llamaron a la puerta. Al abrir, vi allí a una chica muy guapa de precioso pelo castaño, largo y ondulado, y ojos conmovedores, que parecían reflejar luz y dolor a la vez.

–Dirk, ¿pero qué estás haciendo? –preguntó sin moverse de la puerta mientras se le llenaban los ojos de lágrimas.

Dirk era mi novio desde hacía unos meses. Lo nuestro había sido un *amor* a primera vista, y quedábamos casi a diario. Un día me dijo que tenía una compañera de piso que estaba un poco loca, pero no me contó más. Los dos estudiábamos en la Universidad Estatal de Washington y, como las clases nos dejaban muy poco tiempo libre, él iba mucho por mi casa pero yo nunca había ido a la suya porque estaba a trece kilómetros del campus, así que no conocía a la «compañera de piso». Hasta ese momento.

Mi primera reacción si veo a una chica llorando de pie en la puerta es decirle: «¿Qué te pasa? ¿Te encuentras bien? Entra, por favor». Y es lo que hice.

–Dirk, ¿qué estás haciendo? –repitió.

Lo que viene ahora es repugnante. Dirk dijo delante de ella:

–Jacquie, estoy con Jamie, y lo tienes que entender. –Entonces empezaron a discutir, y quedó claro que ella pensaba que él la engañaba conmigo.

–Pero ¿por qué me mientes?

–No te miento –insistió él.

–No puedo creer que me estés haciendo esto, ¿te estás riendo de mí?

–¡Estás loca!

Parecía una escena de telenovela. Al volver la cabeza vi que mi compañera de piso, que era japonesa y estaba estudiando un semestre en la Universidad Estatal de Washington para perfeccionar su inglés, y que comprendía perfectamente lo que estaba pasando, le estaba retransmitiendo por teléfono aquella dramática confrontación de triángulo amoroso a una amiga suya en japonés. Su narración pasaba del énfasis dramático en voz alta a las carcajadas. Yo no entendía una palabra de lo que decía, ni qué partes le hacían gracia, pero, visto en retrospectiva, creo que en aquel momento fue mucho más sagaz que yo e intuía que quien mentía era Dirk y que acababan de descubrirlo in fraganti. A mí, aquella situación no me hacía ninguna gracia. Dirk le repitió a continuación a Jacquie lo mismo que me había contado a mí –que ella era solo su compañera de piso, y que no entendía por qué seguía empeñada en que la relación que tenían era más que esa– y luego le pidió que se marchara. Ella abrió la puerta y se marchó. Y también lo dejó a él. Dejó el piso que compartían y se instaló en el de su amiga íntima.

Y, cosas del destino, resultó que el apartamento de su amiga íntima estaba en el mismo edificio que el mío, una de esas casas grandes antiguas que actualmente están divididas en varios apartamentos independientes. Ahora Jacquie, la ex compañera de piso loca de remate o exnovia muy cuerda, según a quién decidieras creer, vivía en la misma casa que yo. Así que, en el curso de los días y las semanas siguientes, cada vez que Dirk venía a mi casa ella estaba en el piso de arriba.

Un día, mientras yo estaba haciendo cosas por el apartamento, Dirk mantuvo una conversación telefónica con su hermana –en voz bien alta para asegurarse de que yo la oía– en la que le describió lo que había pasado allí mismo con su ex compañera de piso, como para demostrarme que todo lo que me había contado era verdad. Por aquel entonces, yo no tenía ningún motivo para dudar de sus palabras. Ninguno salvo una sensación como de turbiedad en lo más profundo de mí. Ese es el universo susurrándonos, ¿te das cuenta? Si alguna vez has salido con un tramposo, alguien de quien no te acababas de fiar, sabes de lo que hablo. Algo chirriaba en todo aquello, pero yo todavía no estaba dispuesta a escuchar esa sensación persistente.

Al cabo del tiempo, una noche encontré en el suelo una carta que Jacquie había deslizado por debajo de la puerta, y en ella me contaba su versión de los hechos. Luego, inesperadamente, nos encontramos un día en el gimnasio y, mientras hacíamos ejercicio, empezamos a hablar. En el fondo, yo sabía que aquella chica me estaba diciendo la verdad, y finalmente conseguí que Dirk lo admitiera: habían tenido una relación de varios años y, después, se habían ido a vivir juntos. No necesité oír más. Rompí con el gilipollas de Dirk, y Jacquie y yo poco a poco nos hicimos amigas. Buenas amigas. Luego, amigas del alma. Y luego...

Luego Jacquie volvió con él. Fue su novia durante varios años más, y todos los planes de lo que haría al terminar la carrera giraban en torno a Dirk: lo seguiría a Seattle para que pudieran vivir juntos. Aunque resulte difícil de creer, durante todos aquellos años Jacquie y yo seguimos siendo muy buenas amigas. Lo que más me gustaba es que nunca percibí en ella ningún sentimiento raro o incómodo hacia mí, a pesar de que su novio hubiera sido el mío durante unos meses. Y yo nunca la juzgué por volver con él. (Aunque, como amiga, por supuesto no creía que fuera lo más inteligente). Pero las dos teníamos poco más de veinte años y aún no habíamos aprendido una lección de vida (aplicable SIEMPRE) que la doctora Maya Angelou expresó así: «Cuando alguien te demuestre quién es, créetelo a la primera».

Unos años más tarde, se habían comprado una casa juntos y estaban comprometidos. Dirk empezó a tratarla mal, cada vez peor. La menospreciaba delante de la gente, sobre todo en cuestiones referentes a su físico. Jacquie me contaba que, cuando estaban en un restaurante, a la hora de pedir le decía por ejemplo: «¿Estás segura de que ese plato es el que más te conviene?». O si estaban con un grupo de amigos decía en voz alta: «Jacquie está a dieta», aunque no era verdad, pero él creía que debía estarlo. (No es que esto tenga la menor importancia, pero Jacquie usaba la talla cuarenta). Y luego, como si para entonces no le hubiera hecho suficiente daño, el gilipollas de Dirk la volvió a engañar. Y luego otra vez. Y luego, finalmente, después de diez años de seguir con él esperando que cambiara, Jacquie se hartó. Un día se levantó de la cama, hizo las maletas y se fue. Esta vez para siempre.

Al ir estrechándose nuestra amistad, e ir enterándome de más y más cosas de su pasado, comprendí que es una de las mujeres más fuertes que he conocido. Una guerrera. Y tiene cicatrices que lo demuestran.

Jacquie creció en Montana, con una madre que la maltrataba física y emocionalmente, y pasó toda su infancia mudándose de un parque de caravanas a otro. Vivían del salario social, y nunca supo quién era su padre. De niña, cada vez que conseguía un poco de dinero quitando la nieve de la entrada de algún vecino o cosas similares, con la esperanza de poder comprarse algo de ropa o incluso de comprar comida, muchas veces su madre se lo quitaba y se lo gastaba bebiendo en algún bar. Jacquie aprendió a sobrevivir y a arreglárselas sola a una edad demasiado temprana. Tenía que ocultarle a su madre que sacaba buenas notas porque eso la ponía celosa; no quería que Jacquie sobresaliera en nada, y en cuanto veía que algo se le daba bien, la obligaba a dejarlo. Pero los momentos más difíciles para ella estaban relacionados con los novios de su madre. Cada vez que un novio la abandonaba, perdía la cabeza y se desquitaba con su hija. Los malos tratos eran la norma, y a los quince años Jacquie no pudo más y se escapó.

No sabía a dónde ir, pero fue como si Dios guiara sus pasos.

El policía que la detuvo por escaparse de casa resultó ser un ángel en su vida. Pronto, su esposa y él la adoptaron. Es a ellos a quienes hoy Jacquie llama «papá» y «mamá».

Por pura gracia divina, Jacquie fue a la universidad, decidida a encauzar todas sus fuerzas en crearse una vida mejor. Cuando terminó los estudios, brilló en cada trabajo que tuvo. Luego, unos años después de dejar al gilipollas de Dirk, empezó a trabajar de *disc-jockey* y a viajar por todo el mundo en respuesta a las numerosas solicitudes que recibía. En una ciudad de China, había incluso un enorme mural de ella, en el lateral de un edificio, que anunciaba su gira por el país. (De ahí el tatuaje de «DJ Jacquie Jack» que le cubría el antebrazo, y que en los cientos de apariciones que hizo en QVC sirvió para demostrar la eficacia de nuestro corrector). Jacquie y yo mantuvimos siempre una estrecha amistad, hasta en las temporadas que ella pasaba en otras partes del país o del mundo.

EN 2009, CUANDO la sede central de IT Cosmetics era el salón de nuestro apartamento de Studio City (California) y trabajábamos solos Paulo y yo, un día quedé con Jacquie para tomar un café. Le conté que estaba decidida a cambiar el concepto social de la belleza, a cambiar la forma en que las mujeres se miraban al espejo, para que, en lugar de ver lo defectuoso y anómalo, vieran lo bello y extraordinario (que es todo). Le conté lo harta que estaba de que nos metieran por los ojos imágenes de «la belleza» que nos hacían sentirnos mal. Asintió. Estaba igual de harta que yo y el tema le importaba tanto como a mí. Me dijo que, si podíamos pagarle un sueldo que le llegara para comer y pagar las facturas, estaba dispuesta a dejar su trabajo (mucho más seguro y mejor pagado) para ayudarnos a hacer realidad ese sueño. En aquel momento Jacquie estaba embarazada de seis meses, y de entrada no podíamos ofrecerle prestaciones laborales de ningún tipo. Pero ella creía de verdad en nuestra marca y quería hacer todo lo posible por formar parte de nuestra misión.

Para mí era una gran responsabilidad. Jacquie estaba a punto de ser madre y no tenía nada claro hacia dónde iba la relación con su novio de entonces, que era también el padre del bebé. Yo sabía que nada le importaba tanto como poder darle a su hijo una infancia mejor que la suya, con oportunidades que ella no tuvo. Al verla confiar de aquel modo en el potencial de IT Cosmetics, y en que nuestra empresa le ofrecería el futuro brillante que deseaba, sentí una inmensa gratitud... y también una inmensa presión. No quería defraudarla. Si eres empresaria, sabes lo que es darte cuenta de que tus empleados o empleadas dependen de ti para comer y pagar las facturas, y de que cuentan contigo para poder ofrecerles seguridad y un futuro a sus familias. Y para mí Jacquie era mucho más que una empleada, era como una hermana.

Jacquie se incorporó oficialmente a la empresa. La contratamos a jornada completa con el sueldo base y la confianza de que las condiciones irían mejorando con el tiempo. Todas las mañanas venía a trabajar al salón de nuestra casa y, como Paulo y yo, se encargaba de lo que fuera necesario en cada momento. Como nosotros, se encontraba con tareas sobre las que no sabía nada, y trataba de resolverlas lo mejor que podía. Cuando empezamos a hacer presentaciones en QVC, trabajó con nosotros en cada programa. Y durante aquellos primeros años, en los que la cadena de televisión era nuestra principal fuente de ingresos y no sabíamos cuánto tiempo duraría el éxito, Jacquie, como nosotros, pasaba más noches al mes en aquella sala de espera que en casa. Vivía con su novio y su hijo, y el principal sostén económico de la familia era ella.

Durante los siete primeros años de vida de su hijo, Jacquie trabajó las mismas cien horas semanales que nosotros. Y claro que creía en nuestra misión, pero en lo más profundo de mí sé que el PORQUÉ fundamental de que hiciera aquello era su hijo. Y el futuro de su hijo. La vi llorar amargamente muchas, muchas veces en los viajes a QVC por cuánto lo echaba de menos. Yo procuraba esconder mi preocupación ante la posibilidad de que su sacrificio fuera en vano. Me sentía culpable porque las necesidades del negocio y la imposibilidad de contratar a una empleada más le impidieran pasar ese tiempo tan precioso con él. Yo sabía, por supuesto, que era decisión suya, pero sabía igualmente que era una decisión basada en lo mucho que confiaba en mí. Cuando trasladamos la empresa de California a Nueva Jersey, ella se mudó también allí con su hijo y su novio. Vivía total y absolutamente entregada al trabajo. Durante las pocas horas que sacábamos para dormir, a veces me quitaba el sueño pensar: *¿Y si se nos termina el éxito en QVC... ¡qué hacemos!?* No teníamos ni idea de si el negocio conseguiría salir adelante o no. Y muchas veces, todo apuntaba a que no sobreviviría. Mi amiga estaba intercambiando su vida por un futuro incierto. ¿Y si nunca teníamos posibilidad de darle la seguridad que deseaba? Pero Jacquie era incondicional. De verdad que conozco a muy pocas personas que hubieran podido o querido trabajar tanto como trabajó ella durante tantos de aquellos años.

Se suele decir que es un gran error trabajar con amigos o familiares, porque la relación con ellos se irá al traste. Por desgracia, en los diez años que llevo construyendo la empresa he tenido que aprenderlo a base de golpes. No es fácil saber dónde están los límites entre lo personal y lo laboral, o no tomarse como algo personal cualquier comentario objetivo. Lo que en un grupo de amigas puede ser una dinámica saludable no siempre lo es cuando se traslada al entorno laboral, especialmente si una de las amigas se convierte en tu jefa. Es fácil que las líneas se difuminen y que la relación se resienta o termine para siempre. Ha sido así en casi todos los casos, excepto en el de Jacquie. Siempre hemos conseguido mantener separadas nuestra relación laboral y personal. Los días en que la he decepcionado o disgustado en el trabajo, o viceversa, hemos conseguido dejar a un lado esa parte cuando hemos ido luego a tomar un café o a comer juntas. Creo que es porque las dos hemos querido siempre de verdad lo mejor para la otra, sin egoísmo de ninguna clase.

Solía rezar por que llegara el día en que pudiera devolverle a Jacquie todos sus años de sacrificio y compromiso. Solía rezar por que todo el tiempo que pasaba alejada de su hijo y de su novio no fuera en vano. Porque, además, Jacquie nunca nos pidió nada a cambio de su dedicación. No tenía la fantasiosa expectativa de que algún día recibiría una grandiosa recompensa. Nunca hizo una sola pregunta sobre el tema. Los días en los que todo salía mal en QVC, y no alcanzábamos los objetivos de ventas o perdíamos un producto, tratábamos de encontrar juntas un poco de consuelo leyendo las cartas de las clientas, cuyas experiencias reflejaban que nuestro mensaje y nuestros productos estaban inspirando a muchas mujeres a sentirse bien consigo mismas de nuevo. Jacquie sentía auténtico amor por cada una de aquellas mujeres y creía de verdad que era un honor formar parte de la expansión de nuestra empresa.

Le encantaba también poner una nota de humor en situaciones demasiado tensas. No sé si has visto alguna vez en un concurso de talentos a una de esas madres que aparecen al fondo, detrás de los jueces, bailando con movimientos exagerados para recordarle a su hija, que está en el escenario, la coreografía que han ensayado juntas, y haciéndole muecas para que se acuerde de sonreír. Pues lo mismo ocurría en QVC. Muchas veces, mientras estaba hablando en directo y sentía el estrés apoderarse de mí porque las ventas estaban siendo desastrosas, veía a Jacquie aparecer detrás de las cámaras y empezar a bailar claqué, totalmente entregada, sacudiendo las manos con las palmas abiertas hacia mí. Yo estaba en mitad de la presentación e intentaba concentrarme en vender el producto, pero la verdad es que me costaba contener la risa, como les pasa a algunos cómicos en *Saturday Night Live*, que se esfuerzan por estar serios para que el personaje que interpretan resulte creíble pero, al final, los chistes que cuentan les hacen soltar una carcajada. Como esas madres de los concursos de talentos, Jacquie se señalaba con los dos dedos los hoyuelos de las mejillas para recordarme que sonriera y apreciara el momento al máximo. Todavía hoy, si cualquiera de las dos estamos estresadas o somos incapaces de resolver un problema, se levanta de un salto y se pone a bailar como una de esas madres ¡y al final consigue siempre que nos partamos de risa!

También había días absolutamente desoladores en los que no nos quedaba ánimo para ser tan prácticas y positivas y optábamos por ahogar nuestras penas en vino tinto. Y el día en que pudimos permitirnos pasar del vino en brik al vino embotellado, ¡eso sí que fue motivo de celebración! ¡A veces no tienen precio las pequeñas victorias!

LA EMPRESA CRECIÓ, y por fin pudimos empezar a pagarle a Jacquie un sueldo más acorde a su trabajo. Para Paulo y para mí, esa fue la prioridad, antes siquiera de comenzar a cobrar nosotros. Fue Jacquie quien ideó el concepto de la crema CC, una crema hidratante que contiene pigmentos correctores del color y que cubre las imperfecciones de la piel. En lugar de usar con ese fin un tradicional maquillaje pesado, basta esta simple crema hidratante para obtener tratamiento y cobertura total. Cuando otras marcas estaban trabajando en un producto llamado crema BB, que significa 'bálsamo de belleza', la idea de una crema CC, que significa 'corrección del color', empezaba a ponerse a prueba en los mejores laboratorios de cuidado de la piel de Corea. Jacquie se adelantó a otras marcas en la investigación de este producto y dio con la fórmula para que nuestra crema tuviera unos efectos aún mejores que las que empezaban a salir al mercado. Hasta la fecha, sigue siendo nuestro producto más vendido. Gracias al precioso, perspicaz e imaginativo trabajo de Jacquie, estábamos muy por delante de la competencia cuando lanzamos nuestra crema CC.

El cáncer de mama es una enfermedad hereditaria en la familia de Jacquie. Contribuir a esta causa es algo que nos apasiona a las dos. Casi desde que empezó a colaborar con nosotros, Jacquie propuso que nos asociáramos con la organización Look Good Feel Better™ ('verte más guapa te hace sentirte mejor') y donáramos productos a mujeres que tienen que hacer frente a los efectos del cáncer. Fue otra de las prioridades de la empresa, y empezamos a hacerlo incluso antes de que Paulo y yo comenzáramos a cobrar. Hasta la fecha, hemos donado a esta causa más de cuarenta millones de dólares en productos. Hoy, Jacquie dirige dos departamentos en IT Cosmetics y es presentadora de nuestros productos en QVC.

CON EL PERMISO de Jacquie, una vez más, voy a contarte algo que ni siquiera los miembros más cercanos de mi familia ni de la suya saben todavía, y sobre lo que no estoy segura de poder hablar sin que se me escapen las lágrimas mientras escribo.

Paulo y yo habíamos decidido cederle a Jacquie la propiedad de una parte de la empresa; se lo había ganado. Y el día que vendimos la empresa a L'Oréal fue el día en que la vida de Jacquie cambió para siempre, al igual que el futuro de su hijo. Fue el día en que Dios se manifestó con transparencia y le mostró por qué todas las puertas cerradas y abiertas con que se había encontrado en su vida tenían sentido. Por qué habían entrado en su vida personas que le habían hecho daño y que la habían conducido a las que la habían beneficiado. Por qué su intuición le decía que siguiera adelante cuando no le quedaban fuerzas. Por qué sentía que trabajar como lo había hecho era lo correcto como madre, cuando nadie comprendía que trabajara tanto y a veces muchos la avergonzaban por ello. Dios estaba del lado de Jacquie, de esa preciosa niña que nunca conoció a su padre y que creció con una madre que no supo darle amor. Esa preciosa niñita que estuvo obligada a ir de un parque de caravanas a otro, que muchos días pasaba hambre y sentía que el mundo la había olvidado. Pero Dios nunca la olvidó. Llegó a este mundo hecha para volar; solo que tenía que descubrirlo ella sola, y lo hizo. Jacquie había sido siempre para su hijo la madre entregada y cariñosa que a ella le faltó. Pero ahora, además de eso, iba a poder proporcionarle todas las oportunidades que ella no tuvo.

CUANDO ANUNCIAMOS QUE L'Oréal acababa de comprar IT Cosmetics, en ese momento, por distintas razones, me alegré más todavía por Jacquie que por mí. Ese día, juntas, lloramos. Lo habíamos conseguido. Teníamos un sueño y nos habíamos dejado la piel para hacerlo realidad, nos habíamos apoyado la una a la otra, ella había creído en mí y yo en ella ¡y lo habíamos conseguido! Nuestra amistad había nacido en medio de una situación muy desagradable, y juntas habíamos aprendido algo muy valioso, algo que tenía un poder formidable, algo que era un regalo del cielo. Primero, en nuestra relación con un tramposo que no nos merecía, y luego, la una de la otra. Vale la pena repetir las palabras de la doctora Maya Angelou: «Cuando alguien te demuestre quién es, créetelo a la primera». Esto te ayuda a eliminar rápidamente de tu vida a quienes procurarán alejarte de tus sueños ¡y a hacer sitio para acoger a nuevas personas que están realmente destinadas a unirse a ti en el viaje de tu vida!

Jacquie y yo apoyándonos la una en la otra, como siempre. Elegí esta foto porque no teníamos ni idea de que nos la estaban haciendo. Estoy muy agradecida de que llamara a mi puerta aquel día. Le doy las gracias al gilipollas de Dirk por presentarme a la que es desde hace más de veinte años mi incondicional amiga y hermana.

NUEVE

Creer en que la vida no se nos dio para vivirla en solitario

Eres un titán en gestación, una obra maestra en curso, un milagro en movimiento.
—TIM STOREY

Cada vez que en mi vida me he empeñado con todas mis fuerzas en hacer que algo ocurra y no ocurre —ya haya sido intentar materializar un gran sueño o, literalmente, intentar por la fuerza una y otra vez que una puerta se abra, y la puerta no cede ni un milímetro—, cada vez que las cosas no salen como yo quiero, algo aún mejor y más milagroso sucede siempre a continuación. Es como si Dios dijera: «Te quiero demasiado como para darte lo que me pides. Confía en mí».

Mi madre biológica se quedó embarazada involuntariamente en un único encuentro sexual con un chico. En el extremo opuesto, Paulo y yo llevábamos casi diez años intentando quedarnos embarazados. Entre los tratamientos de fertilidad, las innumerables inyecciones de hormonas y los test de embarazo negativos uno detrás de otro, el caso es que me había pasado gran parte de la última década llorando, sintiéndome fracasada, con la sensación de que mi cuerpo me estaba traicionando. Tanto Paulo como yo nos hicimos una prueba tras otra, fuimos de médico en médico decididos a averiguar dónde estaba el problema, y todos coincidían en que la razón era mi útero, un útero en forma de corazón que aumentaba el riesgo de aborto. Esto no significaba que no pudiera concebir, llevar un embarazo a término y dar a luz un bebé sano, pero era arriesgado. Aun así, seguimos intentándolo, y yo seguía sin quedarme embarazada, o me quedaba embarazada y tenía un aborto poco después. Todo esto sucedía en privado, en paralelo al crecimiento explosivo de IT Cosmetics, al imparable ritmo de trabajo y a las jornadas laborales sin fin.

Cuando vendimos la empresa, yo estaba a punto de cumplir cuarenta años y sabía que la prioridad para Paulo y para mí era formar una familia, tomara la forma que tomara. Cuando éramos novios, solía decirle que quería tener siete hijos y que al menos cuatro de ellos fueran adoptados. Y eso fue antes de enterarme de que yo era adoptada. Empezamos a estudiar en serio la posibilidad de la adopción y también la de la gestación subrogada, y decidimos ponernos en marcha con ambas. En aquellos momentos, la gestación subrogada no me parecía la mejor opción. Había oído contar casos disparatados en las noticias, y en las películas había visto a madres de alquiler que huían con el bebé, o que acosaban a los padres legales del bebé para quedarse ellas con la custodia. Pensar que otra persona llevaría literalmente a nuestro hijo o nuestra hija dentro de su cuerpo me resultaba abrumador. Pero decidí estar abierta a todas las posibilidades y tener fe en el viaje que estábamos a punto de emprender. Empezamos a hablar con un facilitador de adopciones y acordamos ponernos en contacto también con una agencia de gestación subrogada.

LA AGENCIA DE gestación subrogada avanzaba a ritmo mucho más rápido que la agencia de adopción. Una vez completado todo el papeleo legal, estábamos listos para una «llamada de compatibilidad», es decir, una videollamada que concertaba la agencia para presentarles a los futuros padres una posible madre para su bebé.

Si no estás familiarizada con el proceso, te aseguro que es muchísimo más complejo de lo que puedas imaginar. Me refiero concretamente a que todos los temas comprometidos deben tratarse con antelación, y estás obligada a tomar decisiones irrevocables sobre cuestiones muy serias que tal vez nunca habrías tenido que plantearte si te hubieras quedado embarazada al estilo tradicional. La agencia nos presentó una serie de situaciones potenciales. Por ejemplo, tuvimos que responder cómo nos harían sentirnos una diversidad de posibilidades extremadamente dolorosas relacionadas con el embarazo y el bebé, y cómo querríamos que se trataran. Si este es un tema al que eres particularmente sensible, quizá prefieras saltarte el resto del párrafo. Se nos hicieron preguntas tan turbadoras como: «Si tu embrión se divide en gemelos o trillizos y los médicos determinan que es necesario hacer una reducción (eliminar uno de los embriones para que los demás tengan alguna posibilidad de vivir), ¿qué harás?». Preguntas como: «¿Qué pasaría si la gestante subrogada se quedara embarazada y el embarazo supusiera una amenaza para su vida?». Y aquí viene la parte REALMENTE DIFÍCIL: tienes que confiar en que la madre sustituta y tú coincidiréis en los principios morales más básicos, porque, por ejemplo, aunque no sea su bebé, puede que esté tan en contra del aborto voluntario que prefiera arriesgarse a perder la vida antes que interrumpir un embarazo potencialmente mortal.

El propósito de estas preguntas no es determinar lo que está mal y lo que está bien, sino que puedas expresar lo que tú consideras correcto y cuál es tu postura en todas estas situaciones tan difíciles, y que te asegures luego de que la madre subrogada con la que te emparejas comparte tus puntos de vista. Así que debe dejarse clara desde el principio cuál es la actitud moral de ambas partes ante todas esas situaciones que esperas y ruegas que nunca lleguen a ocurrir. Por si fuera poco abrumador tener que pensar en qué harías realmente en este tipo de situaciones, estás además obligada a tomar una decisión y a comprometerte verbalmente a cumplirla. Entiendo por qué es tan importante hacerlo, pero eso no quita que suponga una presión terrible.

Una vez que Paulo y yo superamos la fase de las conversaciones angustiosas con la agencia de gestación subrogada, el siguiente gran obstáculo resultó ser mi propio miedo a todo el proceso. Estaba a punto de comprometerme con alguien de quien no me podría separar. Alguien que, si todo iba bien, gestaría a mi bebé. Eso significaba depositar de corazón toda mi confianza en alguien a quien ni siquiera conocía.

Mis temores se iban intensificando de día en día a medida que se acercaba la fecha de nuestra primera llamada de compatibilidad. Me inquietaba la idea de que la madre potencial de nuestro bebé tal vez me conociera. En aquellos momentos, mi cara aparecía en directo en televisión casi a diario. Seguíamos haciendo más de doscientos programas al año en QVC, nuestro infomercial se emitía a todas horas y teníamos millones de clientas fieles en todos los rincones del país. Era frecuente que, cuando iba por la calle o estaba comprando en un centro comercial, se me acercaran una mujer o varias y me dijeran: «¡Pero si eres Jamie! Te veo en QVC», o «Eres la maquilladora de la tele», o «Me encantan tus productos», o alguna que otra vez: «Mira, encargué tu producto y el envío se retrasó en fábrica y la tienda no pudo enviármelo en la fecha prevista y, cuando por fin llegó, la caja estaba abollada, y eso ya fue el colmo, así que publiqué en Internet una crítica en la que decía que no estaba nada contenta con el servicio. Lo siento, pero tienes que estar enterada de las cosas que pasan en tu empresa. Y, además, deja que te enseñe el producto, que casualmente llevo aquí en el bolso, porque a mí me da la impresión de que está medio vacío, o al menos no tan lleno como podía haber estado. Mira, estaba así cuando abrí la caja». (Menos mal que este último caso no se repite muy a menudo. Cuando ocurre, me digo que recibir quejas debe de formar parte de ser empresaria). Así que, volviendo a la llamada de compatibilidad, no solo me preocupaba que la posible madre me reconociera, sino también que, si sabía cómo nos llamábamos, nos buscara en Google y se animara a comprometerse con nosotros por razones quizá no demasiado éticas. Desde que L'Oréal había hecho públicos los términos de nuestro acuerdo, habían aparecido en Internet innumerables artículos que hablaban sobre los mil doscientos millones de dólares que había pagado por nuestra empresa. Además, no podía dejar de pensar en todos esos casos tan inquietantes que se oyen en las noticias. La agencia de gestación subrogada nos prometió que, por el momento, no se daría a conocer ningún nombre y que, si eso me dejaba más tranquila, podía incluso aparecer disfrazada en la videollamada de compatibilidad. Y eso hice.

Me compré unas gafas y una peluca rubia. No es broma. Las gafas eran de farmacia, con la graduación más baja que encontré porque yo no uso gafas. Se veía un poco borroso, pero no demasiado. Me las puse, y también la peluca, y Paulo se puso una gorra de béisbol. Y rezamos. Estaba muy nerviosa. Tuve que repetirme la famosa cita del rapero 50 Cent: «O rezas o te preocupas, pero las dos cosas no». Qué palabras tan atinadas. Tan ciertas. Si rezas pero sigues preocupándote, es como si no confiaras en tu oración y no confiaras en Dios. Así que recé, recordándolas, y dejé de preocuparme.

Teníamos el portátil encima de la mesa listo para la videollamada de compatibilidad. Nosotros también estábamos listos. Yo iba a usar mi segundo nombre, Marie, y Paulo iba a llamarse «Paul».

«Marie está de muy buen ver», dijo Paulo, intentando aplacar el nerviosismo con una nota de humor, una de las cosas de él que más adoro.

El ordenador emitió un sonido. Era la hora.

«Hola», dijimos con una gran sonrisa. En la pantalla se veía a una mujer de expresión muy dulce acompañada de su marido, una mujer de ojos brillantes y cálidos que reflejaban genuina bondad. Nos contó que tenían ya cinco hijos, y que toda su vida se había sentido llamada a hacer algo así por otra familia que tuviera dificultad para quedarse embarazada. Además, dijo, le encantaba estar embarazada. El mediador nos fue formulando las preguntas espinosas, y parecía que todos coincidíamos en las respuestas. Me inundó una intensa sensación de paz, que siguió creciendo a medida que hablábamos hasta hacerse más fuerte que cualquiera de mis miedos. Después de la videollamada, teníamos el fin de semana para decidir si considerábamos que aquella mujer era una gestante subrogada compatible o si preferíamos seguir entrevistando a otras mujeres. Ella y su familia debían decidirlo también. Paulo y yo sentíamos una paz tan profunda que lo supimos de inmediato. Apenas unos minutos después de terminar la entrevista, llamamos a la agencia y dijimos que creíamos que sería una gestante compatible y que queríamos seguir adelante si ella tenía la misma impresión.

Al cabo de unos minutos, sonó el teléfono y era la agencia, para comunicarnos que ¡ella también había llamado para decir que le encantaba la idea de tener nuestro bebé! Al oírlo, a Paulo y a mí se nos llenaron los ojos de lágrimas. No sabíamos del todo en qué nos estábamos metiendo y una parte de nosotros tenía mucho miedo, pero íbamos a hacerlo de todos modos.

Empezamos el proceso oficial de gestación subrogada y, por supuesto, esta vez dimos todos nuestro nombre verdadero. Llegó el momento de la transferencia de embriones, y estuvimos todos juntos en la consulta del tocólogo mientras se transferían a través de un tubito diminuto los embriones formados por mis óvulos y el esperma de Paulo al útero en el que confiábamos que se desarrollarían. Paulo, la madre subrogada y yo nos dimos la mano y rezamos y lloramos juntos. Ese día tuvimos ocasión de conocer en persona a su marido y a sus hijos, ya que también ellos formaban parte del viaje.

Se transfirieron dos embriones al mismo tiempo. A Paulo y a mí, la perspectiva de tener gemelos nos hacía mucha ilusión, y también la madre subrogada había querido siempre quedarse embarazada de gemelos. Una vez que se transfieren los embriones, hay que esperar unos diez días para ver si alguno de ellos ha agarrado y si la prueba de embarazo da positivo. Nuestra madre subrogada estaba tan impaciente por saberlo que compró un test de farmacia unos días antes de la cita oficial para hacer la prueba, ¡y dio positivo! Me envió un mensaje con la foto del test de embarazo. Aunque yo no quería hacerme ilusiones demasiado pronto, dado que aún no teníamos confirmación oficial, no pude evitarlo. Estaba loca de alegría, y Paulo y yo lloramos, y luego de inmediato empezamos a hacer una lista de posibles nombres para gemelos.

A LAS POCAS semanas de embarazo, en una de las ecografías solo se veía un saco gestacional en el monitor. La enfermera buscó insistentemente el segundo, y después vino el tocólogo e hizo lo mismo. Solo había un bebé.

De inmediato me acerqué a consolar a nuestra madre subrogada, que se quedó muy triste. El que uno de los embriones hubiera dejado de desarrollarse significaba sencillamente que no era viable y que al final no habría llegado a término. Pero comprendí que ella sentía la gran responsabilidad de que su cuerpo diera a luz a nuestros bebés, y además de quedarse triste por haber perdido a uno de ellos estaba también decepcionada, como si nos hubiera fallado. Le dije que estuviera tranquila, que aquello no era culpa suya en absoluto. Y aunque yo también estaba triste, sentía una enorme gratitud por tener a una mujer tan formidable como compañera de viaje. Me parecía un milagro que una persona pudiera ser tan desinteresada como para sentir la vocación de gestar un bebé para entregárselo a otra persona. El solo hecho de que esa mujer estuviera dispuesta a hacerlo, de que aquel fuera su deseo, me bastaba para considerarla un ángel de la vida real. Todavía hoy, cada vez que pienso en su generosidad se me saltan las lágrimas. Porque me hace creer en la generosidad del corazón humano. Me recuerda la cantidad de personas buenas y generosas que hay en este mundo, personas cuyo mayor deseo es extender su bondad a los demás. Aquel día le dije que era un verdadero ángel venido a la Tierra y que Dios tenía dominio de todo lo que ocurría. Al entrelazar nuestras manos, había una comprensión tácita de que ella y yo y nuestras respectivas familias estábamos destinadas a hacer ese viaje juntas.

PASABAN LOS MESES, nuestro bebé crecía y crecía, y nos enteramos de que iba a ser una niña. Y luego una tarde de julio, tres semanas antes de la fecha prevista para el parto, ¡decidió que estaba lista para nacer!

Tomamos rápidamente un avión y nos presentamos llenos de expectación en la ciudad donde se había estado gestando nuestra bebé. Nos registramos todos juntos en el hospital, y a Paulo y a mí se nos permitió estar en la habitación con nuestra madre subrogada durante toda la dilatación y el parto. Ella insistía en que, en cuanto diera a luz, quería que me pusieran a la bebé en los brazos para que pudiera sentir el contacto de mi piel en el primer instante de estar en este mundo.

Las contracciones eran aún muy espaciadas. Nuestra madre subrogada nos contó al tocólogo y a mí que, cuando nació uno de sus hijos, ella sabía que estaba a punto de dar a luz pero, como no estaba completamente dilatada, el médico no la creyó, y el bebé salió de repente y pilló a todo el mundo por sorpresa. Nos lo advirtió y nos dijo que por favor la creyéramos cuando avisara de que la bebé estaba a punto de nacer.

Pasaban las horas, y las enfermeras entraban con frecuencia en la habitación para comprobar lo dilatado que estaba el cuello del útero. Le decían: «Seis centímetros, te queda mucho todavía». Pero en cierto momento, ella empezó a sentir que la bebé estaba en camino. Pulsó el botón para que viniera una enfermera y le dijo: «Ya estoy cerca, compruébalo otra vez», y la enfermera lo comprobó y le aseguró que aún no estaba totalmente dilatada, y se fue. Entonces salieron de la boca de aquella mujer tan dulce unas palabras que no se parecían a nada que le hubiera oído antes. De repente chilló: «¡Que venga el puto médico! ¡La bebé está aquí!», y su marido salió corriendo al pasillo pidiendo un médico a gritos. Tenía razón, deberían haberla escuchado.

El corazón me latía a mil por hora. No llegaban ni el médico ni las enfermeras, y al mirar hacia abajo vi que nuestra hija tenía la cabeza ya fuera. Me agaché delante de ella, sin tener ni idea de lo que hacía, pero preparada para sostenerla. Alargué la mano hacia su cabecita, y en ese momento entraron varias enfermeras (el médico seguía sin aparecer) que se pusieron delante de mí y tiraron de la bebé hasta que salió el cuerpo entero. Nuestra hijita había nacido. Se había roto la clavícula al salir, pero estaba sana y preciosa.

Poco después llegó el médico, Paulo cortó el cordón umbilical y yo sollocé incontrolablemente. Era lo más hermoso que había vivido nunca. Nuestra niñita preciosa. Nacida en un clima de amor. Salida del vientre de un ser humano que había ofrecido voluntariamente su cuerpo para donar una vida a otra familia. Le pusimos de nombre Wonder. Por la forma en que nuestro viaje nos había conducido al milagro de dar por fin la bienvenida a nuestra bebé, el nombre Wonder ('maravilla') nos pareció el más apropiado. Tras su primer llanto, una enfermera me la puso sobre el pecho, dentro de la bata, piel con piel. No podía creer que Dios nos hubiera bendecido con semejante milagro. Éramos padres. Era mamá.

El primer instante en que tuve a Wonder en mis brazos,
luego dentro de la bata, piel con piel.

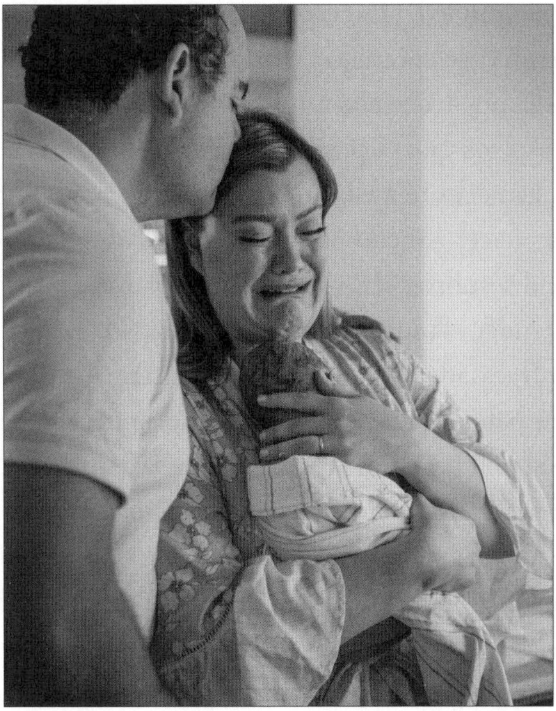

Paulo y yo, abrumados por la gratitud y el asombro ante aquel milagro.

Cuando te vi me enamoré, y tú sonreíste porque lo sabías.
—ARRIGO BOITO

SIEMPRE HE SIDO la clase de persona que hace las cosas por su cuenta. Que confía más en sí misma que en los demás. Que por temor a que la gente la defraude, prefiere encargarse ella misma de todo. Ser autosuficiente me parecía una forma de demostrar mi fortaleza. Aspiraba a ser lo bastante fuerte como para no necesitar a nadie para nada. Como si eso fuera una insignia de honor. Y eso a menudo significaba no solo hacer las cosas sola, sino estar y sentirme sola. Nunca había comprendido ni aceptado del todo el poder que entraña la comunidad. Hasta aquel día. Otra mujer y su familia emprendieron un viaje conmigo y con la mía, y nos hicieron un regalo que no podíamos hacernos a nosotros mismos. Otra mujer hizo algo por nosotros que, a pesar de toda mi fortaleza, yo no podía hacer sola. La necesité a ella. Y como ella realmente sentía que su vocación era hacer aquello por alguien, a su vez me necesitó a mí. Nuestra madre subrogada, y mi hija, cambiaron aquel día mi manera de entender el mundo y cambiaron mi vida entera.

Haber fracasado una y otra vez en el intento de quedarme embarazada me había hecho sentir como si una puerta se cerrara ante mí y como si mi cuerpo me rechazara. En la actualidad, ¡estoy tan agradecida por todas las puertas que se me han cerrado a lo largo de la vida! A veces pasan años hasta que me doy cuenta de que lo que ocurrió finalmente y las lecciones que aprendí en su día tienen mucho más valor que lo que me empeñaba en conseguir. Lo difícil es tener fe en que nos espera un resultado mejor. Por supuesto, es algo que no podemos saber con certeza. Y en el momento, los rechazos, las puertas que se cierran y las experiencias que percibimos como un fracaso nos causan un dolor insoportable.

Ese día aprendí otra valiosísima lección: que la vida no se nos dio para vivirla en solitario.

Mi hija Wonder es una niñita sana, feliz y risueña, que es fuerte y hace tonterías y disfruta bailando con su muñeco Elmo. Paulo se ha aprendido todos los bailes de *Barrio Sésamo* y, aunque es incapaz de seguir el ritmo, se entrega por completo a la tarea y nos hace reír a Wonder y a mí, aunque por motivos distintos. Nuestra madre subrogada y su familia son en la actualidad personas muy queridas para nosotros. Ninguna de las cosas que tanto miedo me daban sucedió. Por el contrario, mi vida se ha llenado de un amor y una alegría que no hubiera podido imaginar.

YO SIEMPRE HABÍA sido la loba solitaria que se labraba su propio camino. Estaba decidida a triunfar en la vida y en mi profesión a pesar de lo que nadie dijera, a pesar de quienes dudaban de mí, a pesar de quienes me fallaban, a pesar de mi origen. Siempre había pensado que los hombres frenaban a las mujeres y que podíamos hacerlo todo solas. Pero me di cuenta de que me había equivocado en algo muy importante. Nadie puede hacerlo todo solo. O al menos, nadie puede vivir a solas la vida más plena que tiene la posibilidad de vivir. Yo nunca habría tenido el éxito que tuve con IT Cosmetics sin Paulo, Jacquie y nuestro fabuloso equipo. Y nunca habría podido tener a mi hija sin aquella fabulosa mujer y su familia.

Ser una loba solitaria proviene a menudo de un miedo muy profundo a no ser dignas de que otras personas nos ayuden.

Aprendí que la decisión de hacer las cosas por nuestra cuenta proviene a menudo de un miedo muy profundo a no ser dignas de que otras personas nos ayuden. Pero es una idea equivocada. Eres digna de recibir apoyo, y yo también. En solitario, nunca podremos vivir una vida de plenitud y encarnar la máxima expresión de quienes somos. Y para establecer verdadera conexión humana, tenemos que arriesgarnos a ser auténticas y vulnerables. Tenemos que arriesgarnos a pedir ayuda. Tenemos que arriesgarnos a hablar de nuestras experiencias con quienes se han ganado nuestra confianza. Tenemos que arriesgarnos a contar con otras personas –incluso aunque algunas de ellas nos defrauden–, porque para vivir plenamente la vida que se nos ha dado la posibilidad de vivir es necesario compartirla. Tenemos que arriesgarnos a cometer equivocaciones, y relacionarnos tal vez con gente que nos rechazará o nos hará daño, para poder encontrar gente que esté en sintonía con nosotras y nos quiera. Tenemos que arriesgarnos a amar de verdad, con la esperanza de que aquellos a quienes dirigimos nuestro amor nos amarán también. Tenemos que arriesgarnos a expresar lo que sentimos, y exponernos a que nos hieran, para poder estar plenamente vivas. Necesitamos conexión humana para sentir verdadero amor. Necesitamos comunidad. Nos necesitamos mutuamente.

Y HABLANDO DE necesitarnos mutuamente, desde que era madre sentía la necesidad de pedirle a Rosemary, mi madre biológica, que diera un paso hacia mí que aún no había dado. El momento en que tuve por primera vez a mi hija en los brazos fue uno de los más milagrosos de mi vida, y me hizo darme cuenta del dolor tan profundo que aún sentía por que mi madre no me hubiera sostenido en los suyos el día que nací. Entendía sus razones, pero eso no mitigaba el dolor. Me hacía daño saberlo. Era como si el hecho de que entonces no me tuviera en los brazos, el hecho de que no tuviera contacto con su bebé, me privara todavía hoy de aceptación, de reconocimiento, casi de realidad. Así que, a los cuarenta y dos años, decidí hacer algo que no solo me parecía arriesgado, sino que me daba muchísimo miedo: decidí contarle a Rosemary lo que sentía y pedirle lo que necesitaba. En el corazón, sentía que necesitaba que me abrazara como una madre abraza a su hijita recién nacida. En la cabeza, me parecía irracional, incluso una locura. Pero el corazón me decía que pedírselo rompería la barrera que me había impedido conectar plenamente con ella hasta entonces.

Invité a Rosemary a venir al sur de California para que pasáramos el fin de semana juntas. Fue una de las cosas más difíciles que he hecho en mi vida.

Nos sentamos en el sofá. Mientras ella se tomaba a sorbitos un vaso de agua, yo me envolví en mi manta preferida y me llevé a los labios la taza de café con aroma de canela. La calidez y el afecto por ambas partes me ayudaron a calmar los nervios.

–Hay algo muy, muy importante que necesito contarte –le dije.

–De acuerdo –respondió.

Le dije lo que sentía y me mostré totalmente vulnerable. Le hablé del maravilloso asombro que me inundó cuando mi hija estaba naciendo, de lo que fue experimentar y presenciar el milagro de la vida, y sentirme al mismo tiempo bendecida y abrumada al darme cuenta de que Dios confiaba en mí para que fuera la madre de aquella niñita preciosa. Le conté que tener en brazos a Wonder el día que nació fue una de las experiencias más intensas de mi vida. Y le hablé del vacío que sentía porque, el día que yo nací, ella no me hubiera tenido en sus brazos.

Respiré hondo y, con el corazón latiéndome desbocado, le pregunté:

–¿Me abrazas? ¿A tu bebé? ¿Como a una bebé? –Al ver que los ojos se le llenaban de lágrimas, rápidamente hice una broma–. ¿Crees que te aplastaría?

Se rio y dijo:

–No. Claro que no. –Y se echó a llorar.

Rosemary es una mujer menuda, mucho más baja que yo y muy delgada. Calculo que debo de pesar unos veinte kilos más que ella. Pero en ese momento me daba igual. Aparté todos los pensamientos que habían empezado a distraerme, sobre mi tamaño o sobre si el peso de mi cuerpo le resultaría excesivo. No podía dejar que las inseguridades me hicieran perder aquella oportunidad que la vida me estaba dando y que era mucho más importante. De todos modos, para asegurarme, le pregunté de nuevo:

–¿Te parece bien si me siento en tus rodillas y me abrazas como a una bebé?

La pregunta me latía dentro: ¿querría hacerlo ahora, cuarenta y dos años después, querría hacer lo que no hizo el día que nací? Sabía que me arriesgaba a que me rechazara de nuevo.

Me miró fijamente y respondió, abrumada por la emoción:

–Sí.

Yo sabía que estaba rezando. Una vez me dijo que, cuando tiene miedo, se imagina a Jesús sentado al lado de ella, y saber que no está sola le da seguridad en cualquier situación. Tuve la impresión de que en aquel momento Rosemary imaginaba a Jesús sentado de frente. Se arrimó a mí y me senté encima de ella, de lado, con el cuerpo entero sobre sus piernas. Le rodeé el cuello con los brazos y ella me rodeó el cuerpo con los suyos, y nos echamos las dos a llorar. Mi madre biológica, de sesenta y un años, sostenía en los brazos por primera vez a su bebé de cuarenta y dos. Ella estrechaba por primera vez a su hija, y yo recibía por mi primera vez el abrazo de mi madre. Mientras llorábamos, le dije:

–Prométeme que no volverás a dejarme.

Empezó a sollozar. Yo también. Seguí diciendo:

–Sentía que me habías abandonado cuando nací. Pero luego, cuando por fin te encontré, desapareciste, y sentí como si me hubieras abandonado otra vez. Prométeme que no me volverás a dejar.

Todavía llorando, dijo con la más firme convicción:

–Jamie, te lo prometo. Nunca te volveré a dejar.

Y yo la creí. Nos abrazamos. Y lloramos. Y nos sanamos.

CREE EN EL poder de pedir lo que necesitas para sanar, ya sea a otra persona o a ti misma. Yo, personalmente, tuve que cambiar mi percepción de lo que significaba necesitar algo de alguien. Solía pensar que era síntoma de debilidad, pero ahora sé que es un acto de fortaleza, aunque conlleve ser vulnerable o arriesgarte a pasar vergüenza o a que te rechacen. A veces consiste en pedirle a alguien que se disculpe. A veces, en disculparte tú. A veces consiste en pedirle a alguien que cambie de comportamiento. A veces, en mirarte al espejo y pedirte que aprendas a amar tu cuerpo, y en comprometerte luego a la ardua tarea de descubrir por qué no lo amas y de superar los obstáculos. A veces consiste en decirle a tu pareja que necesitas más afecto. A veces, en decirle por fin a alguien la verdad de cuánto te han herido sus palabras. Probablemente esto signifique tener acto seguido una conversación difícil. Pero he aprendido que revelar lo que sientes de verdad, por mucho que te cueste, puede ser la clave para la conexión, la libertad y la curación.

SEGUNDA PARTE

ARRIESGAR

DIEZ

Creer en que importa más ser valiente que caer bien

No voy a desperdiciar esta oportunidad.
No voy a desperdiciar esta oportunidad.
-*HAMILTON*, EL MUSICAL

Los folios me temblaban en las manos y tenía la esperanza de que toda aquella gente pensara que era porque el aire de algún ventilador llegaba desde fuera del escenario. De pie en el podio, ante un público compuesto por lo que el mundo me había enseñado que era una representación del poder, sabía que había llegado el momento de retirarme el pelo de la cara, mirar fijamente al miedo a los ojos y tener la seguridad de que mi fe era más grande que todos los miedos.

Me habían concedido el Cosmetic Executive Women Achiever Award (CEW), el premio a la ejecutiva del año en la industria de la belleza, uno de los galardones más destacados que una puede recibir en el sector, casi el equivalente a un premio de la Academia en el mundo del cine. Un premio que normalmente se le concede a una mujer que lleve toda una vida profesional de dedicación, y yo solo llevaba ocho años. El acto de la entrega de premios es en sí todo un acontecimiento. Se celebra una vez al año, y a él asisten los fundadores y fundadoras, gerentes y altos cargos de todas las grandes marcas de productos de belleza. Básicamente, ese día, en esa sala, se reúnen los responsables de la mayoría de las firmas más importantes del mundo. Por si fuera poco, me acababan de pedir que me uniera al consejo del CEW, a sugerencia de la mujer que estaba al frente de todo. Me había recomendado personalmente a las demás miembros de la junta, que habían votado y estaban de acuerdo. Así que a continuación, me invitaron a formar parte de esa junta tan prestigiosa y selecta. ¿QUÉEE? En el mundo de la belleza, era algo equiparable a que te inviten a unirte a la hermandad universitaria más exclusiva.

El problema era que yo nunca había formado parte de ninguna hermandad, y de entrada tuve la sensación de que esa era demasiado exclusiva para mí. Pero siempre he creído en las palabras de la poeta Cleo Wade: «Si el club de la gente *cool* no incluye a todo el mundo, no es un club *cool* en absoluto». Es decir, yo siempre había asistido a los eventos del CEW, y siempre le estaré agradecida a la organización porque fue en uno de sus eventos de demostración de productos donde conseguí escabullirme de mi estand y conocer en persona a la jefa de compras de QVC. Sus eventos habían hecho posible que una empresaria en ciernes, como era yo en esa época, estableciera contacto con otras personas del sector. Además, sabía que aquellas mujeres se tomaban muy en serio el apoyar causas importantes. Y aunque su junta directiva siempre me había parecido inaccesible, tal vez mi sensación se basara en un simple prejuicio infundado. Tal vez fuera un grupo de mujeres inclusivo y mi aprensión no tuviera fundamento. Aún no estaba segura. Pero lo que sí sabía con certeza era que se trataba de un mundo del que yo no procedía, con el que nunca había tenido contacto y del que nunca había formado parte, y me parecía un regalo tener la oportunidad de verlo por dentro. Así que mantuve una actitud abierta y me uní a él. Por lo cual, de repente, recibir ese premio suponía una presión aún mayor, ¡porque además ahora era miembro de la junta!

Hasta ese momento, además de que los minoristas y las tiendas de cosmética de lujo me hubieran dicho *no* durante años, rara vez me había sentido aceptada en el sector de la belleza como una legítima compañera de juego. En todos los años que asistí a las galas de premios otorgados por las grandes organizaciones, en las que se premiaba a la empresa emergente más prometedora, nunca ganamos. Nunca fui la aclamada fundadora de la marca más innovadora del año, ni apareció nuestro nombre en los paneles de los eventos que vaticinaban hacia dónde apuntaba el futuro del sector. Es cierto que muchas de las marcas más aclamadas tuvieron una vida muy corta, pero aun así. Siempre tuve la sensación de que en el sector de la cosmética de lujo, o se nos subestimaba, o sencillamente no se nos tenía en cuenta. Mi gran amiga Natasha me ayudó muchas veces a superar esa sensación, bien recordándome que dejara salir a la ardilla intrépida, o bien con palabras como: «Dios dice: "No es que te rechazaran. Les oculté lo que valías porque no eran gente destinada para ti"». Así que cuando me enteré de repente de que iba a recibir ese increíble galardón, y de que me invitaban además a formar parte de esa prestigiosa junta de élite, me sentí por primera vez reconocida, valorada, acreditada e incluida. Fue como si pasara de no ser nadie a ser una heroína en un abrir y cerrar de ojos (durante el cual habían transcurrido, eso sí, ocho años de trabajar cien horas a la semana, dedicada en cuerpo y alma a crear una empresa, decidida a cambiar la vida de las mujeres y el sector de la belleza en su totalidad).

En las semanas previas a la entrega de premios, supe que dispondría de unos diez minutos para pronunciar el discurso de aceptación. Mi primer impulso fue preparar unas palabras llenas de gratitud hacia todas las personas que me habían apoyado en este viaje, que es lo que hago casi siempre que tengo la fortuna de ganar un premio. A un nivel más profundo, algo me decía que un tradicional discurso de agradecimiento era demasiado anodino para un acontecimiento de esa magnitud. Pero lo escribí de todos modos.

Luego, pocos días antes del evento, tuve de pronto una revelación que fue como un mazazo. ¡Pero en qué estaba pensando! ¡Cómo iba a pronunciar un discurso de agradecimiento normal y corriente para un acto como aquel! Tal vez el premio que iba a recibir, y esos momentos que iba a estar de pie en el escenario, no eran simplemente una ocasión para que me sintiera reconocida y agradecida. En cuanto este pensamiento me cruzó la mente, se apoderó de mí y ya no me soltó. En lo más hondo, sabía que aquello iba mucho más allá de mí. Me di cuenta de que, cuando hablara en aquella sala aquel día tan especial, estarían sentadas frente a mí la mayoría de las personas que controlan las imágenes de la belleza que ven cientos de millones de mujeres de todo el mundo, escuchándome. ¡Madre mía! ¿Qué sentido tenía desperdiciar una oportunidad como aquella hablando de mí, o dando las gracias que, aunque fueran sinceras, estarían revestidas también del deseo de caerles bien a todos? ¿Y si la vida me estaba dando esa oportunidad y ese momento para que intentara cambiar todavía más el sector de la belleza, para que intentara que el impacto fuera más allá de lo que estaba haciendo personalmente con mi marca? ¿Y si les explicaba a aquellas personas que el éxito que yo había conseguido era la prueba de que, si ellas cambiaban su forma de dirigirse a las mujeres y las imágenes retocadas e inalcanzables con las que empapelaban el mundo, podrían tener un éxito aún mucho mayor?

¿Era una locura?

¿TE ACUERDAS DEL anuncio que hizo Steve Jobs para Apple? Aparece leyendo un fragmento muy impactante de una carta escrita por Jack Kerouac, que termina con estas palabras: «Quienes están lo bastante locos como para creer que pueden cambiar el mundo son quienes lo cambian». Si no lo has visto, búscalo en Google. La mañana de mi discurso vi ese anuncio una y otra vez. Y recé. Y lloré. Me quedé quieta y sintonicé con mi intuición, y lo supe.

Sabía que si aprovechaba ese momento, que supuestamente iba a ser de celebración, para defender algo en lo que creía con todo mi ser, podía ser un desastre. Pero había vivido lo suficiente como para creer en la verdad de una de mis citas favoritas, un fragmento del discurso que dio Theodore Roosevelt en París y que se ha titulado «El hombre en la arena» (estudiado a fondo en el superventas de Brené Brown *Daring Greatly* [Atreverse a darlo todo]):

> *No es el crítico el que cuenta, ni aquel que señala con el dedo al hombre fuerte cuando tropieza, o el que indica en qué podría el hombre de acción haberlo hecho mejor. El mérito es del hombre que está en la arena, con el rostro embadurnado de polvo, sudor y sangre [...] que en el mejor de los casos conoce al final el triunfo de los grandes logros, y en el peor, si fracasa, al menos fracasa mientras se atreve a darlo todo.*

Para aprovechar mi única oportunidad en aquella sala y en aquel preciso momento, iba a necesitar toda mi valentía. Era posible que me estrellara e incluso que perdiera, tal vez, a algunas de mis amistades del sector de la belleza. Pero en lo más profundo de mi corazón sabía también que era mi momento de entrar en la arena y atreverme a darlo todo. Prefería ser valiente y defender aquello en lo que creía que ganarme la simpatía del sector de la belleza entero.

LLEGÓ EL DÍA de la ceremonia de entrega de premios. Me sentía como un gladiador a punto de arriesgarlo todo. Solo que, en vez de armadura, llevaba un vestido de lentejuelas y el escenario no era la arena sino un lujoso salón de baile de Nueva York. Sentada en el escenario, con el corazón palpitante, escuché la más maravillosa y elegante presentación con que hubiera podido soñar. Miraba desde la distancia al público que llenaba la sala, compuesto principalmente por ejecutivas impecablemente vestidas. No hay duda de que la gente del sector de la belleza sabe vestir. Probablemente ninguna de aquellas mujeres sospechaba siquiera que mi versión favorita de la alta costura eran una sudadera y un pantalón de chándal, la cara sin maquillar y el pelo recogido hacia atrás en un moño. (Ese *look* a menudo va acompañado de un perrito caliente, algún frito u otra clase de comida basura y un vaso de vino tinto, o a veces incluso una taza de vino tinto... pero esta es otra historia). Ese día, mi aspecto era el que cualquiera hubiera esperado para la ocasión, y el público debía de dar por hecho que me disponía a pronunciar el clásico discurso amable para agradar a todo el mundo, como mandaba la ocasión. ¿Qué otra cosa podía esperarse de mí, cuando en los últimos tiempos (desde que L'Oréal adquirió IT Cosmetics) me habían tratado como a la chica de oro del sector de la belleza?

Pero, en lugar de eso, subí al podio y pronuncié las palabras que llevaba en el corazón. En aquel momento no sabía que una parte de lo que ocurriría después alteraría las cosas en el mejor de los sentidos, y otra resultaría devastadora en el peor.

EXTRACTO DE MI discurso de aceptación de los Cosmetic Executive Women Achiever Awards 2017:

¿Qué vas a hacer con el poder que eres TÚ?

Muchas gracias a CEW por este reconocimiento. De hecho, fue durante los Premios CEW de 2010 cuando el canal QVC descubrió IT Cosmetics, y aquello cambió para siempre mi vida y la de la marca. Le estaré eternamente agradecida por ello a esta organización. Aquel fue, además, el origen de nuestra magnífica asociación posterior con ULTA Beauty, y TSG, y Sephora, y finalmente L'Oréal, así que no tengo palabras para expresar mi agradecimiento a CEW. Quiero dar las gracias a Paulo y a todo el equipo de IT Cosmetics. ¡Gracias por ser valientes, por asumir grandes riesgos, por estar siempre a mi lado y atreveros vosotros y vosotras también a hacer las cosas de otra manera! Gracias por cambiarles la vida a tantas y tantas mujeres cada día y por seguir adelante conmigo en esta misión de transformar el concepto de la belleza. En los primeros años de IT Cosmetics, oí «NO» tantas veces que perdí la cuenta. «NO» de cada minorista del país, «NO» prácticamente de todo el mundo. Pasaban los años y seguía dirigiendo la marca desde el salón de mi casa, y de verdad que no sabía cómo íbamos a sobrevivir. Y entonces se produjo un incidente que sería decisivo. Me reuní con un posible inversor, que era alguien muy influyente en el mundo del capital de riesgo y que, tras hacer las oportunas diligencias, había decidido no invertir en IT Cosmetics. Y nunca olvidaré su respuesta cuando le pregunté cuál era la razón. Me dijo: «Mire, no tengo nada claro que las mujeres vayan a comprar maquillaje a alguien con un aspecto como el de usted. Ya me entiende, con ese cuerpo y ese peso». Lo miré fijamente a los ojos, atónita por lo que acababa de oír, y luego sentí algo en lo más profundo de mí que me dijo: «No. Se equivoca». Y en aquel momento me propuse demostrarlo... No solo por mí, sino por las mujeres de todo el mundo.

Cuando salimos por primera vez en QVC en septiembre de 2010, teníamos diez minutos de emisión y decidí quitarme el maquillaje para exponer mi cara roja, brillante, cubierta de rosácea, y mostrar en directo los efectos de nuestro producto, y las modelos que elegí eran mujeres reales. Al repasar la publicidad que utilizaba el sector de la belleza en aquel tiempo, vi que nadie había hecho nunca algo parecido, y todos los asesores a los que consulté me dijeron que sería un fracaso. Al final, salimos al aire, teníamos diez minutos... y cuando vi aparecer el cartel de «agotado»..., me eché a llorar. Lloraba no solo porque mi empresa iba a sobrevivir, sino porque aquel éxito me demostraba que, en lo referente a las imágenes de la belleza que las mujeres queremos ver, era cierta la célebre frase: «¡El poder de la gente es mucho más fuerte que la gente que está en el poder!».

(Nota al margen: Este fue el momento del discurso en el que vi que muchas de las sonrisas de la sala se convertían en miradas estoicas. El público estaba compuesto aproximadamente por el mismo número de hombres y de mujeres, pero todas las caras tenían de repente una expresión igual de desencajada. Continúa el discurso...).

Para mí fue un momento revelador... porque siempre me había preguntado: «¿Qué pasa, que las mujeres solo compran cosméticos si los anuncia una supermodelo o una celebridad de cutis impecable... o es que ninguna empresa de belleza ha querido arriesgarse a anunciarlos de forma diferente?».

Así que decidí hacer que IT Cosmetics siguiera creciendo e ignorar todo lo que hacían en aquellos momentos las demás marcas. Utilizamos mujeres de verdad y fotos de verdad del antes y el después. Muchos minoristas y expertos en belleza nos dijeron que eso nos restaba categoría. Actualmente, casi todos esos minoristas utilizan mujeres de verdad en sus imágenes. Y estoy orgullosa de ello. Cuando hoy, siete años después, pones en la televisión QVC o cualquier otro canal de televentas, ves que casi todas las marcas de maquillaje muestran a mujeres reales como modelos, y al verlo sonrío... Me siento de verdad orgullosa. Hoy tenemos la fortuna de ser una de las marcas más vendidas en todos los comercios con los que trabajamos. Y me parece importante decirlo porque tengo la impresión de que, en el sector de la belleza, todo el mundo creía hasta hace muy poco que, para vender productos cosméticos, había que mostrar imágenes de una belleza inalcanzable a la que las mujeres debían aspirar..., y el éxito de IT Cosmetics, y el hecho de que yo esté aquí en este momento, son la prueba de que eso no es cierto. Cuando recientemente vendimos IT Cosmetics a L'Oréal, que ha sido la mayor adquisición de su historia, recibí un correo electrónico de aquel inversor que no quiso invertir en nuestra marca a causa de mi físico. (Y por cierto, si hubiera invertido entonces, habría sido la mejor inversión de la historia de su empresa). Su correo electrónico decía: «Enhorabuena por su acuerdo con L'Oréal. Me equivoqué». Continuaba diciendo que se arrepentía de la decisión que tomó entonces. Por un momento me sentí bien. Pero luego me di cuenta de que su único error fue haber aceptado la definición de «belleza» que llevamos viendo toda la vida.

Y en el sector de la belleza, estoy orgullosa de L'Oréal y de las marcas que están ayudando a romper moldes, incluidas las que presentan a modelos transexuales, ¡ya era hora!; pero creo que, como sector, apenas hemos empezado a rascar la superficie de lo que es necesario transformar. Si las empresas de productos de belleza queremos que todas las mujeres compren nuestros cosméticos, ¿por qué les mostramos imágenes retocadas que no se parecen a ellas? Y más importante aún, ¿qué impacto tienen en el mundo esas imágenes? Y aquí mismo, ahora mismo, somos nosotras quienes tenemos el poder para cambiar esto.

Mira a tu alrededor... Sentadas en esta sala en este instante están las personas que individualmente deciden las imágenes que cientos de millones de mujeres ven en todo el mundo.

En esta sala están las ejecutivas y ejecutivos de las principales marcas de productos de belleza, así como la próxima generación de responsables de esas marcas. Las marcas del sector de la belleza más influyentes del mundo están en esta sala.

Quienes estáis hoy aquí decidís qué imágenes verán las mujeres del mundo entero, decidís a qué deben aspirar. Lo que empieza como una idea de mercadotecnia y una campaña en vuestras oficinas –algunas de ellas a pocas manzanas de aquí– llega a cientos de millones de mujeres a escala mundial.

Quiero pediros que reflexionéis y respondáis sinceramente a estas preguntas. Cuando miras las imágenes de las modelos y de la belleza que utiliza tu marca... ¿alguna vez te han hecho sentirte insegura o inferior? ¿Las imágenes que utilizas y presentas al mundo te hacen sentirte fuerte, decidida, orgullosa de ser quien eres, o te hacen sentir que no tienes ningún poder?

Oprah Winfrey preguntó una vez en uno de sus programas: «¿Qué vas a hacer con la energía que eres TÚ?». Es una pregunta que ha estado presente en mi vida desde el día que la oí, y hoy quiero aprovecharla y formulárosla a vosotras. Porque cada mujer que está hoy aquí tiene mucho poder. Tenéis poder para dejar vuestra huella en la industria de la belleza y en el mundo. Es fácil quedarse atrapada en el día a día de nuestro trabajo, competir por superar las cifras, exaltarnos cuando lo conseguimos..., pero hoy quiero pediros que deis un paso atrás y penséis en lo que de verdad importa. Quiero pedirte a ti, a cada mujer de esta sala, que te preguntes qué vas a hacer TÚ para mejorar la vida de las mujeres y las niñas de todo el mundo, qué vas a hacer profesionalmente. ¿Cómo te afectaban a ti de niña las imágenes que veías de lo que se consideraba una mujer bella? ¿Cómo te afectaban cuando eras una adolescente, una jovencita? ¿Cómo le afectan a la mujer que eres hoy? Cada una de las que estáis sentadas ahora mismo en esta sala tenéis el poder para tomar decisiones que cambien esto por el bien de otras jóvenes y de otras mujeres adultas. Tenéis de verdad todo el poder que hace falta. Vosotras, que estáis ahora aquí, sois quienes tomáis las decisiones por las que se rigen las empresas de productos de belleza más importantes del mundo, sois las que controláis todas las imágenes que cientos de millones de mujeres y de niñas del mundo ven a diario... Vosotras tenéis el poder para cambiar qué imágenes moldearán sus vidas. Hoy os dejo a cada una de vosotras con una pregunta... ¿Qué harás... con el poder... que eres TÚ?

Gracias.

Mientras me alejaba del podio, sentí en lo más profundo de las entrañas el impacto de lo que acababa de hacer. Había roto las reglas tácitas del juego, había interpelado a la cara a la industria de la belleza y había retado a sus representantes a transformarla.

«¿Qué harás con el poder que eres tú?» es una pregunta que tenemos la fortuna de poder hacernos cada mañana al despertarnos y abrir los ojos. ¿Vamos a emplear nuestra energía y nuestro poder en tratar de caer bien o en ser valientes? ¿En arriesgarnos o en apostar sobre seguro? ¿En desafiar el *statu quo* o en insensibilizarnos y acurrucarnos en la comodidad de nuestro entorno?

Ese día, de pie frente a quienes dirigían las empresas de cosmética más grandes y poderosas del mundo, elegí ser valiente en lugar de caer bien. Una elección que casi siempre es la correcta. Y en este caso, pronto me enfrentaría a las inesperadas consecuencias de haber tomado esa decisión.

ONCE

Creer en que los *haters* no son más que simpatizantes confundidos

El odio ha causado muchos problemas en el mundo, pero todavía no ha resuelto ni uno solo.

—DOCTORA MAYA ANGELOU

«Tienes la cara más ancha que el culo de un elefante». «¿En qué mes de embarazo estás?». «Deberías pensar en hacerte una reducción de barbilla». «He notado que has vuelto a engordar un poco. ¿Cuál fue la dieta que probaste y que no te funcionó?». «No quiero ofenderte, pero ¿por qué no te planteas contratar a un estilista». «No te lo tomes a mal, pero...». Estas (y muchas otras) son críticas que la gente publicó en mis redes sociales. Y, no te lo pierdas, ¡todas las que cito aquí son de gente que ha decidido seguirme en mi página! Quizá algunas de esas personas me hablaban así con la mejor de las intenciones... Bueno, la que escribió lo del culo de elefante está claro que no. Pero incluso ella... ¡vete tú a saber!

¿Alguna vez has estado rodeada de gente que te odiaba? ¿O ha habido troles en Internet que decían de ti cosas muy feas... o hasta gente conocida que iba hablando mal de ti? Si la respuesta es afirmativa, ya sabes hasta qué punto puede doler. Y te aseguro que no eres la única a la que le ha pasado.

Tres años antes de conocer a Paulo, cuando yo tenía veintidós, acababa de ganar el concurso de Miss Washington USA y, por aquel entonces, la telerrealidad estaba en sus inicios. MTV había emitido un programa llamado *The Real World* ('el mundo real') en el que unos desconocidos convivían en una casa y había cámaras que lo captaban todo, pero, aparte de eso, la telerrealidad aún no era ni mucho menos tendencia. Al comenzar el año 2000, empezaron a anunciarse dos *reality shows* que se estrenarían en los próximos meses: *Supervivientes* y *Gran Hermano*. En la primera temporada de *Gran Hermano*, habría diez concursantes encerrados en una casa que convivirían y competirían por llegar a la final.

Yo estaba a punto de terminar mi último año de carrera, y a unas amigas y a mí nos pareció que sería divertido presentarnos. Sin pensárnoslo mucho, cada una enviamos una cinta de vídeo. (Sí, una cinta de VHS, ¿te acuerdas?). Pocos días después recibí una llamada en la que me dijeron que, entre miles de candidaturas, me habían clasificado para las rondas de selección que se harían en Los Ángeles. Así que me monté en un avión y allá fui, sin tener ni idea de dónde me estaba metiendo, pero emocionada y con la sensación de ser invencible. (¡Ah, lo que es tener veinte años!). Luego llegué a la ronda de los setenta candidatos y candidatas finales. Entonces me sometieron a una comprobación de antecedentes, entrevistas psicológicas, análisis de sangre y montones y montones de entrevistas ante las cámaras. ¡Y luego sucedió! Me dieron la noticia de que me habían elegido para el programa. ¡Joder, qué fuerte!

Le expliqué a mi familia a grandes rasgos lo que estaba a punto de hacer. Recuerda que eran los comienzos de la telerrealidad, y nadie sabía bien en qué consistía un *reality show*. Ni nadie sabía tampoco que la tecnología de edición era capaz de crear ella sola historias coherentes. También eran los comienzos de los blogs y las redes sociales, así que ese ciberespacio inmenso repleto de opiniones improcedentes, *haters* ('odiadores') y críticos anónimos era algo totalmente nuevo.

DOCENAS DE CÁMARAS instaladas en todas las habitaciones de la casa de *Gran Hermano* permitían que el mundo exterior viera cómo convivíamos nueve personas desconocidas y yo. Las imágenes se editaban (mucho) y se emitían seis noches a la semana en horario de máxima audiencia. Además, las veinticuatro horas del día, todos los días de la semana, había cámaras en directo desde las que la gente del mundo exterior podía ver (espiar) el interior de la casa. Nosotros, en cambio, no teníamos ni teléfonos ni televisión, y durante tres meses no tuvimos tampoco la menor idea de lo que ocurría en el mundo. Cada semana, todos los concursantes votábamos para expulsar a alguien. Las dos personas que más votos recibieran pasarían a la «guillotina». A continuación, se abría la votación al público estadounidense y la gente llamaba o entraba en Internet para votar a quien querían expulsar. Los tres concursantes que llegaban al final del programa ganaban un premio en metálico.

Estar en aquel momento de mi vida en aquel programa, siendo además una chica muy introvertida, fue lo más disparatado que había hecho nunca. Imagínate estar encerrada en una casa llena de cámaras y micrófonos con nueve desconocidos y tener que llevar un micrófono colgado a todas horas de día y de noche. Todo lo que hacía y decía y no hacía y no decía quedaba grabado. Las cámaras de infrarrojos grababan incluso lo que ocurría en la oscuridad y nos filmaban mientras dormíamos. Todos los espejos eran bidireccionales, así que, bien había cámaras detrás de ellos, o bien había operadores con cámaras detrás de ellos, filmando cada movimiento que hacíamos. Imagínate todo lo que haces a lo largo del día: levantarte, vestirte, asearte, tus hábitos, tus manías y todo lo demás, ¡todo filmado!

Me miraba en el espejo del botiquín mientras me lavaba los dientes y sabía que alguien me estaba filmando. De vez en cuando, incluso detectaba un ligero movimiento al otro lado del espejo. Era de lo más extraño, una sensación invasiva, sobre todo porque tú no podías verle la cara a la persona que te estaba grabando. Ah, y me vas a permitir que te dé un poco de información íntima durante unos segundos. La cuestión es que en la casa había un solo inodoro, que estaba dentro de un cuartito minúsculo en el que no había nada más. Ese era el único lugar en la casa en el que no había cámaras (sí, incluso la ducha tenía una cámara). Pero aunque no había cámara en ese cubículo, sí había dentro un micrófono colgante. Imagínate estar sentada en la taza del váter y que haya un cable largo que cuelga del techo con un micrófono que te cae a unos centímetros de la cabeza, ligeramente delante de la cara. Aunque supuestamente el micrófono estaba ahí para que nadie tuviera la tentación de colarse en el retrete y mantener una conversación privada, la realidad es que lo grababa todo. Así es, todo. Esto va a sonar muy ridículo, y es bastante embarazoso, pero hubo un momento, cuando llevaba un par de meses encerrada en la casa, en el que estaba allí sentada en el váter con terror a tirarme un pedo. Ya sé que todo el mundo se tira pedos. ¡Pero no con un micrófono al lado! En serio, por un momento trata de imaginarte tirándote un pedo directo al micrófono. ¡Y detrás hay un extraño escuchando! (Luego me enteré de que había una sala de control entera, ¡docenas de personas escuchando!). Durante semanas, cada vez que me entraban ganas de tirarme un pedo, ¡me lo aguantaba! Me da mucha vergüenza lo que voy a decir, pero a estas alturas somos amigas, así que no voy a andarme con sutilezas. Un día detrás de otro, trataba con todas mis fuerzas de ser lo más silenciosa posible cuando hacía caca. Además, yo era Miss Washington USA en aquella época y, por alguna razón, suponía que eso me obligaba a ser extraelegante, lo que quiera que eso signifique.

Dime la verdad: en unos servicios públicos, ¿cuántas veces has esperado a que todo el mundo se fuera antes de hacer caca?, ¿o, para disimular el ruido, has pulsado varias veces el botón de la cisterna, o has tosido con fuerza, o has hecho rodar el soporte del papel higiénico? ¡Pero qué nos pasa! ¡En serio! ¡Ya es hora de acabar con todas estas tonterías y ser libres!

En fin, el caso es que un día estaba en ese cubículo diminuto sentada en la taza del váter y me di cuenta de que la vida es demasiado corta. ¡Y digamos que me dejé llevar! Sí, me desahogué. Me sentí abochornada y fortalecida al mismo tiempo. ¡LIBERTAD! Me entregué de lleno a la tarea. ¡Fue una entrega absoluta a la libertad! ¡No estaba dispuesta a desperdiciar mi oportunidad de ser libre! Me inundó la libertad que nace de saber que *solo se vive una vez*. La libertad de cuando mi padre decía «tírame del dedo, ¡uy!, ha salido un pedo». ¡Libertad-coraje! ¡Libertad de ardilla intrépida!

Bueno, creo que a estas alturas habrás entendido que durante tres meses se grabó literalmente cada movimiento nuestro. Pero luego, todas esas imágenes se editaban y el resultado eran historias con un argumento coherente, compactas, de las que los concursantes no teníamos ni idea, y que se retransmitían en la cadena nacional de televisión seis noches a la semana. El año que yo estuve en el programa, la primera temporada de *Gran Hermano*, se emitieron setenta episodios en horario de máxima audiencia. Si alguna vez has visto programas de telerrealidad como *The Bachelor* ('el soltero') o *Bad Girls Club* ('el club de las chicas malas') o algún otro, quizá te has preguntado por qué todo el mundo llora o tiene constantemente emociones tan explosivas. Pues porque eso es lo que pasa. Cuando vives encerrada y sin contacto con el mundo exterior, es como si vivieras en una burbuja. Con el paso de las semanas y los meses, todo dentro de esa burbuja se vuelve superintenso y las emociones se agudizan, lo que, por supuesto, da mucho juego en televisión. A medida que pasaban los días y las semanas en la casa de *Gran Hermano*, era tal la intensidad de cada momento que nunca podía bajar la guardia. Ni siquiera mientras dormía.

Como *Gran Hermano* era una competición y había mucho dinero en juego (quien ganara se llevaba quinientos mil dólares, quien quedara en segundo puesto cien mil y en tercero, cincuenta mil), la competencia era feroz. Cada semana expulsábamos a una persona más, y el público vivía con pasión las expulsiones. Como todo esto ocurría en tiempo real y estábamos encerrados en la casa sin saber lo que pasaba fuera, la única forma que tenían los *fans* de comunicarse con nosotros era contratar avionetas que hicieran ondear sus pancartas sobre la casa en la que vivíamos y se rodaba todo. ¿Sabes esas avionetas que pasan volando con unas cintas muy largas que llevan impreso algún anuncio o cosas como «¿Quieres casarte conmigo?»? Pues esas. Los clubs de *fans* se involucraban emocionalmente en el programa hasta tal punto que juntaban dinero para hacer volar sobre la casa mensajes que provocaran enfrentamientos entre los concursantes. ¡Era demencial! Más aún porque aquella era la única información que recibíamos del mundo. Cada vez que las oíamos llegar, salíamos todos corriendo al pequeño patio trasero a mirar hacia arriba.

Cuando pasaba una avioneta con una pancarta que decía, por ejemplo, «¡Jamie, cuidado con fulanito porque te quiere echar!», yo no sabía si era verdad o no. Algunos días recibía mensajes afectuosos de los *fans*, como «¡A por todas, Jamie, te queremos!», pero otros muchos los comentarios eran cosas como «¡Jamie da asco, es una falsa!» o mensajes por el estilo, de lo más hirientes, sobre mí o los demás concursantes. Llegó un momento en que se me revolvía el estómago cada vez que oía el motor de una avioneta. Ahora que lo cuento, me parece ridículo e infantil. Pero en aquellos momentos me ponía literalmente enferma pensar que había gente que pagaba para hacerme daño. Los demás concursantes se sentían igual de mal. Parecía que hubiera matones anónimos cuyo propósito en la vida fuera desplegar por el cielo pancartas de odio para que todo el mundo las viera. Todavía hoy, cada vez que oigo pasar una avioneta siento un retortijón en las tripas por todos esos recuerdos. Qué locura, ¿verdad?

En otros aspectos el programa era muy divertido, y estoy agradecida por haber tenido la ocasión de conocer desde dentro lo que es un *reality show* de este tipo, sobre todo en aquellos tiempos en que era algo tan novedoso. Además, soy una mujer introvertida, y estar tan fuera de mi zona de confort me hizo perder muchas inhibiciones (¡me dejé llevar, completamente!), y eso me sentó muy bien. No me arrepiento de haber hecho el programa (¡solo se vive una vez, ¿no?!). Duré los tres meses, era la última chica que quedaba en la casa, ¡y me expulsaron el día antes de que terminara! El cuarto puesto, así que me fui sin dinero. Y pensé que aquello era el final de una experiencia única. Pero me equivoqué. Iba a enterarme muy pronto de que las avionetas de *haters* no eran más que una preparación para lo que estaba por venir.

TERMINÓ EL PROGRAMA, y al día siguiente salí a comer con mis amigas y mi familia. Para gran sorpresa mía, no podía dar dos pasos sin que me parara por la calle alguien que me acababa de reconocer. La mayoría era gente simpática que solo quería hacerse una foto conmigo; también había quienes me decían que algo que había dicho o hecho les había gustado mucho, o no les había gustado nada, y acto seguido me daban su opinión al respecto. Me decían que les encantaban los *sketches* cómicos que solía hacer con otro concursante que se llamaba Chicken George, o me preguntaban: «¿Estabais Josh y tú enamorados en secreto?» o «¿De verdad duermes maquillada?» (la respuesta a esta pregunta es no; los editores rara vez me mostraban sin maquillaje porque el programa quería transmitir la imagen de que era una reina de la belleza). En fin, el caso es que yo no sabía qué hacer con toda aquella atención inesperada.

Según salí de la casa de *Gran Hermano*, en las primeras veinticuatro horas me enteré de que se habían creado cientos de sitios web en respuesta al programa, entre ellos sitios de admiradores y de odiadores de cada concursante. Así que había gente que se dedicaba a evaluarme entera, y una parte de esa gente era *fan* mía y otra parte me odiaba... ¿EN SERIO? Con eso sí que no sabía qué hacer, no tenía ni idea de cómo procesarlo.

Por cierto, como yo era una de las pocas concursantes de la casa que llevaban maquillaje, y me maquillaba delante del espejo, tanto mis admiradoras como mis odiadoras habían tomado nota. Una de las preguntas que más me hacían por la calle era: «¿Qué brillo de labios llevas?». Había mujeres que se me acercaban y me decían por ejemplo: «Tengo que comprarle a mi hija ese mismo brillo de labios para el día de su boda». Y luego estaban los sitios web de las *haters* más recalcitrantes que se recreaban en criticar mi maquillaje. Una de ellas creó en Internet un juego en el que las participantes podían embadurnarme la cara entera con brillo labial. Otras habían publicado fotos mías en las que el maquillaje me cubría cada centímetro cuadrado de la cara como si fuera un cuadro abstracto. Tiene gracia. No tiene nada de gracia. Pero luego vuelve a tener gracia. Quiero decir, por aquel entonces, no podía imaginar que algún día crearía una empresa de maquillaje, y mucho menos una empresa de maquillaje que llegaría a ser una de las mayores del país. ¿No es alucinante? Así que gracias, *haters*, por plantar esa semilla y ayudar a manifestar mi futuro. ¡Ja! ¡Dios es tan genial! Pero estoy divagando. Volvamos a los efectos de todo aquel amor y odio.

Mi primera respuesta a los sitios de odio fue acurrucarme en casa bajo la manta con una tarrina gigante de helado y bolsas de chocolatinas y llorar de dolor. Atracarme de dulces me aliviaba un poco... o me aturdía todavía un poco más. Porque el problema era que había también muchísimas páginas web que me criticaban por mi peso y por mi cuerpo. En fin, tiempos muy difíciles. Con esto no quiero quitar valor a los muchos sitios web maravillosos y alucinantemente amables. Pero así es como funciona nuestro cerebro: aunque recibamos todos los mensajes positivos del mundo, basta que una sola persona haga un comentario negativo para que automáticamente el cerebro lo magnifique y sea lo único que vemos. En aquella época, yo no sabía controlar en qué ponía la atención ni cómo cambiar de actitud. Solo sabía que me sentía víctima del odio y el rechazo. Interiorizaba las críticas y muchos días me sentía sola y tenía la sensación de que no merecía que nadie me quisiera.

En el otro lado de la moneda estaban las *superfans*. Había chicas encantadoras que me enviaban regalos por correo, por ejemplo muñequitas que llevaban mi cara y camisetas con mensajes cariñosos, dibujos, pulseras y colgantes. Recibí incluso cartas de reclusas.

Y luego descubrí una cosa aún más seria que puede pasar cuando te haces famosa de la noche a la mañana. Y es que esa fama repentina venga acompañada no solo de gente que te admira y de gente que te odia, sino también de gente que no está bien, psicológicamente quiero decir.

Antes de entrar en el programa, yo era una persona normal y corriente. Había terminado la universidad y trabajaba muchas, muchas horas en una empresa emergente de Seattle que operaba a través de Internet, y ganaba lo justo para vivir y pagar los plazos del préstamo estudiantil. Cuando entré en *Gran Hermano*, no nos pagaban. A ver, nos daban cincuenta dólares al día, pero nos las teníamos que arreglar para seguir pagando las facturas. Lo que pasa cuando te haces famosa de la noche a la mañana, y tienes un trabajo en el que ganas lo justo para comer, es que ahora eres famosa pero no tienes dinero. Y esto significa que, si a alguien que está mal de la cabeza le da por acecharte, no tienes medios para montar sistemas de seguridad ni protegerte de ningún modo.

La gente que te acecha no es admiradora tuya. Son personas mentalmente perturbadas que se obsesionan contigo o con quien sea. Como el programa se transmitía en directo por Internet, había gente que lo veía desde todos los rincones del país. Y no toda aquella gente estaba cuerda. Hubo un acosador que me dio mucho miedo. Un día se presentó en la tienda de FedEx donde me había parado a imprimir unas cosas, justo a las afueras de la ciudad donde nací. Él vivía a muchos estados de distancia y me había estado siguiendo. Aquel día me saludó en persona en FedEx. Más tarde me enteré de que el tipo había construido una especie de robot maniquí y estaba convencido de que era yo, y tenía además la fantasía de que vivía con él. Tuve que hacer que interviniera la policía.

Al ir pasando los meses y los años, aquella breve temporada de gloria que me había llegado por el programa tocó a su fin, y los admiradores y los odiadores se desvanecieron también. En su momento no había tenido ni la capacidad ni los recursos para procesarlo todo, pero sin duda me hice más fuerte.

Existen toda clase de *haters* repartidos por el mundo. Están los que te conocen y los que no. Los que de verdad quieren hacerte daño y los que están ellos mismos tan heridos que ni siquiera se dan cuenta de que te esté doliendo lo que dicen. De entre ellos, los que son lo bastante valientes como para dar la cara forman el grupo menos numeroso con diferencia. Lo que más abunda son los *haters* anónimos, o que se hacen pasar por quienes no son, o que inventan chismes y encuentran la manera de que se difundan y de provocar así el odio colectivo. Con el auge de las redes sociales y de todas las formas de tecnología, muchos niños y niñas ya no solo viven el acoso en el colegio, donde al menos saben con certeza quiénes forman el grupo de los acosadores; no, ahora tienen que soportar además el acoso en foros públicos de Internet, comentarios hirientes, a menudo anónimos, que se quedan ahí en Internet hasta el fin de los tiempos.

En estudios recientes, se ha visto que la soledad, la depresión y el suicidio son más frecuentes cada día, y todo apunta a que podría deberse al aumento del ciberacoso, la expansión de las redes sociales y la rápida evolución del papel de la tecnología en nuestras vidas. Los críticos y los *haters* ocupan cada vez más espacio en nuestro mundo, y ahora esta negatividad nos llega a diario a través de un dispositivo del que no solo no podemos apartar la vista, sino al que en muchos casos somos sencillamente adictos. Algunas de las investigaciones que se están llevando a cabo sobre las sustancias químicas que se liberan en nuestro cuerpo cada vez que recibimos un «me gusta» o vemos aumentar nuestro número de «seguidores» dan miedo, sobre todo teniendo en cuenta que la sensación placentera que nos crean es adictiva para todo el mundo, incluida la población más joven durante los años en que el cerebro aún se está desarrollando. No obstante, todo apunta a que la tecnología va a desempeñar un papel cada día más notable en nuestra vida. Por eso, aprender a procesar el odio y las críticas del modo más saludable es de vital importancia para nosotras, nuestras familias y las nuevas generaciones que crecerán en esta nueva realidad.

Es fácil decirse a una misma: «Bah, no le des importancia. Qué más te da lo que piense nadie». Sé que es cierto eso de que la gente herida hiere a los demás, así que no vale la pena prestar atención a los odiadores, ¿verdad? Pero las cosas no son tan simples. Porque la cuestión es que, en lo más profundo de nuestro ser, todas y todos anhelamos conexión humana y anhelamos sentir que se nos acepta y se nos quiere. Y cuando deja de preocuparte por completo lo que piense nadie, el precio que pagas es que te desconectas de la humanidad. Y eso tampoco es lo ideal ni mucho menos. Así que ¿cuál es la solución?

ESTA HA SIDO para mí una larga batalla, porque el tiempo me ha enseñado que cada vez que te muestras de verdad, cada vez que te arriesgas, cada vez que dices lo que piensas y lo que sientes, cada vez que das la cara y actúas con coraje, o haces algo notable o público, llegan las críticas. Y prácticamente la única forma de que nadie te critique ni te odie es tener la boca cerrada y no hacer nada con tu vida.

Albert Einstein dijo una vez: «Los grandes espíritus siempre se han encontrado con la oposición violenta de las mentes mediocres». Personalmente, sustituiría la palabra *mediocres* por *poco evolucionadas*. Pero en cualquier caso, el precio que cada una y cada uno pagamos por hacer algo fuera de lo común es que no a todo el mundo le va a gustar que lo has hecho ni les vas a gustar tú. Y cuando ocurre, duele.

El pastor Joel Osteen lo expresó de esta manera. Dijo que las dificultades que encontramos en la vida no son simples contratiempos, sino que en realidad son pruebas que Dios nos pone a modo de preparación, a fin de que nos hagamos lo bastante fuertes como para poder soportar el peso de los altibajos que traerá consigo llevar a cabo nuestra misión en el mundo. Y aunque en la época posterior a mi participación en *Gran Hermano* yo no lo sabía, la experiencia de tener admiradores y detractores me estaba preparando para lo que estaba por venir.

MI SIGUIENTE PRESENTACIÓN ante el tribunal de la opinión pública tuvo lugar cuando decidí entrar en el mundo del periodismo. Cuando tenía veinticinco años fui a Nueva York, a la escuela de posgrado, para estudiar un máster en Dirección y Administración de Empresas en la Universidad de Columbia, una de las universidades de la Ivy League.*

Cuando llegué a Columbia, tenía ya una larga experiencia en conseguir las cosas que me proponía y en dejarme la piel en ello si hacía falta. Me merecía estar allí. Pero en la familia en la que crecí nadie había ido a la universidad, y yo no había estudiado en prestigiosos colegios privados. Así que me sentía terriblemente insegura y me preocupaba no encajar en aquel ambiente elitista que solo había visto en las películas.

Pero creo firmemente en eso de que, para madurar, basta con que nos expongamos al lado opuesto de nuestra zona de confort. Al poco de entrar en la Facultad de Ciencias Empresariales, me di cuenta de que aprendía más con las anécdotas y experiencias personales que contaban otros estudiantes, o los profesores, o los antiguos alumnos que con los estudios de caso que veíamos en clase o con las asignaturas oficiales. Valoraba muchísimo el contacto con toda aquella gente tan fabulosa. Había días en los que miraba a mi alrededor en el aula y pensaba en el dineral que pagábamos por

* N. de la T.: La Ivy League es una agrupación deportiva compuesta por ocho universidades privadas del noreste de Estados Unidos: Brown, Columbia, Cornell, Dartmouth, Harvard, Pensilvania, Princeton y Yale, consideradas, más allá del contexto deportivo, entre las más prestigiosas del país y del mundo.

estar allí. Aunque el aprendizaje lo valía sin duda, me preguntaba si no habría alguna posibilidad de aprovechar aún más la experiencia. Y se me ocurrió la idea de entrevistar para el periódico de la facultad a aquellos estudiantes, profesores y antiguos alumnos tan interesantes. Publiqué las entrevistas bajo el título «Al descubierto», y conté, en palabras suyas, la historia que había detrás de la historia de cada una de aquellas personas fascinantes. Cada vez que entrevistaba a una de ellas, tenía una sensación de fluidez intuitiva, y me enamoré de dar a conocer a la gente la vida de otras personas.

Fue entonces cuando empecé a sintonizar con ese estado de *flow* y a seguir su dirección, dejando que fuera él, en lugar de las opiniones de los demás, lo que guiara mis decisiones. Un máster en Dirección y Administración de Empresas (MBA, por sus siglas en inglés) es un programa de dos años. Al finalizar el primero, la mayoría de los estudiantes hacen unas prácticas de verano en el sector de las finanzas, la consultoría o la banca de inversión muy bien remuneradas, a veces con sueldos hasta de diez mil dólares mensuales durante tres meses. Además de estar muy bien pagadas, esas prácticas se consideran el primer requisito para que cualquier estudiante reciba una interesante oferta de trabajo a jornada completa tras la graduación. Y la cosa es que el puesto que ocupe una universidad en la clasificación general depende de todas esas cifras, de cosas como cuánto cobran sus graduados en el primer trabajo nada más obtener el título y cuál es el salario medio de la clase que se gradúa. Así que quienes cursan el MBA tienen casi la obligación –tanto por sí mismos como por el resto de la clase– de conseguir un trabajo muy bien remunerado que lleve el sello del «triunfo». Se considera símbolo de honor y aceptación. Y el sentimiento de responsabilidad no acaba ahí. Tienes además la sensación tácita de que tus compañeros y los antiguos alumnos cuentan contigo para que, con tus esfuerzos, contribuyas a mantener el alto estatus de la facultad.

Yo hubiera podido conseguir un trabajo en prácticas en el sector de la consultoría o de las finanzas y cobrar un buen sueldo. Pero en el fondo sabía que no iba a disfrutar nada. Así que ¿qué hice? Me arriesgué. Mucho. Encontré unas prácticas de periodismo NO REMUNERADAS en el canal de televisión local de una pequeña ciudad agrícola llamada Yakima, en mitad del estado de Washington. Sí, sin sueldo. Cero dólares. Monté en un avión y me planté allí, le pedí prestada la furgoneta a mi tía, la hermana de mi madrastra, porque no podía permitirme el lujo de comprar ni alquilar un coche, y me dejé la piel. Sin cobrar un centavo. Aprendí a escribir textos. Aprendí a grabar en vídeo, a hacer grabaciones de audio mías y de otros y narración superpuesta (voz en *off*), y a editarlo después.

Aprendí a hacer reportajes en solitario, es decir, a hacerlo todo yo sola de principio a fin: cargar el equipo en el coche, ir al lugar de la noticia, preparar la cámara, ponerles el micrófono a las personas a las que vas a entrevistar y filmarlas. A continuación, te grabas a ti misma y preparas la cámara para filmar tu propia intervención. Luego vuelves al estudio de televisión, registras todo el material, escribes el relato, consigues que el productor o el director de informativos lo aprueben y, por último, editas la historia y la entregas para que se emita por televisión esa misma noche. Hay días en que también puede que tengas que presentar tu reportaje en directo.

Me pasé el verano aprendiendo cuanto pude sobre el proceso. Algunas noticias eran aburridas, otras emocionantes y otras muy tristes. Comí muchos macarrones con queso Kraft. A menudo tenía que parar a un lado de la carretera cuando el panel lateral de la furgoneta de mi tía se desprendía por el camino. Me hice amiga de los demás reporteros y reporteras, que me enseñaron todos los trucos del oficio. Y pasé uno de los mejores veranos de mi vida. Cuando me fui de Yakima, no tenía ni un dólar, pero sí el corazón rebosante, una cinta con mi material y el sueño de que algún día me pagarían por escuchar a otras personas, conectar con ellas y compartir con el público momentos de sus vidas.

El ÚLTIMO AÑO que pasé en la Facultad de Ciencias Empresariales de Columbia, mis compañeros y compañeras me eligieron para que hablara en nombre de la clase en la ceremonia de graduación. Fue una sorpresa absoluta, lo último que me podía esperar, teniendo en cuenta además que mi trabajo no remunerado iba a *perjudicar seriamente* el salario medio de la clase y tal vez la clasificación general de la Facultad de Ciencias Empresariales de Columbia. El año en que me gradué, 2004, el salario medio más bonificaciones de un estudiante de MBA de Columbia tras graduarse era de más de cien mil dólares anuales. ¿Quieres saber cuál iba a ser el mío? Aproximadamente veintitrés mil quinientos. Más o menos la mitad de lo que ganaba recién salida del instituto en el trabajo del gimnasio, que había dejado nueve años antes para ir a la universidad. Sin tener ni idea de cómo iba a pagar las facturas o devolver los préstamos estudiantiles, acepté un trabajo como presentadora/reportera de las noticias de la mañana en KNDU TV en Tri-Cities (Washington).

Tendrías que haber visto la cara de muchas de mis compañeras y compañeros de clase cuando les contaba el trabajo que iba a hacer después de la graduación. Por lo general me dirigían una mirada entre confusa y curiosa, mezclada con decepción, vergüenza y una pizca de lástima. Muchos, con la mejor intención, pensaban que estaba cometiendo un error y que no confiaba lo suficiente en mi potencial porque no buscaba un trabajo mejor remunerado en Wall Street, lo que a sus ojos era un logro mayor que seguir mi instinto e irme a trabajar en medio de la nada con un sueldo de risa. Pero para entonces yo era lo bastante fuerte como para no tomar decisiones importantes basándome en las expectativas de los demás.

Sabía que tenían buenas intenciones y que querían lo mejor para mí, pero tuve que bajarles el volumen para escuchar la vocecita tenue que sonaba en mi interior. En el discurso de graduación, hablé de todas las cosas buenas que imaginaba para el futuro de nuestra clase. Incluso mencioné cuánto me emocionaba la idea de ver un día a alguna persona de nuestra clase en la portada de *The New York Times* o de *The Wall Street Journal* (no podía imaginar que esa sería yo). Me fui de la Facultad de Ciencias Empresariales de Columbia con la perspectiva del salario inicial más bajo, me atrevería a decir, de ese año o tal vez de toda su historia. Pero seguí lo que sentía que era mi vocación. La propia universidad me apoyó y me animó, y por eso hoy soy una de sus mayores animadoras. Que los demás te infravaloren no tiene importancia cuando apuestas por lo que de verdad quieres. Y a veces la gente solo ve dónde estás, no ve hacia dónde te diriges. En aquellos momentos, probablemente era la alumna peor pagada de mi promoción. Quince años después, recibí el mayor honor de la universidad, la medalla a la excelencia. Solo unas pocas personas la reciben cada año. También me pidieron que formara parte de la junta de supervisores. Cuando en la vida sigues tu vocación, ¡todo es posible!

PRONTO DESCUBRÍ QUE trabajar en televisión me lanzaba de vuelta al mundo de los *haters*. «¿Estás embarazada?». «Has engordado mucho, ¿no?». «¡Parece que se te vayan a abrir de golpe los botones del traje!». «Tu voz me resulta de lo más molesta. Verte por las mañanas me arruina la hora del desayuno. Tengo que levantarme y cambiar de canal». «Ahora hay cirugías que podrían reducirte el tamaño de la barbilla. Me encanta verte en pantalla, pero deberías hablar con algún médico». ¡Bienvenida a la televisión!

Cuando haces algo de carácter público, o algo que rompe con normas obsoletas que a nadie benefician, o das el paso de salir de tu zona de confort y diriges tu energía hacia algo notable, todo el mundo se siente con derecho a opinar. Y he visto que, cuanto más valiente eres o más éxito alcanzas, más tiene el público la sensación de que no eres humana como ellos y las cosas no te afectan. Es algo que oigo comentar a actores y actrices y a amigas mías que tienen un trabajo público o prominente. La gente escribe o dice cosas hirientes sobre ellos dando por hecho que no les van a afectar o que están por encima de que pueda dolerles. Pero todas y todos somos seres humanos. Al ir avanzando en mi carrera televisiva, vi que la experiencia de *Gran Hermano* me había preparado para saber manejar lo bueno y lo malo en esa siguiente etapa como periodista. Era mucho más resistente a los golpes que años atrás. Cuando recibía un mensaje de correo electrónico cargado de odio o leía un comentario malintencionado en Internet, aunque quizá al principio me doliera un poco, cada vez era más y más capaz de oír aquellas palabras como quien oye llover. Y, deliberadamente, empecé a prestar más atención a los correos electrónicos amables y a las cartas, mensajes y notas de los telespectadores que contaban que nuestro programa matinal les alegraba el día, o que gracias a él se sentían menos solos, o que les encantaba nuestra manera de dar las noticias. Aquello en lo que ponemos la atención lo magnificamos, así que más nos vale elegir bien en qué la ponemos.

EN CUANTO A los troles y *haters* de Internet, ¿qué se puede decir? La negatividad que difunden es a veces tan densa que cuesta mucho traspasarla y ver detrás algo positivo. El conferenciante motivacional y exjugador de la Liga Nacional de Fútbol Americano Trent Shelton propone una manera de lo más ingeniosa para ver a los *haters* desde una perspectiva positiva. Dice que quienes te odian son personas que en realidad admiran lo que haces, solo que tienen una forma diferente de demostrarlo. Asegura que «los *haters* no son más que simpatizantes confundidos». Y lo basa en argumentos bastante sólidos. Por ejemplo, que con frecuencia los odiadores te siguen en las redes sociales; y eso es amor. A veces, incluso crean cuentas falsas para seguirte. Eso también es amor. Así que, básicamente, lo que dice es que, en el fondo, quienes nos odian nos quieren también. Muy bien dicho, Trent.

Lo veo con toda claridad si pienso en las chicas malas que en el pasado se enemistaron conmigo porque nuestra empresa iba viento en popa o si pienso en la gran empresa que nos robó uno de nuestros productos. Querían lo que nosotros teníamos. ¡Nos admiraban!

La próxima vez que estés ante alguien que te odia o que se opone agresivamente a ti, empieza por preguntarte si hay algo de verdad en sus palabras o en sus actos y cuál puede ser su intención. Si no encuentras sinceramente qué podría haber de bienintencionado en lo que te ha dicho, lo más probable es que sea una crítica destructiva, y no constructiva, y que esa persona quiera cargarte a ti con su dolor. En ese caso, conviene que apliques el sabio dicho de «no aceptes una crítica de quien no aceptarías un consejo». Es importante que mires más allá de sus palabras, que te centres en lo que importa y defiendas la verdad de tu corazón. Y recuerda siempre que, aunque esta clase de incidentes puedan hacernos daño, también nos hacen más fuertes y nos preparan para soportar el peso de futuros éxitos.

TRAS EL DISCURSO de los Premios Cosmetic Executive Women, me dije que, con tantos años de elogios y críticas a las espaldas, podría soportar cualquier cosa que me llegara. Pero esa vez los ataques fueron diferentes y dolorosos de una forma que me pilló totalmente por sorpresa.

DOCE

Creer en saber cuáles son tus valores ¡y en vivirlos!

Quita todo aquello por lo que se te conoce,
y lo que quede es quien eres de verdad.
—BOB GOFF

«Qué harás con el poder que eres tú?». Me había plantado delante del sector global de la belleza, delante de la directiva en pleno de las empresas de cosmética más importantes del mundo, de quienes decidían colectivamente qué imágenes de la «belleza» verían cientos y cientos de millones de mujeres, y los había retado a cambiar. En el corazón sabía que no podía hacer otra cosa. Toda mi carrera profesional me había preparado para ese momento. Creía de verdad que si la vida me había concedido la fortuna de ver triunfar mi empresa, era en parte para que las demás empresas, que en general parecían guiarse únicamente por consideraciones financieras, como mínimo me escucharan. O al menos copiaran lo que yo hacía, para tratar de ganar aún más. Y a diferencia de copiar nuestros productos con malas artes, ¡eso era algo en lo que estaba realmente deseando que me copiaran! Pues, en definitiva, eso me acercaría todavía más a mi objetivo de cambiar la cultura y dar un giro a los mensajes sobre la belleza.

Cuando terminé de hablar, la mayor parte del público aplaudió con entusiasmo, y alrededor de una tercera parte de la sala me miró con ojos fríos y labios fruncidos y dio un ligero aplauso de cortesía. Sentí cómo una energía contradictoria se apoderaba de la sala. Una vez finalizado el evento, algunas de las representantes del sector que solían ser muy cariñosas conmigo pasaron a mi lado sin mirarme. Sabía que podía ocurrir. Pero mi intención no había sido ofenderlas ni menospreciar sus logros, sino poner de relieve lo que de verdad creía que era necesario cambiar. Y sabía que en aquella sala no se encontraban solo quienes estaban al frente de los grandes almacenes y las marcas de lujo, sino también los altos mandos de las marcas multimillonarias cuyos productos destacan en las perfumerías y en los departamentos de las grandes superficies, así que contaba con que habría quienes se sintieran ofendidos.

Antes de que tuviera tiempo de darle demasiada importancia, empezaron a acercarse a mí una mujer tras otra, muchas de ellas con lágrimas en los ojos. Varias de ellas me confesaron cuánto les costaba sentirse atractivas; el conflicto interno que tenían entre el amor a su trabajo en el sector de la belleza y el sentimiento de inferioridad que les creaba sentirse tan lejos del concepto de belleza que se difundía. Muchas me dijeron que habían tenido experiencias similares a la mía con el inversor que dudaba que ninguna mujer fuera a comprar productos de maquillaje a alguien con un cuerpo y un peso como los míos. Al acto habían asistido también redactoras de revistas de belleza y otros miembros de la prensa. Varios de ellos se me acercaron después y me felicitaron con entusiasmo por haber tenido la audacia de enfrentarme a una industria de gigantes. Así que al abandonar la sala aquella noche, sabía que había molestado a algunas personas, pero, por encima de todo, me sentía valiente. Haberme plantado delante de todos ellos y haberlos desafiado a que se replantearan cuál era su responsabilidad ante el mundo había sido la decisión acertada. Puede que hubiera empañado mi reciente aura de «empresaria promesa» de la industria cosmética, pero tomé partido por las mujeres de verdad del mundo entero y por aquello en lo que creía. Y siempre creeré en que «el poder de la gente es mucho más fuerte que la gente que está en el poder».

Dicho esto, no estaba ni remotamente preparada para lo que iba a ocurrir a continuación.

DE ENTRADA, RECIBÍ una regañina telefónica de una célebre figura del sector que estaba aquel día entre el público. Una figura a la que siempre había admirado desde la distancia, y que en esos momentos estaba furiosa conmigo. Me dijo que los responsables de aproximadamente el noventa por ciento de las decisiones que tomaba el mercado cosmético mundial estaban en aquella sala, que debía darme vergüenza lo que había hecho y que seguramente habría ofendido también a muchos otros iconos de la industria que escucharon aquel día mi discurso. Añadió que ella siempre me había apreciado e incluso me había defendido dentro del sector. Le contesté que, aquel día, tenía la esperanza de que ella y otras personalidades del sector entendieran en lo más hondo que lo que defendía en mi discurso era una realidad, y de que ella particularmente, como figura importante en la industria cosmética, se sintiera orgullosa de mí por haber decidido arriesgarme con la sola intención de que el sector diera un paso adelante. Le dije que creía firmemente en la verdad de que «quienes están lo bastante locos como para creer que pueden cambiar el mundo son quienes lo cambian».

Me respondió en tono enfadado, casi gritando:

—¡Pero ¿quién te crees que eres?! TÚ NO VAS A CAMBIAR LA INDUSTRIA DE LA BELLEZA.

Aunque la llamada no estaba en altavoz, me habló en voz tan alta que Zega, que estaba sentada en la sala conmigo, oyó lo que decía. Se quedó boquiabierta.

Mi respuesta fue serena y breve. Simplemente le dije:

—En realidad, ya lo he hecho.

La llamada no terminó bien. Me comunicó que iba a llamar al director general de L'Oréal, porque lo que hice era inadmisible. Sonó como si me dijera que iba a llamar a mis padres y que me preparara para el castigo que me esperaba al llegar a casa. Dijo:

—Ya puedes ponerte a rezar para que no haya una reacción violenta.

No supe exactamente qué insinuaba. ¿Me estaba amenazando? ¿Pensaba que otros miembros del sector estarían igual de ofendidos y me excluirían de sus eventos? Me limité a responder:

—Siento mucho que mis palabras te hayan enfadado, pero creo de corazón que hice lo que tenía que hacer.

Pronunciamos la consabida fórmula de que aceptábamos nuestras diferencias y la llamada terminó. Pero no amistosamente. No con cordialidad. Terminó y punto.

PENSÉ QUE YA estaba, ya me habían reñido. Sabía que mi discurso tendría consecuencias, no había vuelta atrás; había defendido aquello en lo que creía. Lo que no imaginaba es que aquella regañina telefónica no era más que el principio. Primero voy a contar lo bueno. Rápidamente, varias revistas y sitios web de primera línea publicaron artículos asombrosamente favorables, diciendo cosas de mí como que era una pionera y que había retado al sector de la belleza entero a evolucionar. Explicaban todos los cambios que mi marca y mis presentaciones en televisión habían introducido ya, por ejemplo al utilizar mujeres de verdad como modelos y mostrar a mujeres de distintas edades, tallas, tonos de piel y con afecciones dermatológicas. También se publicaron varios artículos que contaban lo del inversor que me había rechazado por mi peso. El discurso que di se hizo viral, y en el *post* que lo reproducía en la página de Facebook de nuestra empresa tuvo más de un millón de visitas. Ahora las mujeres de todo el mundo, no solo las que compraban productos cosméticos, tenían la oportunidad de oír mi mensaje.

POR OTRO LADO, entendí muy pronto el motivo de que a tanta gente le diera miedo de hablar como yo lo hice. Porque la célebre figura del sector que me había llamado tan enfadada tenía razón en su pronóstico: cuando tomas una postura, te arriesgas a tener que soportar una reacción violenta. Y puede ser una reacción auténticamente espantosa. Sobre todo cuando con ella se pretende atacar la esencia de quien eres.

Con la misma rapidez que la prensa me colocó en un pedestal y me llenó de elogios artículo tras artículo, presentándome como la chica valiente y rebelde que luchaba por cambiar de arriba abajo la industria de la belleza y por la inclusión de todas las mujeres, de repente en Internet se me empezó a atacar por *no ser suficientemente inclusiva*. Y cuando digo «atacar», quiero decir atacar sin piedad.

Los ataques no venían de los medios de comunicación, sino de personas individuales que publicaban en Internet comentarios anónimos en los que decían que era una hipócrita porque no mostraba modelos de todas las edades, tallas, tonos de piel, identidades de género o con toda clase de afecciones dermatológicas. Y los ataques se fueron multiplicando. Mis redes sociales, las redes sociales de la empresa y mi buzón de correo electrónico estallaban de mensajes de odio, amenazas físicas –incluso amenazas de muerte–

y fotos mías en las que la gente me dibujaba en la cara rasgos de lo más hirientes; en una de ellas, incluso cuernos de demonio.

Yo pensaba que me había hecho fuerte y que tenía la piel lo bastante gruesa como para que las críticas no me afectaran. Pero estas críticas eran de otro tipo. Me había pasado la mayor parte de mi vida profesional luchando por la inclusión, y que dijeran aquellas cosas de mí me dolía en el alma. Tuve que hacer un esfuerzo indescriptible para no perder la fe en los seres humanos. Me dolía mucho, muchísimo. Sentía que, después de haberlo dado todo por defender lo que me parecía justo, se me atacaba por no haberlo hecho lo suficientemente bien.

El día de los premios, hubiera podido interpretar el papel que todos querían que interpretara. Hubiera podido pronunciar un bonito discurso que dejara contentos a todos los presentes. Ya había vendido mi empresa. No tenía nada que ganar atrayéndome la atención de todos. No había ventajas personales en hablar como lo hice. No quería más que hacer lo posible por cambiar la cultura.

En cuanto a los aspectos a los que quizá no presté toda la atención que merecían, asumo plenamente mis fallos. Pero hay una diferencia entre una crítica constructiva firme y las afrentas personales. La primera nos ayuda a aprender y a madurar; las otras hacen todo lo contrario. Pese a lo difícil que me resultaba soportar los ataques, sobre todo por la intención tan hiriente que se traslucía en muchos de ellos, pensé que tenía que ser lo bastante fuerte como para escuchar lo que decían, por si en algún sentido podían ser en realidad un regalo. Un regalo que me impulsara a saber más, a aprender más y a hacerlo mejor. Cuando nos sentimos atacadas, lo más fácil es defendernos y negar de plano lo que se nos dice. Pero así no podemos madurar. Me pasé horas, días y semanas devanándome los sesos para ver si había algo de verdad en aquellas críticas feroces y cómo hubiera podido hacerlo mejor.

Había intentado incluir todas las formas de diversidad con las modelos que presentábamos, pero era cierto que no había incluido a modelos con capacidades diferentes, lo cual no había sido intencionado, pero sí un descuido obvio y lamentable. Había utilizado modelos de edades comprendidas entre la adolescencia y los setenta años, pero quizá hubiera podido hacer un mayor esfuerzo por encontrar modelos de ochenta años y más. Cuando pronuncié el discurso, llevábamos tiempo trabajando sin descanso para ampliar la gama de nuestro corrector a cuarenta y ocho tonos, y en la campaña de promoción presentamos a cuarenta y ocho de nuestras empleadas reales para modelar cada tono, pero tal vez hubiera podido hacer un esfuerzo aún mayor por conseguir suficiente espacio en las estanterías de las tiendas como para haber podido expandir la gama de tonos incluso antes. No hice todas esas cosas. Y probablemente muchas otras tampoco.

Intenté con todas mis fuerzas serlo todo para todo el mundo, pero sé que eso es imposible. También sé que estoy lejos de ser perfecta y que siempre puedo hacerlo mejor, y siempre estoy dispuesta a escuchar y a intentarlo. Por dolorosas que fueran aquellas críticas, las escuché, las asimilé y reflexioné sobre ellas profundamente. Y encendieron un fuego aún más intenso dentro de mí que me hizo retarme a mí misma y retar a nuestro fabuloso equipo a llegar aún más lejos y a hacerlo aún mejor. Y lo hicimos.

AQUEL APRENDIZAJE FUE un regalo que inició un cambio. Y provino de los mensajes que recibí, leí y escuché, así como de las conversaciones que mantuve y del tiempo y la energía que dediqué a averiguar todo lo que quizá se me había escapado hasta entonces. Este es el lado positivo de una reacción enfurecida.

Por desgracia, por cada mensaje inteligente y verdaderamente acertado, había docenas de ataques insultantes, amenazas de muerte y acusaciones de los que no podía aprovecharse nada y que tenían el solo propósito de hacerme daño y meterme miedo. Pero lo que más me entristeció de todo fue que, cuando atacas a alguien que tiene la valentía de levantarse y hablar, lo que consigues es que nadie se atreva a decir lo que querría. Y esto es algo que suele afectar particularmente a las mujeres. Estamos condicionadas a pensar que, a menos que sepamos con certeza que haremos algo a la perfección, mejor que ni lo intentemos. Un estudio reciente muestra que, por término medio, los hombres solicitan un trabajo si ven que cumplen el sesenta por ciento de los requisitos. En cambio, las mujeres no lo solicitan hasta cumplir el cien por cien. Es solo uno de los muchos ejemplos que pueden ponerse de este modelo mental. A las mujeres se nos enseña que tenemos que ser perfectas antes de que valga la pena arriesgarnos, así que evitamos correr riesgos por miedo al fracaso. Esta mentalidad se manifiesta en todos los ámbitos de la vida y se extiende al hábito de infravalorarnos a la hora de negociar salarios y ascensos. La falta de confianza en nosotras mismas nos hace dudar de si somos quién para levantarnos y pedir lo que queremos; nos frena en nuestra vida personal y en el mundo profesional. Yo había hecho acopio de valentía para no desperdiciar la oportunidad que se me daba; para hacer cuanto pudiera, y hacerlo lo mejor que pudiera, con la mayor comprensión de que era capaz en aquellos momentos y en aquellas circunstancias, por impulsar un cambio. Di el paso. No fue perfecto, pero al menos lo di, al menos lo intenté.

Mientras todo esto sucedía, recibí bastantes llamadas de amigos y amigas que trabajaban en la prensa. Para darme ánimos me decían que, como mi discurso se había hecho viral y había ocupado tantos titulares, era un objetivo muy atrayente para los troles, que, al atacarlo, se beneficiaban de su popularidad. Me decían que hay gente dispuesta a hacer cualquier cosa con tal de conseguir clics y visitas, ya que en muchos casos es así como hacen dinero. Pero a pesar de todo lo que me contaban y de sus buenas intenciones, nada me animaba demasiado.

Luego un día decidí buscar en Google a las personas a las que más admiraba. A las personas que a mi entender más habían contribuido a hacer del mundo un lugar más humano, que habían puesto todos sus recursos al servicio de ese propósito y habían conseguido cambios formidables. Sospechaba, y quería confirmar, que cada vez que haces algo importante surge una corriente de oposición. De gente que no está de acuerdo contigo, a la que no le gusta lo que haces y que, por tanto, te tiene antipatía, o de gente que decide odiarte sin motivo aparente. Así que busqué en Google a cada una de esas personas: a mis mentoras y mentores más admirados y a los seres humanos de mayor renombre mundial. Y efectivamente, todos ellos tenían montones de enemigos. Había páginas web dedicadas a atacarlos. Toneladas de mentiras o comentarios hirientes cargados de odio escritos sobre ellos. Algunas de esas personas me parece que han hecho tanto por el mundo que no entiendo cómo es posible odiarlas, y sin embargo hay gente que las odia. Aunque ver eso no fue precisamente un alivio, sí me sentí menos sola.

Durante una temporada, temía por mi seguridad cada vez que entraba en la oficina. Me asaltaban recuerdos de los tiempos en que era reportera de televisión y daba las noticias desde el lugar en que se había cometido un delito, o de la época posterior a *Gran Hermano* en la que había tipos que me acosaban, y todo eso me hacía pensar que tal vez había gente trastornada que había leído los ataques dirigidos contra mí y había decidido sumarse. Pero lo peor, en realidad, era el estado de angustia en el que vivía. Cuando se pone en tela de juicio nuestro carácter, y especialmente cuando sentimos que no es verdad aquello de lo que se nos acusa, es una tortura.

Cuando alguien ataca a quien eres, es muy importante que te conozcas y te aferres a eso que sabes con certeza. Cuando parece que el mundo entero está a punto de abalanzarse sobre ti, solo una cosa puede evitar que te derribe, y es saber la verdad de tu corazón. Y mi verdad es que siempre defiendo lo que es justo. Puede que lo haga desastrosamente, pero siempre lo hago.

Veo diferencias por todas partes, y me parecen preciosas. De tamaño, de edad, del color de la piel, de sexo, de a quién amas, de a quién votas, de cómo rezas... Esas diferencias son belleza en sus más diversas formas, y mi corazón conecta con el tuyo; creo que estamos todos y todas conectados. Y yo sé quién soy.

La buena madera no crece en las condiciones más benignas:
cuanto más fuerte sopla el viento, más fuerte se hace el árbol.
—DOUGLAS MALLOCH

CREO CON FIRMEZA que, especialmente como mujeres, es responsabilidad nuestra abstenernos de atacar a otras mujeres solo porque no lo hacen todo a la perfección, o solo porque han cometido errores en el pasado, o solo porque no hacen las cosas como nosotras las haríamos, ya sea cómo hacen de madres, cómo dirigen una empresa o el modo caótico en que se desenvuelven en el mundo; porque en la mayoría de los casos, lo están haciendo lo mejor que pueden. Como mujeres, tenemos que superar también el miedo a enfrentarnos a la oposición. Aunque las críticas a menudo duelen, en mi caso los comentarios constructivos fueron un regalo. Me ayudaron a ver los puntos ciegos que había pasado por alto, y me impulsaron a retarme a mí misma a madurar y a hacer mejor las cosas. Hoy no tengo más que gratitud hacia las personas que dedicaron un tiempo muy valioso de sus vidas a hacerme comentarios reflexivos e importantes. Todos y todas deberíamos poder decir lo que pensamos, en voz bien alta y con orgullo, y deberíamos denunciar siempre cualquier injusticia, por supuesto. Pero también tenemos la gran responsabilidad de cambiar el medio en el que vivimos, que priva a las mujeres de la confianza necesaria para participar en el juego aunque sea de forma muy imperfecta. Como mujeres, muchas nos quedamos al margen de la vida y de nuestros sueños porque no nos sentimos preparadas, cualificadas, competentes. Muchas seguimos siendo muy críticas con nosotras mismas y con otras mujeres. Y eso nos frena a todas. Necesitamos mujeres que se arriesguen, que creen empresas, que desafíen a las grandes industrias, que denuncien las injusticias y que brillen con luz propia, sin miedo a fracasar ni a que puedan avergonzarlas por ello. Tenemos que ser generosas las unas con las otras. Tenemos que animarnos las unas a las otras. Tenemos que celebrarnos mutuamente.

La guerrera sabe que su corazón roto es su mapa.
—GLENNON DOYLE

NO ME ARREPIENTO de haber decidido aquel día ser valiente por encima de caer bien. Di el paso y entré en la arena. No tiré por la borda mi oportunidad, cuando solo tenía una oportunidad. Utilicé mi corazón roto como mapa. Todo el dolor que me había causado a lo largo de mi vida ver imágenes de una belleza inalcanzable me impulsó a buscar algo que iba más allá de mí. Y cuando comprendí que también en mi empresa podía hacer las cosas aún mejor, utilicé el corazón roto por las críticas implacables como mapa, para vivir aún más auténticamente mis valores y retarme a mí misma a aprender, a madurar, a ser más flexible y más inclusiva y a dirigir mejor mi empresa. Cuando la prioridad es conocer y vivir nuestros valores, la mejor decisión es siempre dejar que el alma nos guíe hacia aquello en lo que creemos de verdad, hacia lo valiente, aunque sea el camino más difícil.

Yo sola no puedo hacer que la inclusión sea una realidad en la industria cosmética, pero sé que he hecho cuanto he podido para que ese propósito se cumpla. Y aquel día, al desafiar públicamente al sector de la belleza, tal vez hice que el mundo avanzara hacia la materialización de ese propósito un paso más. Tal vez hice que avanzara cinco pasos de golpe aquel día. Hoy, algunas de las marcas más importantes del mundo presentan modelos de todas las edades, tallas, géneros, tonos de piel, con afecciones cutáneas... Quizá estén cambiando porque quieren hacer bien las cosas. O quizá porque vieron el éxito que tenía nuestra empresa. Sea cual sea el motivo, espero que lo que hice aquel día haya tenido aunque solo sea una pequeña parte en su decisión de cambiar.

También tuve que reconocer que no lo había hecho todo a la perfección. Pero salí al terreno de juego y chuté, con toda mi alma. No me quedé sentada en las gradas. Y mi esperanza es que los responsables de la industria de la belleza reciban el pase que intenté lanzar con la mayor precisión posible a la zona de anotación, ¡para ganar el partido en beneficio de todas y de todos! Porque creo de verdad en que, juntos, lo conseguiremos.

TERCERA PARTE

ASUMIR TU PODER

TRECE

No creer en el ideal del equilibrio. ¡Es mentira!

El precio de cualquier cosa es la cantidad de vida que has pagado por ella.

—HENRY DAVID THOREAU

¿Alguna vez has esperado con impaciencia un evento, una cita, unas vacaciones, un encuentro familiar, una fiesta o una reunión con tus compañeras de instituto y, en lugar de sentir emoción y alegría, de repente solo sentías estrés..., no estrés por el acontecimiento en sí, sino estrés genuino, persistente, por si la ropa que planeabas ponerte, o que habías comprado para ponerte, te quedaría bien..., y al probártela, te disgustaste tanto que ya no querías ir? Si la respuesta es sí, créeme que he pasado por ello. Demasiadas veces. Incluyendo el día antes de ir a la fiesta de «la noche antes de la noche antes» de la gala de los Óscar. Saqué del armario el vestido que pensaba ponerme. Estaba hecho de un precioso tejido elástico de organza con abalorios brillantes cosidos a mano, y me quedaba un poco ajustado cuando lo compré, *convencida* de que me quedaría estupendamente la noche de la fiesta. Y adivina qué. Exacto, seguía quedándome más que un poco ajustado. Me volví hacia el lado del armario donde tenía guardados los vestidos de talla más grande, los que esperaba no volver a ponerme nunca pero de los que no me había atrevido a deshacerme, por si acaso. ¿Tienes tú también una sección así en tu armario? (En el otro extremo tenía la sección de prendas en las que aún no cabía, algunas todavía con la etiqueta colgando, que a veces no podía resistirme a comprar porque me encantaban y *sin duda* un día me quedarían bien).

Aquella noche, se trataba de un acontecimiento tan singular que la decepción de no poder ponerme aquel vestido no me impidió ir. Y menos mal, porque en aquella fiesta una mujer me dijo algo que me dejó boquiabierta y me cambió la perspectiva de las cosas para siempre. Inesperadamente, de un instante para otro.

Bien, deja que te ponga en situación. Gracias a la empresa que he creado, ahora me invitan a fiestas muy chic varias veces al año. Y la fiesta de «la noche antes de la gala de los Óscar», y la fiesta y la cena de «la noche antes de la noche antes» son un par de ellas. Cada año que he asistido, antes me he pasado ni sé cuántas horas pensando en qué ponerme, qué me quedaría bien y, por supuesto, qué peinado y maquillaje iba a elegir. Es una de las pocas veces al año que contrato a un equipo de peluquería y maquillaje (lo que se conoce como *glam squad*, 'escuadrón de glamur') para que vengan a mi casa y me ayuden a prepararme. La venta de nuestra empresa a L'Oréal me catapultó a un mundo en el que tuve mi primera experiencia con el tipo de escuadrones de glamur que utilizan las celebridades. Fue entonces cuando me enteré de que, para conseguir esos *looks* de peluquería y maquillaje que lucen en las fiestas y ceremonias, las famosas se gastan miles de dólares y pasan muchas horas preparándose. Utilizan desde extensiones de pelo (por si no lo sabías, sobre la alfombra roja no hay prácticamente ninguna celebridad que no lleve cierta cantidad de pelo añadido al suyo) y maquillaje corporal para cubrir las venas y realzar el tono muscular, hasta suficiente contorneado y maquillaje facial como para que cualquier rasgo adopte una forma completamente distinta a la original, pestañas postizas, manicura perfecta y, dependiendo del vestido, a menudo una doble faja (sí, ¡una encima de otra!). Y hablo solo de lo más básico. Así que no es una broma. Requiere mucho tiempo y mucha energía. Y todo por posar para una foto en la alfombra roja que, por lo general, alguien retocará hasta la perfección antes de que salga a la luz. Y todo para ese día y para ese único acontecimiento. Ver desde dentro esta parte de la industria de la belleza fue un gran contraste con mi vida diaria en IT Cosmetics. Me encantó experimentar en mi propia piel el magistral arte del maquillaje y el estilismo y ver expresar su talento a cada artista. Y cada vez que tengo la fortuna de vivir esta experiencia, también me doy cuenta de la cantidad de tiempo que dedican a mantener este estilo de vida quienes pueden y eligen vivir así.

DESPUÉS DE TODAS las horas que pasé preparándome, llegué a la fiesta previa a los Óscar y primero posé para las importantísimas fotos de la alfombra roja. Una vez hecho esto, me dirigí al interior, donde todo el mundo tenía una copa en la mano y se movía por la sala charlando con unos y con otros. Todo el mundo. Desde las celebridades de la lista A hasta los incontables ejecutivos de la industria del espectáculo que parecían sentirse en aquel ambiente como pez en el agua. ¡Cantidad de charla, cantidad de contactos y planes y, al parecer, cantidad de diversión!

Como en la televisión se me ve animarme y entusiasmarme cuando hablo sobre algo que de verdad me importa, en especial si hablo con otras mujeres o escucho a una mujer contar sus experiencias, la gente da por hecho que soy extravertida. Pero, como ya he comentado, en realidad soy muy, muy introvertida fuera de cámara. Sobre todo en fiestas y eventos sociales. Si alguna vez has entrado en una fiesta y te has sentido tan angustiosamente tímida o incómoda que quieres ir a esconderte al cuarto de baño, o que te escondes literalmente en el cuarto de baño, sabes a lo que me refiero. Así que hago verdaderos esfuerzos por ser sociable, pero en este tipo de situaciones me cuesta muchísimo. La «charla trivial» me resulta agotadora, una auténtica tortura. Si tengo la posibilidad, procuro llevar siempre como acompañante a alguna de mis amigas extravertidas, para que sea ella quien entable las conversaciones con la gente y poder limitarme a escuchar. Pese al carácter público de mi trabajo y de la empresa que he creado, relacionarme en las fiestas con gente que no conozco me cuesta un horror.

Sin embargo, no sé por qué, aunque soy introvertida no suelo sentirme intimidada ante las estrellas. Aparte de Oprah Winfrey y Victoria Osteen, creo que nunca me he puesto nerviosa ni me he quedado deslumbrada en presencia de nadie. Tal vez sea porque he conocido a muchas famosas y famosos por mi trabajo y sé que son exactamente como tú y como yo. Tienen las mismas inseguridades, los mismos miedos, los mismos altibajos y la misma necesidad de amor, de aceptación y de comunidad. Así que cuando entro en un evento lleno de celebridades, en lugar de mirar obnubilada a una o a otra o de tratar de encontrar la manera de conocer a alguien por el hecho de que es famoso, siempre confío en que conoceré exactamente a quien tenga que conocer. En eventos de este tipo, me dejo llevar por una especie de fe ciega que aprendí de mi amiga Natasha y que me da muchísima tranquilidad. Y me quita la presión de pensar que tengo que obligarme a ser sociable. A veces, he conocido a personas de lo más interesantes justamente así, no intentándolo. Y a veces, he conocido a alguien que luego me he dado cuenta de que necesitaba con todo su corazón que lo escucharan y le recordaran que es un ser humano valioso y su vida importa.

Esa noche, como en todos los eventos, Paulo se dedicó desde el primer instante a devorar cuantos aperitivos le ofrecían. Sea cual sea su plan de alimentación sana en cada momento, los aperitivos son su criptonita.* En aquel, era vegano desde hacía cantidad de tiempo y estaba encantado. Le había bajado mucho el colesterol, y yo no creía que nada pudiera desviarlo de su camino. Hasta que estuvimos en la fiesta pre-Oscar. Un simple vistazo a las bandejas de plata reluciente, y todas las reglas alimentarias se desvanecieron como si nunca hubieran existido. Desde el otro lado de la sala, vi su mano acercarse y levantar de la bandeja dos brochetas de pollo *satay* con salsa de cacahuete. Me pregunté si iba a decirle luego lo que le había visto hacer. Pero antes de que pudiera decidir si se lo diría o no, allí estaba él, devorando minihamburguesas de ternera japonesa *wagyu*. Luego minibollos de cerdo adobado. Me admiraba su expresión alegre y libre. Pensé que ojalá me sintiera yo así de despreocupada al ver pasar por delante las bandejas de aperitivos tan tentadores. Y no pude contener la risa, como cuando lo vi devorar aquellas colas de langosta en el pasillo de QVC. Aunque entonces no era un vegano orgulloso de serlo, ni estaba rodeado de celebridades de primera línea con las que se suponía que debía *compartir* los aperitivos. Aquella noche, ¡Paulo se había transformado en un no vegano desatado!

En situaciones como aquella, en que formo parte de algo que parece sacado directamente de una película (en este caso, sin doble sentido intencionado), procuro siempre sentir el momento. Mirar

* N. de la T.: La criptonita (también escrito kriptonita o kryptonita) es un material ficticio que aparece en las historietas de Superman. Se origina en su mundo natal, Krypton, y emite una radiación peculiar que debilita a Superman. Debido a la popularidad de este superhéroe, la criptonita se ha convertido en sinónimo de una extraordinaria debilidad explotable, es decir, un talón de Aquiles.

a mi alrededor, captarlo todo y saborearlo de verdad. Y sentir gratitud por ello. Mientras me movía por la sala entre todas aquellas celebridades, vi a lo lejos a Meg Whitman. Lo que entonces no sabía es que unos instantes después aquella mujer diría algo muy sencillo que cambiaría para siempre mi perspectiva de las cosas. Y hasta hoy, probablemente ella no tenga ni idea de que fue así. Meg Whitman, por si su nombre no te dice nada, es un icono en el mundo empresarial. Ha sido consejera delegada de empresas como eBay y Hewlett-Packard, forma parte de varios consejos de administración y, según la famosa lista que publica todos los años la revista *Forbes*, en el momento en que escribo este libro es la segunda mujer hecha a sí misma más rica de Estados Unidos. Además, está casada, tiene dos hijos y un máster en Dirección y Administración de Empresas por la Universidad de Harvard. Se la conoce comúnmente como «La P**a Ama». (Abuelita, esto quiere decir «la... ummm... ama»). Y ver a toda aquella gente famosa acercarse a ella con paso elegante para saludarla fue auténticamente genial.

Me encontré con Carol Hamilton, de L'Oréal, y pronto entramos de lleno en una conversación sobre las mujeres y su falta de seguridad en sí mismas, un tema que siempre le ha interesado tanto como a mí. Hablábamos de un estudio reciente, que había revelado que menos de la mitad de las mujeres confía en sus capacidades, y de que tradicionalmente la industria de la belleza se había dirigido solo al sector de mujeres que se sienten seguras de sí mismas y había ignorado al resto. Entonces de repente se acercó un hombre acompañado de Meg Whitman y se la presentó a Carol. Cuando Meg giró la cabeza y dirigió la mirada hacia mí, le tendí la mano (normalmente soy una mujer de abrazos, pero en aquella ocasión me pareció que estrecharle la mano era lo correcto) y me presenté. Apenas había acabado de pronunciar mi nombre cuando Carol, impulsora a ultranza de todas las mujeres del mundo, empezó a elogiarme ante Meg, hablándole de los cambios que había conseguido hasta entonces en el sector de la belleza y que continuaba promoviendo, y en particular de la inspiración que había sido para muchas mujeres y de mi contribución a que se sintieran más seguras de sí mismas. Vi aparecer un destello en los ojos de Meg, estiró el antebrazo y me dio un choque de puños. ¡Oh, Dios mío! Para mí, recibir un choque de puños de Meg Whitman era incomparablemente más fabuloso que nada que pudiera haber ocurrido con cualquiera de las celebridades de aquella sala. Recibir un choque de puños de Meg Whitman fue como un reconocimiento de mujer brava a mujer brava. Sentí que aquella mujer que había traspasado todas las limitaciones, que había roto un techo de cristal tras otro, que era literalmente la única mujer en muchas salas de juntas, aquella pionera que había abierto camino para innumerables mujeres, me *vio* de verdad. Y sin palabras me dijo: «Bien hecho». Todo esto estaba en aquel simple choque de puños. Y eso fue todo. Después, no hubo fulgor de fuegos artificiales, no pasó nada más. Pero ¿tú has oído? ¡Meg Whitman me chocó el puño! ¡Casi nada!

Después de chocar los puños, me retraje de repente, volví a entrar en modalidad introvertida, allí de pie en medio de la fiesta sin la menor idea de cómo continuar la conversación. ¡Introvertidas del mundo, si estáis ahí, sé que sentís ahora mismo el malestar que sentí yo! Al final, me decidí a hacer una pregunta a la que de verdad buscaba respuesta, por mí y por todas las mujeres. Sabía que a Meg la gente solía hacerle preguntas relacionadas con el mundo de los negocios, pero la mía no era de esa clase. Respiré hondo y utilicé la «regla de los 5 segundos» de Mel Robbins, un recurso bastante útil cuando te acobardas a la hora de hacer lo que te habías propuesto. Empecé a contar hacia atrás: cinco, cuatro, tres, dos, uno, y entonces solté la pregunta sin dar tiempo a que me surgieran las dudas.

–Meg, tengo una pregunta, y puede que nunca se me vuelva a presentar una oportunidad como esta, así que te la voy a hacer. Últimamente, me ha sorprendido la cantidad de mujeres, en realidad casi todas, que, por mucho éxito profesional que hayan alcanzado, tienen algo en común: gastan mucha energía preocupándose –y sintiéndose inseguras– por su cuerpo, su peso o su aspecto. De hecho, casi todas las ejecutivas de primera línea que conozco, y otras mujeres de éxito –abogadas, gerentes de empresa...–, admiten que a menudo miden su valía en función de la talla de vestido que ese día les queda bien. Meg, ¿alguna vez te ha pasado a ti o te preocupan esta clase de cosas?

Hubo una breve pausa. (Nota: Durante esa pausa me asaltaron toda clase de pensamientos angustiosos, desde: *¿Pensará que estoy loca?» o «¿Acaba de perderme el respeto como mujer de negocios?» hasta: «¿Estará arrepintiéndose de haber chocado el puño conmigo y le gustaría dar marcha atrás?* o *Quizá, como casi todas las mujeres que conozco, se siente insegura por su cuerpo y su peso ella también y está enfadada porque se lo haya preguntado, y no tiene intención de admitir ante una desconocida que es un tema que muchos días le preocupa...* En fin, ya me entiendes). Aquella breve pausa se me hizo eterna, y estaba impaciente por oír su respuesta. ¿Se preocuparía también esa magnate de los negocios por su cuerpo y su peso? Tuve la sensación de que la sala entera se había quedado de pronto en silencio. Entonces Meg me miró y dijo simple y llanamente:

–No.

–¿En serio? –pregunté.

Y a continuación dijo algo muy obvio, y a la vez muy profundo. Y al oírlo, de golpe se me encendió la bombilla, una bombilla muy potente.

–Algo tiene que desaparecer de escena. Y algo tuvo que desaparecer de escena. Había tantas cosas en mi vida que tuve que decidir a qué iba a quitar importancia. Tengo hijos. Y una profesión. No podía llevar la casa como si fuera Martha Stewart.* No se puede dedicar atención a todo. Y eso de lo que hablas no era algo que me preocupara.

Ya fuera por necesidad o por elección, el caso es que había visto que no podía dedicar su energía y su tiempo a preocuparse por cosas como su peso o el aspecto de su casa y seguir haciendo lo necesario en su profesión, en el cuidado de sus hijos y en otros aspectos de la vida. Debo decir que Meg parecía estar en perfecta forma física y, quién sabe, probablemente su casa tuviera también un aspecto estupendo, pero la cuestión es que decidió que no podía dedicarles su atención ni a lo uno ni a lo otro. Porque el precio que pagamos por enfocar la atención en algo es no poder dedicar nuestra energía, tiempo o atención a otras cosas. Ella tomó esa decisión sabiendo lo que hacía. Muchas de nosotras, en cambio, a menudo sin saberlo, creemos que deberíamos poder abarcarlo todo, y la sensación que tenemos al final es de que somos un fracaso en todo lo que hacemos. O elegimos dedicar a diario tiempo y energía a preocuparnos por nuestro cuerpo o nuestro peso o nuestro físico, o por lo que alguien pensará de nosotras, o por si le habremos caído bien a esta persona o aquella, o por los troles o *haters* de Internet que nos dicen cosas hirientes, o por un sinfín de cosas que no nos llevan a nada.

PERO ¡algo tiene que desaparecer de escena! Eso significa que, si nos preocupamos por nuestro peso, nuestro cuerpo o la opinión de los demás o cualquier otra cosa sobre la que no tenemos ningún

* N. de la T.: Martha Helen Stewart, «la reina de las amas de casa», es una empresaria, autora y presentadora estadounidense de televisión que creó un imperio comercial y mediático con sus consejos de estilo de vida, cocina, decoración, jardinería y manualidades. Fue la primera mujer de Estados Unidos en alcanzar el estatus de multimillonaria por sus propios méritos, en gran medida debido a su habilidad para convertir lo cotidiano en expresión de sofisticación y buen gusto.

control, es a costa de otros aspectos en los que podríamos estar invirtiendo la energía. En el fondo, sabemos qué cosas no son de verdad importantes. Pongamos por caso nuestro físico: a menudo nos preocupa obsesivamente la imagen que damos, nos gastamos dinero en dietas, nos metemos en las redes sociales para enterarnos de cuáles son las tendencias dietéticas del momento y leemos los relatos de quienes han conseguido perder peso gracias a ellas, buscamos ropa que nos haga parecer más delgadas. ¿Qué precio hemos pagado por la energía que le hemos dedicado a esto? Piensa en las cosas con las que nos obsesionamos y que nos quitan tiempo, energía y un dinero que hemos ganado con tantos sudores y que no están al servicio de nuestro corazón, ni de nuestros sueños, ni de nuestra salud, ni de nuestra tranquilidad, ni del bienestar de nadie. Como tan bien dijo Meg, algo tiene que desaparecer de escena. Ella decidió no preocuparse por su imagen, por su peso o por el aspecto que tuviera su casa, e invirtió la energía en atender a su marido y a sus hijos y en convertirse en una de las empresarias más sobresalientes de todos los tiempos.

Así que la pregunta que me surgió de inmediato y que prolongó aquel momento tan revelador era esa: ¿cuánto tiempo perdemos las mujeres en cosas que no nos ayudan a avanzar ni ayudan a avanzar a nadie? No es broma. ¿Te parece que sumemos todas las horas tan preciosas que pasamos angustiándonos por cosas que en realidad importan muy poco, como si cabremos en el vestido que habíamos pensado llevar a la gala o tendremos que gastarnos el dinero, un dinero que nos ha costado mucho ganar, en comprarnos otro igual de elegante pero de la talla que ese día nos quede bien, o las horas que pasamos lamentándonos por no ser lo bastante... (elige tú el calificativo)? Me pongo enferma cuando me doy cuenta de todas las horas que he perdido pensando en mi cuerpo y mi figura y en cómo cambiarlos..., en todas las horas y en todas las oportunidades que he dejado pasar mientras pensaba obsesivamente en eso. Y creo que no me equivoco al sospechar que no soy la única. Diría que nos ha ocurrido prácticamente a todas. Y todo ese tiempo lo podríamos dedicar por ejemplo a estudiar, a aprender más sobre nuestra profesión o a alguna causa que nos apasione, a cosas que de verdad nos beneficien a nosotras o beneficien a los demás.

Por el hecho de ser mujeres, a muchas se nos enseña desde pequeñas que no podemos salir de casa sin tener un aspecto estupendo. Muchas, ya fuera para contentar a personas bienintencionadas que nos querían o para encajar en la sociedad, aprendimos a ser perfeccionistas y a complacer a todo el mundo. Y a ser buenas. Y a no ocupar demasiado espacio. Y a cruzar las piernas cuando nos sentamos. Y al ir haciéndonos mayores, aprendimos a encogernos para ser atractivas. Aprendimos que teníamos que adelgazar para, literalmente, ocupar menos sitio en el planeta (he sido víctima de esto durante años), incluso aunque fuera al precio de nuestra salud, nuestra energía física y nuestro tiempo. Luego aprendimos a llevar zapatos de tacón muy alto (yo también) porque nos hacían las piernas más largas y más delgadas. ¡Pero esos malditos zapatos no nos permiten ser todo lo físicamente capaces que podríamos! Piénsalo. Gracias a ellos, ahora no solo ocupamos menos sitio en el planeta, sino que andamos más despacio. Luego nos dejamos las uñas largas o nos ponemos uñas postizas. ¡Y eso hace que las manos sean físicamente menos capaces! Esas uñas acrílicas (durante años me hacía con regularidad la manicura francesa, ya sabes, con el reborde blanco) nos quitan también tiempo y dinero. Entiéndeme, son cosas que están muy bien si de verdad te ponen contenta o te ayudan a expresar tu individualidad. En mi caso, eran casi siempre una obligación con la que intentaba cumplir alguna expectativa que me había impuesto.

Aquella noche me di cuenta de que, durante los años en que me ponía cada día unos pantalones y una camisa negros y me recogía el pelo en un moño, esa había sido una táctica de supervivencia porque algo tenía que desaparecer de escena. No podía dedicar tiempo cada mañana a elegir peinado y qué ropa ponerme y tener luego la energía que necesitaba para idear, crear y dirigir el negocio. Nunca me había gustado particularmente pasarme horas delante del espejo, y por eso creé y lancé al mercado productos que ahorraran tiempo, actuaran con rapidez y fueran fáciles de aplicar. También creo con toda sinceridad que la rosácea es bella, con o sin maquillaje, y que todas las personas son bellas con o sin maquillaje. Me parece que el maquillaje es una expresión opcional de nuestra individualidad, casi como la ropa. Algunos días te apetece ponerte un chándal o no maquillarte. Otros, te apetece arreglarte o dedicar más tiempo a perfeccionar el arco de la ceja. A lo largo de los años de colaboración con Look Good Feel Better™ ('verte más guapa te hace sentirte mejor'), la organización benéfica a la que apoyamos casi desde los comienzos, que ayuda a las mujeres a asimilar y paliar los efectos físicos del cáncer, aprendí que el simple hecho de maquillarte puede hacer que te sientas más segura de ti misma, no solo porque luego te veas más guapa, sino también porque el tiempo que le dedicas es un reconocimiento de que mereces cuidarte.

Antes de aquella noche, pensaba que era capaz de distinguir con claridad en qué cosas quería invertir mi tiempo y de decidir por cuáles estaba dispuesta a pagar un precio y por cuáles no. Algunos días me daba una alegría mucho mayor sentirme cómoda, con una sudadera y unos pantalones de chándal, de la que me hubiera dado cuidar de que los accesorios hicieran juego con el atuendo. Pero estando aquella noche frente a Meg Whitman me di cuenta de que, en lo referente a mi cuerpo y mi peso, yo no podía decir lo mismo. El peso me había absorbido los pensamientos, la energía y el tiempo desde que tenía memoria. Había sido siempre como un agujero por el que se me escapaba la alegría.

«Algo tuvo que desaparecer de escena», dijo Meg. Y yo, allí de pie delante de ella, contemplaba todas las horas de mi vida que había desperdiciado, las horas a las que había renunciado incluso ese mismo día hasta encontrar el vestido que en ese momento llevaba puesto y tener el aspecto que tenía. Horas que habría podido emplear mucho mejor. Y entiéndeme, con esto no quiero decir que haya nada de malo en dedicar tiempo a prepararse, o en dedicar tiempo a lo que te apetezca. A lo que tú decidas que de verdad quieres. A algunas personas les da una satisfacción inmensa dedicar horas a maquillarse hasta conseguir una auténtica y glamurosa creación artística. En su caso, es tiempo bien empleado porque les alegra el alma. Pero aquella noche delante de Meg, me di cuenta de que tenía que hacer un profundo examen interior para descubrir qué era en mi caso emplear bien el tiempo. Porque nos guste o no, hacerlo todo es imposible. Imposible. Así que algo tiene que desaparecer de escena. Porque si nos empeñamos en abarcarlo todo y mantenerlo todo en perfecto equilibrio, lo más probable es que todo acabe por escapársenos de las manos y nos sintamos fracasadas en todo lo que hacemos.

CUANDO MIRO ATRÁS a lo que fue poner en marcha una empresa desde el salón de mi casa, y luego trabajar sin descanso durante más de una década para que el negocio creciera, veo que para haber sido capaz de expandir la empresa a aquel ritmo tuvieron que desaparecer de escena muchas cosas. Y si soy sincera, la verdad es que nunca conseguí un equilibrio. Era una excelente directora ejecutiva, pero ni mis amigas ni mi familia podían contar conmigo de la manera que a ellas y a mí nos habría gustado, ni fui para Paulo una pareja conectada y atenta. El papel que hice como dueña de mi cuerpo y responsable de mi salud tampoco fue lo que se dice ejemplar. Me pasaba el día yendo de un lado a otro, dormía unas horas allí donde podía, y mi casa solía estar hecha un desastre. Y aunque aparentemente las cosas me fueran de maravilla y lograra un éxito tras otro, me estaba desmoronando por dentro. Porque estaba convencida de que existía algo llamado equilibrio, y yo no era capaz de conseguirlo.

En la actualidad, pienso que no es posible conseguir un equilibrio. Creo que el concepto de equilibrio, entendido como hacer malabarismos con todos los aspectos importantes de nuestra vida para que todos pesen por igual, es mentira. Y cuando creemos que esa mentira es una verdad, acabamos por sentirnos fracasadas todo el tiempo. Y sentirnos así nos quita aún más energía, lo que se traduce en que hay aún más cosas que inevitablemente desaparecen de escena. Porque sentirnos fracasadas todo el tiempo significa que es así como nos sentimos en presencia de nuestros hijos, en una cena romántica con nuestra pareja y durante el escaso tiempo que dedicamos a nuestro cuidado personal. Significa que nos estamos privando de estar plenamente presentes en todos esos momentos. Ojalá hubiera aprendido esta lección mucho antes. Por suerte, finalmente la he aprendido.

Tenemos el poder de decidir en qué enfocamos nuestra atención y nuestra energía. Y tenemos que elegirlo con cuidado, porque algo desaparecerá de escena cuando hagamos esa elección. Una vez que eliges lo que más te importa en la vida y en qué quieres concentrar tu energía y tu tiempo, tienes la oportunidad de estar plenamente presente en cada una de esas cosas. Cuando estés en el trabajo, dedícate por completo a él. Cuando estés con tus hijos, tu familia o tus amigas, olvídate del teléfono, olvídate del trabajo y estate totalmente presente. Cuando saques un rato para dedicarte a ti misma, estate totalmente presente y mímate sin el menor sentimiento de culpa. Date cuenta de que nunca serás capaz de hacer todas esas cosas a la vez de forma equilibrada. Si te crees la mentira de que sí podrás, solo conseguirás no estar presente en ninguna de ellas y no disfrutar de verdad los aspectos más importantes de tu vida.

HOY, NO SOLO creo que el ideal del equilibrio es una mentira. Creo además que puede ser una forma de autosabotaje de la que son víctimas tantas chicas y mujeres. Me parece mucho más realista creer en que tienes el poder para elegir en qué poner tu atención y para enfocar tu energía deliberadamente en lo que elijas. ¡Y para estar presente en el momento! Porque, en cualquier caso, algo va a tener que desaparecer de escena.

Aquella noche, probablemente Meg Whitman no podía imaginar el impacto que tuvieron en mí su sensatez y aquella orientación tan sabia. Haber recibido orientación en tantos momentos de mi vida, y a veces haberla dado yo a otras personas, me ha marcado profundamente. Ya haya sido en un encuentro fortuito como el que tuve con Meg aquella noche; en una relación continuada con un colega de trabajo, una amiga o una jefa que sentía que me aconsejaban bien; en una conversación con otra empresaria a la que mis palabras le sirvieron de orientación, o con un autor o autora a quien ni siquiera he tenido oportunidad de conocer personalmente, cuyo libro leí en cierto momento y que me inspiró de verdad. Todas podemos aprender unas de otras, enseñarnos, inspirarnos e influir mutuamente en nuestras vidas. Estamos todas juntas en esto.

CATORCE

Creer en dar lo que necesitas

Sea cual sea la pregunta, el amor es siempre la respuesta.

-CLEO WADE

—Muy bien, gracias, ¿y tú cómo estás hoy?

Esperé su respuesta. Hubo una pausa extraña, el camarero me miraba desconcertado, como si la pregunta le hubiera pillado totalmente por sorpresa. Sentí el habitual magnetismo del móvil, y estaba a punto de volver a bajar la vista cuando sonrió y dijo:

–La verdad, hoy es mi cumpleaños, así que está siendo una mañana muy buena.

–Ah, pues feliz cumpleaños –le dije.

–Gracias –contestó él–, eres la primera persona a la que se lo digo.

Me encantan los momentos así, cuando dos personas conectan y se escuchan y se ven de verdad. Un rato antes, mientras hacía cola delante del mostrador –había una cola muy larga–, había notado que me sentía un poco desconectada de la sensación de estar viva. Quiero decir, ¿cuántas veces estamos en la cola de la cafetería como si tuviéramos puesto el piloto automático, con la cabeza en nuestras cosas, sin mirar a nadie a los ojos, no porque no queramos tener contacto con nadie, sino porque estamos absortas o distraídas? Pero he aprendido una lección muy sorprendente: si quieres algo, o necesitas algo, dalo tú. Y ten por seguro que lo recibirás. He pasado por períodos en mi vida en los que me preguntaba por qué no sentía con más intensidad cada momento, o no tenía una mayor sensación de alegría, y aprender esta lección –da lo que necesitas– me ha ayudado a cambiar eso. A veces, las lecciones más sencillas son las que más pueden transformar nuestra vida.

Es una de las reglas de oro que aplico y que se cumple una y otra vez. Si te estás preguntando: «Pero ¿qué dices? ¿Cómo puedo dar algo que no tengo?», deja que te explique. Te aseguro que tiene más sentido de lo que parece, y si empiezas a ponerla en práctica, como hice yo, y lo descubres por ti misma, puede que tenga para ti también un efecto transformador.

Mi querido amigo Brendon Burchard, autor de renombre y uno de los seres humanos más impactantes que conozco, dice: «Al final de nuestra vida, todos nos hacemos tres preguntas: ¿He vivido? ¿He amado? ¿He importado?». Creo que cada día podemos conseguir las tres cosas con solo mostrar aprecio hacia otra persona. Imagina que cada vez que pensáramos algo auténticamente positivo sobre alguien nos tomáramos la molestia de decírselo. El único requisito es que tiene que ser absolutamente cierto. Yo he descubierto que teniendo un gesto tan sencillo con otra persona puedes cambiarle la vida y cambiar la tuya también. Si una mañana estás en la cola de la cafetería y te gusta el corte de pelo de la mujer que hay delante de ti, díselo. Si el cajero del supermercado se esmera en saludar a cada cliente, dile que te has dado cuenta del don que tiene para alegrarle el día a todo el mundo. Envíale un mensaje a alguien a quien de verdad aprecies y dile por qué. Cuando una compañera de trabajo exprese una idea inteligente, felicítala. Si ves a alguien que está solo en un evento o una reunión, acércate, salúdalo y hazle saber que entiendes cómo se siente. (¡Incluso aunque seas introvertida!). Yo he incorporado a mi vida esta práctica y me aporta mucha alegría. Y propósito.

Siempre he pensado que, sobre todo las mujeres, tenemos seguridad en nosotras mismas al nacer y luego aprendemos a no tenerla. Las palabras son muy poderosas. Y a veces necesitamos que nos recuerden nuestro poder. A veces necesitamos que alguien crea en nosotras para que nos resulte más fácil creer en nosotras mismas. Eso no nos hace débiles; nos hace humanas. Todos estamos hechos para vivir en comunidad. Necesitamos apoyarnos los unos a los otros, como seres humanos, en esta experiencia que compartimos. Cada uno y cada una administramos el poder que tenemos para elevarnos mutuamente. ¡Y utilizar ese poder es gratis! Vivir de acuerdo con este principio ha tenido en mi vida un efecto transformador en muchas, muchísimas ocasiones. Y una de las ocasiones en que esta lección cobró vida de manera particularmente preciosa fue el día en que tuve el honor de conocer en Los Ángeles a la ex primera dama Michelle Obama en la presentación de su libro *Mi historia*.

Llegué al estadio donde se celebraba el evento con los ojos hinchados tras haberme pasado toda la mañana llorando, e hice un esfuerzo por serenarme. Mi madre Nina había estado en el hospital repetidas veces a lo largo del año y había tenido que volver a urgencias hacía unos días. Sufre una enfermedad autoinmune llamada esclerodermia, que hace que se endurezcan los tejidos del cuerpo, y a medida que avanza va siendo cada vez más dolorosa. Aquella mañana, me venían constantemente recuerdos de estar a su lado en la parte de atrás de una ambulancia camino de urgencias, siempre abrumada por el miedo a que tal vez no volviera a casa. Desde hacía varios años, me encontraba en esa etapa de la vida que a muchos nos llega cuando nuestro padre y nuestra madre se hacen mayores, o empiezan a tener problemas serios de salud, y a nivel emocional los roles se cambian, e instintivamente somos nosotros quienes nos preocupamos y sentimos que es nuestra responsabilidad ahora cuidar de ellos. Aquella mañana las cosas eran aún más difíciles porque yo estaba en Los Ángeles y mi madre en la otra punta del país, en Nueva Jersey. No estaba a su lado, ni siquiera cerca de ella, y me sentía impotente. Estuve a punto de no ir aquella tarde a la presentación, pero el regalo de poder ver en persona a Michelle Obama, una mujer cuya fortaleza y generosidad me habían inspirado siempre –al igual que lo habían hecho las de mi madre–, era como una luz resplandeciente en un momento difícil.

Aunque cuando Paulo, mis amigas y yo llegamos al estadio había ya muchos miles de personas que habían ido a oír hablar a Michelle, la entrada que yo tenía me daba la oportunidad de conocerla personalmente antes del acto, mientras el público iba localizando sus asientos. Nada más llegar, me pusieron en una cola distinta, en la que había otras cien personas esperando para saludar a la ex primera dama. Los agentes del Servicio Secreto tenían vigilado el espacio y, a medida que nos aproximábamos a la cabeza de la fila, nos iban pidiendo que depositáramos todas nuestras pertenencias, incluidos los teléfonos móviles, en una zona de seguridad. Nos dieron instrucciones de que nos acercáramos a Michelle cuando se nos indicara, sobre el escenario fotográfico (delante de un muro de esos, ya sabes, como los que se ven de fondo cuando fotografían a las celebridades a su paso por la alfombra roja). Nos explicaron con mucha claridad que solo tendríamos un momento para saludar y luego posar para la foto, y que en ningún caso podíamos entregarle nada a Michelle, por ejemplo una tarjeta de visita o un regalo.

Al avanzar la cola, empecé a ver a las personas que volvían después de haberla saludado. Unas llorando, otras dando pequeños gritos de alegría por haber conocido a alguien que significaba tanto para ellas. Me gustaría subrayar que esto que cuento no tenía nada que ver con la afiliación política de los asistentes. Uno de mis momentos televisivos favoritos de siempre, que quizá hayas visto, porque luego apareció en las noticias y se hizo muy famoso, tuvo lugar durante el funeral del exsenador John McCain, y en él se ve al expresidente George W. Bush dándole un caramelo a la ex primera dama Michelle Obama. Creo que podemos y deberíamos tener en nuestra vida a gente, amigos y amigas de verdad, que quizá no voten lo mismo que nosotras ni tengan las mismas preferencias de género que nosotras ni un aspecto parecido al nuestro, pero que sean buenos seres humanos, como nosotras, y crean, como nosotras, en el poder del amor y en la humanidad.

La cola seguía avanzando, y cuando vislumbré al fin el escenario en el que se encontraba Michelle, me pregunté cómo se sentiría. La veía sonreír a cada persona y estrecharle la mano con elegancia, durante los escasos segundos que a cada una se le permitía saludar y sonreír para la foto antes de que el equipo de seguridad le indicara que siguiese caminando y dejara paso a la siguiente. Todo estaba perfectamente sincronizado. Me preguntaba qué le iba a decir a aquella mujer fuerte y maravillosa a la que admiraba tanto por todo lo que había aportado al mundo. ¿Qué podía decirle en unos segundos que tuviera algún valor?

Recordé algunas experiencias mías durante los eventos de IT Cosmetics en las que me había encontrado en una situación similar a la suya, y había saludado de uno en uno a nuestros fabulosos clientes, y recordé lo que contaban amigos y amigas míos que tenían trabajos públicos y a menudo saludaban en un marco parecido a aquel a sus clientes o a sus *fans*. Traté de imaginar cómo se sentiría Michelle después de darle individualmente su energía a tanta gente, así que decidí decirle algo que la animara o la alegrara por si le venía bien un poco de estímulo. También decidí dar lo que yo necesitaba. Aquel día necesitaba de verdad que algo me levantara el ánimo, así que, fiel a ese principio, recé por ello. «Por favor, Dios, dame las palabras adecuadas. Ayúdame a decirle lo que realmente necesite o le dé alegría escuchar». Quería que mis palabras fueran un regalo para ella, no para mí. Y nunca habría podido imaginar lo que estaba a punto de suceder...

Yo era la siguiente de la fila, y el corazón me palpitaba con fuerza. En uno de los episodios de una telecomedia que había visto hacía años, se veía a un personaje que cada vez que estaba a punto de llegar al principio de la cola dejaba que los demás se le adelantaran para seguir saboreando la emoción de ser el siguiente. Me entraron ganas de hacer lo mismo, aunque sin duda al Servicio Secreto no le habría hecho ni pizca de gracia. Cuando uno de los miembros del equipo me indicó que había llegado el momento de abandonar mi puesto de «la siguiente de la fila» y que me dirigiera hacia Michelle, aún no tenía ni idea de lo que le iba a decir, pero confiaba en que me saldrían las palabras adecuadas. Nuestros ojos se encontraron y sentí al instante la presencia fuerte y bondadosa de aquella mujer. Y justo cuando abrí la boca y me disponía a hablar, ella se me adelantó. Y dijo algo que me llenó de asombro.

–Tienes tanta luz... –me dijo Michelle Obama *a mí* cuando me acerqué a ella delante del muro fotográfico. Sentí como si el tiempo se detuviera.

–Gracias –contesté yo, abrumada por la sorpresa.

Eso es todo lo que recuerdo. No tengo ni idea de lo que dije después. Ella me sonrió con mirada afectuosa y totalmente presente, y al instante su equipo nos dejó claro que teníamos que terminar el diálogo y sonreír para la foto. Eso hicimos, y luego le di las gracias de nuevo.

Mi intención había sido decirle algo que *a ella* le sirviera, por si lo necesitaba, y lo que ocurrió fue que ella hizo precisamente eso *por mí*. Sus palabras me evocaron algo que me hizo sentirme muy especial. Me recordó quién soy y lo que hay dentro de mí, justo aquel día en que las circunstancias me tentaban a olvidarlo. Dijo exactamente lo que necesitaba oír en aquel momento aquel día tan difícil. Cuando hacemos esto por otra persona, no imaginamos el impacto que eso puede tener en ella y en la gente que hay en su vida. Un rato después llamé a mi madre desde el estadio.

–Mamá, he conocido a Michelle Obama. –La oí aclararse la garganta; me di cuenta de que estaba haciendo acopio de fuerzas para poder dar volumen a su voz.

–Ah, Jay..., ¡qué buena noticia! ¿Cómo ha estado Michelle? –me preguntó.

–Mami, ha estado maravillosa. Y bellísima. Igual que tú.

YA HE HABLADO de que tenemos el poder de bajarles el volumen y quitarles el micrófono a quienes no queremos que lancen a nuestra vida palabras que no nos hacen ningún bien. Cuando das lo que necesitas, estás utilizando tu micrófono para elevar a otras personas. Y tenemos igualmente el poder de *subirles* el volumen a las personas y a las palabras adecuadas, ya sea cuando nos dan un consejo, nos sugieren una idea interesante o nos transmiten un mensaje inspirador que nos eleva el ánimo. Aquel día hice algo que desde entonces pongo deliberadamente en práctica siempre que alguien dice algo estimulante o afianzador. Aquel día quise que las palabras de Michelle echaran raíces en mí, así que empecé a recordarlas a menudo como para ayudarlas a arraigar en mi mente. Los días en que necesito que algo me anime, recuerdo esas palabras y pulso el botón de repetición. Esta práctica, la de subirles el volumen a los mensajes positivos y a cada palabra que nos fortalece, es como crear una lista de reproducción de positividad, que podemos guardar en nuestra caja de herramientas para los días en que la necesitemos.

Cuando expresas un elogio sincero, en ese instante haces del mundo un lugar mejor.

Todos y todas llevamos una luz dentro, no solo para alumbrarnos el camino, sino también para iluminar la belleza de los demás. Y hay quienes la atenuamos, o no hemos encendido nuestra luz desde hace mucho tiempo, o tenemos dudas de cuál será su potencia o de cuánto brillará. O nos olvidamos de que tenemos esa luz. Siempre he creído que cuando expresas un elogio sincero, en ese instante haces del mundo un lugar mejor. Dado que cada ser humano está conectado con todos los demás, lo que damos lo recibimos. Cuando, de corazón, le ofreces a alguien unas palabras de ánimo (no pueden ser fingidas, tienen que ser auténticas), ¡te ayudas a ti misma! Es la regla de oro. Es la tercera ley de Newton. Tanto si vemos el efecto de inmediato como si no, se cumple siempre. Solo puede ser así.

Si quieres algo, la forma segura de recibirlo es dándolo tú.

Si quieres algo, la forma segura de recibirlo es dándolo tú. A ver, no siempre ocurre de forma tan instantánea y obvia como aquel día con Michelle, pero más temprano o más tarde ocurre siempre. He visto que este principio es una cualidad que tienen en común los seres humanos extraordinarios y los grandes líderes: vivir de un modo que tenga en cuenta y sirva a los demás. Piénsalo. Prácticamente cada persona que ha tenido una notable influencia positiva vive o vivía de esta manera. Hablo de esa abuela o esa tía a la que toda la familia siente profundamente perder. De esa profesora o ese conserje a quien el colegio le organiza una fiesta de despedida el día de su jubilación y a quien todo el mundo aplaude con lágrimas en los ojos..., ya sabes, una fiesta a la que acuden hasta los antiguos alumnos, porque es alguien a quien las personas le importan de verdad, y a todo el mundo le ha brindado siempre su ayuda con el mayor afecto. Hablo de Oprah Winfrey, que acude día tras día a su programa de entrevistas todavía hoy, cuando hace décadas que podía haber decidido no trabajar ni un solo día más de su vida. Hablo del conductor de autobús que no quiere jubilarse por el placer de saludar con una sonrisa a cada pasajero todas las mañanas, pues sabe que tal vez sea la única que cada uno de ellos reciba en todo el día. Ver y escuchar de verdad a otro ser humano es a menudo el mejor regalo que le puedes hacer. Y que te puedes hacer.

Lo mismo puede aplicarse al mundo de los negocios. Como jefa o como líder, una de tus responsabilidades es asegurarte de que cada miembro de tu equipo sienta que se le tiene en cuenta. Y que se le escucha. Y que puede ser quien es sin ningún temor. Y que importa. Y tienes que hacérselo sentir de verdad. La ventaja de esto es que, dado que una recibe lo que da, no solo les elevas la moral a los miembros de tu equipo y minimizas los cambios de personal, sino que, además, como líder se te escucha, se te respeta y se te valora con más firmeza y autenticidad aún. Es uno de los factores determinantes de que hubiera tan pocos cambios de personal en IT Cosmetics. Y siendo algo aparentemente tan sencillo, es incomprensible que sea tan poco frecuente, en especial dentro de las estructuras de liderazgo de las empresas.

Dar lo que necesitas es una práctica igual de sencilla que de efectiva. Cuando lo haces con intención, he descubierto que es más efectivo aún. En mi caso, ha tenido un efecto transformador levantar la vista de la pantalla del móvil (a la que era totalmente adicta) y dedicar unos momentos a sentir el día, a prestar atención a si me siento verdaderamente viva y estoy viendo de verdad a los demás seres humanos y conectando con ellos. Cuando tengo un día difícil, la intención de transmitir a los demás reconocimiento o despertarles un poco de alegría me ayuda a salir de mis propias dificultades. Y muchas veces me doy cuenta de que no lo practico lo suficiente y de que ese es el motivo de que me sienta mal.

Lo mejor de todo es que tenemos el poder de dar de esta manera ahora mismo. Si quieres que haya amistad en tu vida, sé una amiga para los demás. Si te sientes sola, acoge a alguien con calidez y bríndale tu compañía. Si sientes que no se te escucha, invita a otra persona a que te cuente sus cosas y escúchala con la mayor atención. Si no te sientes guapa, contempla la belleza de la mujer que tienes al lado y dile lo que ves. Si tienes la sensación de ser invisible, hazle saber a alguien que percibes su presencia. Si todavía no tienes los bienes materiales que deseas o tanto dinero como te gustaría, comparte lo que puedas con alguien que lo necesite. Cree en el poder de todo lo que hay ahora mismo dentro de ti y que puedes ofrecer a los demás. Y si quieres o necesitas algo, dalo. Luego observa lo que ocurre.

QUINCE

¡Creer en el poder de dejar brillar tu luz!

«Me encanta tu vestido».

«Lo compré en las rebajas».

«Deberías estar orgullosa de lo que has conseguido».

«Bah, tuve mucha ayuda».

«Qué guapa estás».

«¡Pero qué dices, he engordado muchísimo!».

«Tu marido es muy atento».

«Sí, pero no sería capaz de cambiar una bombilla aunque su vida dependiera de eso».

«¡Qué peinado más bonito!».

«Necesito con urgencia un corte de pelo».

«Tu hija es tan inteligente...».

«Ya, y una descarada, y hoy no estoy yo para tonterías».

«Tienes una piel estupenda».

«¿Hablas en serio? Pero ¿tú has visto este grano?».

¿Sueles responder a los cumplidos menospreciándote? Es muy frecuente que las mujeres se relacionen entre ellas hablando de sus problemas, no de sus éxitos. Desde niñas, aprendemos a temer que expresar alegría por nuestras victorias nos exponga a la desconexión y la alienación.

A menudo, a las chicas se nos enseña a ser discretas, amables y educadas, y a no ofender a nadie. Así que, por un lado, soy atrevida, intrépida y rebelde, y tengo agallas como para construir desde cero una empresa muy próspera, y me encanta contar mis experiencias, orientar a quien lo necesite e inspirar a otras mujeres a hacer realidad sus sueños hablándoles de cómo lo hice yo; y, por otro lado, me enseñaron a sentir cierto malestar por hablar de mis éxitos y a temer que lo que digo pueda sonar jactancioso. Y, por supuesto, me enseñaron que de la prosperidad financiera no se habla, que todo lo relacionado con el bienestar material es de carácter privado y debe tratarse con la misma discreción que el historial médico. Me enseñaron que quienes hablan abiertamente de sus éxitos son gente arrogante, insegura y, en definitiva, una panda de imbéciles.

Así que cuando encontré en el contestador automático una llamada de la revista *Forbes* para decirme que iban a incluirme en su lista de «las cien mujeres hechas a sí mismas más ricas de Estados Unidos», no quise saber nada. Le pedí a la jefa de relaciones públicas de nuestra empresa que escribiera a la periodista que había llamado y le dijera que no me interesaba en absoluto hablar de mi patrimonio personal, imaginando que con eso bastaría para que no me incluyeran en su lista. La periodista respondió con un correo electrónico en el que decía que la revista había reunido suficientes datos precisos para publicar su estimación de mi patrimonio neto, y que iba a salir en la prensa, con o sin mis comentarios. *¡Pero qué c**o dice?*, pensé. Y con el corazón acelerado, seguí leyendo el correo. El mensaje decía que, puesto que en cualquiera de los casos iba a salir en la prensa, lo ideal era que confirmara los detalles de mi patrimonio. Me entró un ataque de ansiedad. Me cruzaban la mente a toda velocidad pensamientos del tipo: *¿Y cómo saben cuál es mi patrimonio real?*, *Había por medio tantos abogados y gente de la banca cuando vendí la empresa que ¡a saber quién de ellos ha revelado esta información!*, *¡No tengo ninguna intención de comentar una información tan personal!* y *¡Dios mío!, si esto se publica, ¿cómo va a afectar a mi vida?*

Cuando L'Oréal incluyó en su comunicado de prensa el precio de compra de IT Cosmetics, mil doscientos millones de dólares en efectivo, y la noticia saltó a los medios de comunicación, hubo gente que de repente me llamaba y me pedía dinero para pagar su hipoteca, que me amenazó con demandarme, que intentó extorsionarme o que casi me exigía que me hiciera cargo de sus facturas médicas, y otras cosas que no puedo ni describir. Pero una cosa es que se conozca el precio de venta de una empresa y otra muy distinta revelar tu patrimonio personal. Le contesté a la periodista de *Forbes* que no pensaba hacer ningún comentario. Fue una decisión difícil, porque desde niña, en la época en que hacía galletas en casa y las vendía en el colegio a dólar la bolsa, soñaba con aparecer un día en la portada de la revista *Forbes*. Así que..., en fin, que *Forbes* supiera quién era yo me parecía un sueño.

Creo que el éxito de mi empresa se debe a una combinación de los magníficos productos que hemos creado y de nuestra auténtica misión, que es cambiar la cultura y el sector de la belleza en nombre de todas las mujeres. Poder hablar de esa misión en *Forbes* era una fabulosa oportunidad que ayudaría a acelerarla. Además, pensé que contar algunos detalles de mi difícil camino como empresaria podría dar esperanzas a otra gente. Al final, decidí decirle a la periodista que *sí* estaba dispuesta a hablar de mi experiencia, pero que en ningún caso daría cifras financieras personales. Y nunca lo hicimos. Ella cumplió su palabra y no sacó el tema cuando me entrevistó, y su relato, exquisitamente escrito, era inspirador y provenía de una sincera intención de que les fuera útil a otras empresarias.

Pero me dijo que, aun con todo, tenía que publicar una cifra de mi patrimonio neto y que, como yo no había dado detalles, la revista estimaría cuál era basándose en los datos públicos de que disponía. La cuestión es la siguiente: *Forbes* no tenía forma de conocer con exactitud mi patrimonio neto. Conocían el precio de venta de nuestra empresa, pero también sabían que, en el momento de la venta, teníamos socios e inversores de capital privado. Hay quienes venden su empresa por mil millones de dólares y obtienen los mil millones en su totalidad, y quienes, después de pagar a los inversores, se quedan con menos de un millón. Así que lo que hace *Forbes* es publicar una estimación basada en los datos que recopila y en las fuentes y opiniones que considera fiables.

EL DÍA QUE se publicó la lista *Forbes*, ahí estaba impreso: «Jamie Kern Lima, Directora Ejecutiva de IT Cosmetics», y a continuación su estimación de mi patrimonio neto. Mi equipo me entregó en mi despacho el ejemplar que acababan de recibir, y al abrirlo me quedé de piedra: «¡Qué co****s es esto!». (Nota: Construí una empresa pidiéndole a Dios que me utilizara –y me ayudara– a aportar al mundo lo mejor de mí... y, sin embargo, ahí estaba ahora soltando en voz alta un «¡qué co****s es esto!» con todas las letras). ¿Por qué me afectó tanto? Porque estaba totalmente dividida, entre sentirme orgullosa de estar en la lista (¿era mi ego?) y abochornada, mortificada y avergonzada por la posibilidad de parecer arrogante o vana. Luego me venían pensamientos como: *Si en la época en la que trabajaba de camarera en Denny's me hubieran dicho que un día estaría en la lista Forbes, dudo que me lo hubiera creído*, y por una fracción de segundo tuve un pensamiento mezquino: *¡Espero que todos los que no creyeron en mí vean esto!*

Siempre he creído en la verdad de estas palabras de Lewis Howes: «Un verdadero multimillonario es alguien que influye positivamente en muchos millones de vidas». Beyoncé, Taylor Swift, Meg Whitman y Oprah Winfrey también aparecían en la lista, y yo sabía que estaba en compañía de mujeres que habían contribuido poderosamente a transformar la vida de mucha gente. Uno de los aspectos más favorables de la prosperidad financiera es poder utilizar el dinero para ayudar a otros, como Paulo y yo hemos podido hacer, tanto mientras fuimos propietarios de la empresa como desde que la vendimos. Esa intención de ser de utilidad a los seres humanos es lo que me apasiona y me hace saltar de la cama cada mañana. Yo no mido el éxito de alguien por el dinero que tiene o por el puesto que ocupa. Creo de verdad que el éxito de una persona debe medirse por su contribución al mundo. Pero ¿era esa la verdadera razón por la que no quería celebrar públicamente mi éxito empresarial y monetario? ¿No sería tal vez que, como mujer, había integrado plenamente la idea de que debía atenuar mi propia luz, y a esto lo llamaba humildad?

CONFESIÓN: LOS ÚLTIMOS tres años, en los que he estado cada año en la lista, mi biografía pública dice: «Jamie está en la "Lista *Forbes* de las cien mujeres hechas a sí mismas que más éxito han alcanzado"», cuando el nombre correcto es: «Lista *Forbes* de las cien mujeres hechas a sí mismas... más ricas». Sustituí «más ricas» por «que más éxito han alcanzado» porque me parecía de mejor gusto y más humilde. En todos los programas de televisión en los que he aparecido, en todos los discursos inaugurales que he pronunciado y en todas las galas a las que acudido a recibir un premio, el «más ricas» se ha eliminado de la biografía que el equipo de relaciones públicas de mi empresa ha proporcionado a los organizadores del programa o evento. Y de repente, este año, ¡tuve una GRAN revelación!: «¡Pero qué he estado haciendo!». Me di cuenta de repente de la fuerza tan impresionante que tiene el que otras chicas y mujeres adultas me vean a mí, una mujer que montó un negocio prácticamente sin dinero, que tuvo que aprender desde cero prácticamente todo, ¡en la lista *Forbes* de las mujeres hechas a sí mismas más ricas de Estados Unidos! Porque cuando vemos que algo es posible, nos es mucho más fácil imaginarnos a nosotras haciéndolo. Por ejemplo, ver lo que Oprah Winfrey hace en su vida profesional me ha ayudado siempre a creer en que yo también puedo cumplir mis grandes sueños, hasta los más descabelladamente grandes.

Para que se produzca un auténtico cambio cultural, las niñas, las jóvenes y las mujeres adultas tienen que ver a mujeres que se han hecho a sí mismas y que han logrado un gran éxito empresarial y financiero. Durante diez años, trabajé más de cien horas a la semana y sobreviví a base de coraje y oración. Durante más de ocho años, pasé incontables noches durmiendo en la sala de espera de QVC e hice más de doscientos programas de televisión en directo al año. Durante años, me rechazaron desde todos los ángulos. Tuve que mantener la fe por encima de los miedos y no permitir que el oír un *no* detrás de otro me hiciera perder la confianza, y gracias a eso pude luego convertir cada *no* en un *sí*. El poder que transmite ver a otras mujeres millonarias y multimillonarias que han conseguido serlo por sus propios méritos es inmenso. ¿Por qué había estado tan empeñada en minimizar e incluso ocultar la realidad de mi vida? ¿Por qué me había obligado a atenuar mi luz? ¿Cómo no me había dado cuenta de que con ella podía iluminarles el camino de la posibilidad a otras mujeres?

Cuando le dije a la periodista de *Forbes* que no haría comentarios sobre mi patrimonio neto, me comentó que muchas otras mujeres de la lista tampoco estaban dispuestas a hacerlo y no lo hacían. Y que era justamente la reacción contraria a la que solían tener los hombres cuando se enteraban de que habían entrado en la lista *Forbes*. Cuando le pregunté a qué se refería, me explicó que los hombres, por lo general, no solo *quieren* estar en la lista, sino que además se quejan de que la cifra de su patrimonio neto debería ser más alta que la que estima *Forbes*, y hacen todo lo posible por proporcionarle datos financieros para demostrar que es así y que, por tanto, merecen ocupar un puesto más alto en la lista; llegan a exigirle a la revista que haga las modificaciones pertinentes. Es asombroso, ¿verdad?, que los hombres y las mujeres respondan de forma tan diferente a la misma cuestión... O quizá no tanto. Durante siglos, a las mujeres se nos ha enseñado a encogernos (literalmente), y se nos ha dicho que tenemos que ser guapas y sonreír todo el tiempo si queremos encajar con el modelo social del éxito femenino. También se nos ha enseñado que, si nuestra pareja es un hombre, no podemos tener más éxito profesional que él ni un sueldo más alto, porque esa dinámica destruiría la relación. A los hombres, por su parte, se les enseña a medir su éxito exclusivamente en función de su prosperidad financiera. También se les enseña que son los encargados de mantener a la familia. Aunque conscientemente sepamos que todas estas creencias limitadoras están ya anticuadas, es posible que nuestro subconsciente siga pensando que hay verdad en ellas. Nuestras bienintencionadas familias, y sin duda la sociedad, siguen teniéndolas a menudo por verdades.

Piénsalo un poco: incluso en las fotografías más vistas y comunes que se publican en Instagram –una plataforma moderna en la que participa gente de todas las generaciones, pero principalmente *millennial* o gente más joven aún–, las imágenes de lo que es una mujer a la que emular se basan con frecuencia en el cuerpo o la apariencia, o en otros casos reflejan cómo lograr la perfección como madre; en cambio, a los hombres se los retrata ante sus logros monetarios o profesionales y con imágenes que evocan el éxito y el dinero –coches deportivos o avionetas–, o se los ve en su despacho o en un entorno laboral creativo. Si te fijas en las imágenes de mujeres hechas a sí mismas que han alcanzado un éxito fabuloso, por ejemplo en el mundo del espectáculo, ves que, aun con todo, muchas de ellas se siguen encogiendo. He visto fotos de parejas famosas de Hollywood en las que la mujer, que a menudo ha alcanzado un éxito mucho mayor en los negocios que su novio o su marido, posa en biquini, mientras que él, que sobresale físicamente por encima de ella, está completamente vestido delante de un avión, con los brazos cruzados. Todos y todas debemos tener libertad para publicar lo que queramos, aparecer en las fotos con la ropa que queramos, expresar como queramos nuestra identidad. No estoy juzgando eso. Pero lo que falta a todas luces en el panorama general, especialmente en las plataformas de redes sociales más populares, son imágenes de mujeres en puestos directivos o que muestren el éxito financiero o empresarial que han alcanzado. ¿Cuándo ha sido la última vez que has visto en tus redes sociales que la imagen de una mujer posando delante de su escritorio, o presidiendo la mesa de juntas o vestida con traje de ejecutiva, se haya hecho viral o haya recibido millones de «me gusta»?

Cada cual elegimos quién aparece en nuestras redes sociales, y elegimos libremente a qué personas seguir. Y cuando seguimos a alguien en Internet, estamos eligiendo también alimentar nuestra energía con lo que esa persona aplaude, desde lo que le hace gracia hasta cómo define el éxito y la valía personal. Así que, a la hora de elegir a quién sigues para inspirarte o motivarte en tu negocio, ten en cuenta esto: sigue a las personas que realmente han hecho lo que tú quieres hacer, no a las que solo saben hablar de ello con mucha elocuencia. De vez en cuando me gusta hacer inventario de las personas a las que sigo y preguntarme tranquilamente si me gusta cómo me siento después de ver su contenido. ¿Me inspira, me anima y me llena? ¿O me tienta a sentirme incompetente, vacía o inútil? Te recomiendo que repases a menudo a quién sigues, para seleccionar qué tipo de energía e influencia incorporas a tu vida. De este modo, ¡proteges además tu bienestar, tu positividad y tu potencial!

Sigue a las personas que realmente han hecho lo que tú quieres hacer, no a las que solo saben hablar de ello con mucha elocuencia.

Para dejar de dar continuidad a todas esas normas sociales anticuadas y que la cultura cambie, es muy importante que las niñas, las chicas jóvenes y las mujeres adultas vean una nueva imagen del éxito. Y que los hombres la vean también. Para mí, esa es la fuerza que transmite el hecho de que yo entrara en la lista *Forbes* de las mujeres hechas a sí mismas más ricas de Estados Unidos. Imagina la fuerza que tendrá el que todas, especialmente la próxima generación, nos sintamos tan cómodas con el concepto de «mujer ejecutiva de éxito» que las sugerencias empresariales se difundan más rápido entre nosotras que las tendencias dietéticas. He llegado a la conclusión de que este tipo de listas nos ayudan a caminar en esa dirección.

AUNQUE ME MANTENGO firme en la negativa a revelar cuál es mi patrimonio personal neto o a hacer ningún comentario sobre el tema, ya no oculto que estoy en la lista *Forbes* de las mujeres hechas a sí mismas más ricas de Estados Unidos. Puede parecer de mal gusto que una mujer hable de sus victorias, sus éxitos o hasta sus pequeños logros cotidianos. Lo comprendo. Porque a las niñas y a las mujeres nos enseñan que, en público, tenemos que comportarnos con modestia, y que hablar de nuestras victorias es presuntuoso y da una mala imagen de nosotras. Desde pequeñas nos enseñan a quitar importancia a nuestras victorias, grandes y pequeñas. Aprendemos a ocultar nuestros talentos y habilidades. Ya en la escuela primaria, recuerdo que no levantaba la mano cuando sabía la respuesta a lo que se acababa de preguntar. Cuando en el instituto me dieron el premio a la «mayor procrastinadora», no le dije a nadie que, aunque era verdad que nunca presentaba a tiempo los ejercicios, además de ir a clase tenía tres trabajos y había ahorrado lo suficiente para comprarme un coche. Y cuando me admitieron en el equipo de baile de la universidad pero a una de mis mejores amigas no, le dije que los jueces se habían equivocado por completo y que si me habían elegido era solo porque ese día había tenido muchísima suerte.

Los temas de los que hablamos cuando estamos juntas, y que sentimos que nos unen, son la tendencia a engordar o a abandonar las dietas, el que alguien nos haya tratado mal o lo fabulosa que es esa foto filtrada (léase *falsa*) que una de nosotras ha publicado en las redes sociales. Y seamos sinceras: imagina lo que le pasa a la chica que se presenta en el grupo y dice algo como: «Yo tengo una constitución que, coma lo que coma, siempre estoy delgada. Es genial». O «Mi relación de pareja va como la seda; mi marido se ha encargado hoy de todas las tareas domésticas y luego me ha dejado una nota de amor». O incluso algo menos personal, como: «Hoy, cuando estaba llegando a la cafetería, de repente ha quedado libre un sitio justo delante, y lo mejor de todo es que, después de aparcar, me he acercado al parquímetro y he visto que alguien había metido dinero de sobra». Y ante cosas así, ¿cómo nos han enseñado a reaccionar? Pensando que esa persona está alardeando. Aprendemos rápidamente que cuando nos quejamos de que esa semana no hemos podido abrocharnos el botón de los vaqueros o de que tenemos la casa hecha un desastre, otras mujeres se sienten identificadas y conectan con nosotras de inmediato. Incluso aunque seas una ardiente defensora de los derechos de las mujeres, esta suele ser la forma en que establecemos vínculos entre nosotras: hablando de problemas y de lo que percibimos como debilidades, no de victorias. Ese miedo a que hablar de nuestras victorias se interprete como un alarde y nos desconecte y aleje de otras mujeres ¡se tiene que acabar! Por otro lado, a veces veo a una mujer quejarse a otras mujeres de lo mal que lo hace todo como para enviarles la señal de que pueden relajarse porque no es una amenaza para ellas en sentido competitivo. Es ridículo que tengamos que preocuparnos por algo así. ¡Pero qué co****s es esto! (Lo siento, abuelita, pero ¡qué co****s!). A los hombres los educan de otra manera. Les enseñan a celebrar los éxitos de otros hombres, a felicitarse unos a otros, ya sea por haber echado músculo en el gimnasio o por haber conseguido aparcar en el sitio exacto al que iban y, además, sin tener que pagar un centavo. ¿Con qué frecuencia se premia a los hombres por menospreciarse a sí mismos?

Por nuestro bien, por el de nuestras hermanas, nuestras madres, nuestras tías, nuestras madrastras, nuestras abuelas y nuestras bisabuelas, por el bien de nuestras hijas, de nuestras nietas y de todas las mujeres, tenemos que cambiar esto. Tenemos que celebrar nuestras victorias entre nosotras y celebrar la victoria de *otra mujer* como si fuera la nuestra. ¿Recuerdas lo que contaba sobre la perspectiva de la escasez, la idea de que si *otra mujer* consigue un puesto en la sala de juntas es señal de que yo no lo he conseguido? Pensamos que si *ella* gana, automáticamente yo no. La verdad es que ocurre todo lo contrario: cuanto más triunfe ella, más posibilidad y oportunidades habrá de que triunfe yo. Cuanto más celebremos nuestras victorias y las de ella, ¡más ejemplos tendrán a la vista otras chicas y mujeres adultas! Tenemos que cambiar esto, y el cambio tiene que empezar en ti y en mí. Ahora mismo. ¿Trato hecho? Y escucha, no va a ser fácil. Pero tiene que suceder. Para provocar un verdadero cambio en torno a esto y que la cultura dé un giro, es importantísimo que creas en que la victoria de *ella* es *tu* victoria. En que la fuerza de *ella* es *tu* fuerza. Y, a veces, otra mujer tiene que ver *tu* victoria para creer en que la suya es posible.

LA PRÓXIMA VEZ que logres algo que deseabas o te ocurra algo bueno, ya sea una cuestión de mucha o de poca importancia, compártelo y celébralo con otras mujeres. Y si te resulta extraño hacerlo, vuelve a abrir este libro y relee este capítulo. Comparte y celebra tu victoria, sea grande o pequeña. Hazlo con valentía y confianza. No caigas en la tentación de guardártelo para ti por temor a incomodar a alguien o a que alguien se sienta mal o inferior a ti. Es posible que su reacción sea esa, pero no pasa nada. Entiendo que contar algo estupendo que te ha ocurrido pueda parecerte arrogante, o que te preocupe que, si lo cuentas, alguien se moleste o haya gente que te mire con antipatía. Es así como nos enseñaron a sentirnos en esas circunstancias. Y a veces, cuando cuentes algo maravilloso que te ha ocurrido o que has logrado, *habrá efectivamente* quienes se sientan molestas o inseguras o piensen que eres una engreída. En la mayoría de las ocasiones, ocurre porque desde niñas nos han enseñado a procurar no llamar la atención, a ser discretas y complacientes y a estarnos calladitas. Pero si lo piensas un poco, eso de complacer a la gente, que se traduce en ser educada y simpática, es sutilmente la manera que tiene nuestra cultura de mantenernos encogidas. ¿Cómo vamos a llegar a lo más alto si constantemente nos obligamos a nosotras mismas a encogernos? Posiblemente servirá para que *algunas* personas se sientan más a gusto, pero no son ellas las que nos importan en este momento. Hay mujeres para las que tu experiencia puede ser inspiradora, o que necesitan oírla o verla para creer en que también ellas pueden llegar a donde has llegado tú. No les robes la posibilidad de escucharla solo para que *algunas* personas se sientan más a gusto. Algo que me ayuda cuando noto que estoy a punto de contar algo con vaguedad para quitarle importancia es recordarme que esto va mucho más allá de mí, que no lo cuento para vanagloriarme, que el relato de cualquier victoria puede significar un momento de inspiración y liberación para otra mujer. Y así, con esa intención, hablo.

Pero el propósito no es exclusivamente ayudar e inspirar a otras chicas y mujeres adultas. Esto es algo que tienes que hacer también por ti. Y por la niña que hay dentro de ti. Cuando eras pequeña, quizá tenías miedo porque no estabas segura de quién eras y en quién te estabas convirtiendo. Ahora, como mujer, puedes volver la vista atrás a esa jovencita y tenderle la mano…, a esa niña a la que le enseñaron a dudar de la fuerza que tenía dentro, que aprendió a dudar de su propia belleza, que aprendió a quedarse callada cuando sabía lo que había que decir, que sufrió menosprecios por ser ella misma y empezó a creerse las palabras hirientes. Acércate a esa niña, tómala de la mano y dile: «Ven conmigo, ahora somos más fuertes. No estás sola. Eres hermosa. Dios puso una luz dentro de ti destinada a brillar. Eres digna de usar tu voz, de dar la respuesta cuando la sabes, de irradiar tu luz tan intensamente que ilumine el mundo». No atenúes tu luz. ¡Nunca! Porque cuando atenúas tu luz, ¡atenúas la suya! Cree en el poder de dejar brillar tu luz. ¡*Su* futuro y el tuyo dependen de ello!

DIECISÉIS

Creer en los milagros... y en Oprah

Siempre has tenido el poder, querida, solo necesitabas descubrirlo tú misma.
—GLINDA, LA BRUJA BUENA DE *EL MAGO DE OZ*

Desde que tengo memoria, he creído en que algún día conocería a Oprah. De pequeña, era mi mentora televisiva. Cuando estaba sola en casa, lo cual ocurría con mucha frecuencia, Oprah era mi hermana, mi amiga, mi consejera, mi tía y mi profesora predilecta. Gracias a sus programas y a la valentía de mostrarse vulnerable al hablar de su larga historia de dificultades, inseguridades, fe, alegrías, victorias y dolor, descubrí que yo no estaba sola en la mía. Para muchas de mis amigas significó lo mismo que para mí. Cuando Natasha era niña, Oprah era una de las pocas mujeres de la televisión que se parecían a ella y que tenían el pelo rizado. A Natasha, ver a Oprah a diario desde el salón de su casa la ayudó a creer en que un día podría tener su propio programa de televisión y aparecer con el pelo rizado ella también. ¡Y consiguió ambas cosas! Y aunque nos hayamos hecho mayores, tanto para mis amigas como para mí, y para muchas otras mujeres que conozco, el papel de Oprah en nuestra vida sigue siendo el mismo. No ha dejado de ser nuestra consejera y profesora. Creo que es una de las mejores maestras vivas del mundo.

Por supuesto, como casi todo el mundo, siempre soñé con conocerla. Pero, a diferencia de casi todo el mundo, yo creía de verdad en que la conocería. Nunca soñé con que me resolviera los problemas o se hiciera cargo de mis facturas, a pesar de que la mayor parte de mi vida he tenido grandes dificultades para pagarlas. Nunca soñé con que me regalara un coche. Tenía simplemente la sensación de que, en cierto sentido, estábamos conectadas. Y si toda tu vida has sido telespectadora de sus programas, como lo he sido yo, recordarás el momento en que, durante una entrevista a Barbara Walters en 1988, Oprah le dijo: «Siempre supe que estaba destinada a la grandeza». Yo tenía once años, y recuerdo que, al oírlo, supe que en lo más profundo de mí sentía algo muy parecido. La prensa la criticó mucho por decir eso, lo cual no es de extrañar: la gente no está acostumbrada a que las mujeres hablen de sí mismas con tanta confianza. La sociedad reacciona con fiereza cada vez que una mujer brilla con luz propia.

SI ERES *FAN* de Oprah, probablemente recuerdes el pleito de las hamburguesas. El sector productor de carne de vacuno la demandó por decir que no pensaba volver a comerse una hamburguesa. Da igual si estamos de acuerdo o no con su opinión sobre el tema, para mí esa es la parte menos relevante. Recuerdo que tenía diecinueve años en aquel momento y pensé: *¡DIOS MÍO, esto es BESTIAL! Bestial a tantos niveles...* ¿Es posible que una mujer tenga tanta influencia como para que por el simple hecho de expresar su opinión en la televisión nacional la demanden? Y no solo una mujer, sino una mujer de color. ¿Es posible que haya conseguido tener tanta influencia como para que la demanden por decir lo que opina? Recuerdo que me parecía de importancia trascendental y una victoria para todas las mujeres. Y después, ¿te acuerdas de cuando la prensa la atacó por iniciar un segmento que tenía por nombre «¿Recuerdas tu espíritu?». Los medios de comunicación dijeron que había empezado a hablarle al público en plan religioso (esto fue antes de que hablar de espiritualidad y mindfulness fuera tan normal y habitual como lo es hoy). Pero Oprah siempre se ha adelantado a su tiempo y nunca se ha dejado distraer por lo que hacían otros programas de entrevistas o sus presentadores, ni siquiera durante los períodos en que esos otros programas ganaban audiencia. Estoy segura de que esa lección suya sembró en mí una semilla que guio mi línea de acción en IT Cosmetics. Siempre les decía a nuestros empleados y empleadas que no desviaran la mirada hacia lo que hacían nuestros competidores, que lo ignoraran, porque el mayor peligro para el éxito de IT Cosmetics sería distraernos con lo que hacía la competencia o dejar que su éxito nos tentara a diluir nuestra auténtica misión y nuestra salsa secreta. El ejemplo de Oprah me enseñó a infundir este principio en mi empresa. Y hoy sé que si nos hubiéramos distraído con lo que hacían nuestros competidores, nunca habríamos llegado a ser una marca de mil millones de dólares.

Así que ya te puedes hacer una idea del impacto tan grande que había tenido esta mujer en mi vida aun sin conocerla personalmente. Y entonces..., ¿estás preparada para oír esto? Lo último que podía imaginar es que, de repente, de la manera más inesperada, un día que me levanté tan agotada y decaída que no tenía fuerzas ni para ducharme, ¡¡¡iba a conocer a OPRAH!!! Así es como sucedió. Y como sucedió lo que sucedió después. Lo cual es aún más increíble. O no. Quiero decir, ¿qué es ya increíble a estas alturas?

MI CUARENTA CUMPLEAÑOS estaba ya cerca, y yo no paraba de trabajar. Alguien me había contado que Oprah iba a hacer en Los Ángeles una de sus SuperSoul Sessions (conversaciones sobre espiritualidad), y compré entradas para ir con mis amigas. Tenía que estar en Los Ángeles justo aquellos días por motivos de trabajo, así que el momento era perfecto. En el pasado había asistido a otro evento de Oprah, en un estadio de Florida durante su gira Live Your Best Life ('vive tu potencial al máximo'). Había miles de personas y fue genial. El evento de Los Ángeles tendría lugar en un teatro del campus de la Universidad de Los Ángeles en California, y Oprah iba a contar con varios oradores invitados a los que entrevistaría en el escenario. La mañana del evento, el entusiasmo casi consiguió hacerme olvidar la extenuación por las horas de trabajo sin fin. Me puse mi vestido favorito, verde, y zapatos planos, y metí en el bolso unos zapatos de tacón para cambiarme luego. Lo mismo en la televisión que en la mayoría de las reuniones de negocios, siempre había llevado zapatos de tacón, y sabía que, en eventos como el de aquel día, a veces las cámaras enfocaban al público. Quería que si se daba la ocasión, me pillara con los tacones puestos, por si acaso. Me peiné el pelo hacia atrás, recogido en una coleta, y me puse mi anillo y mi pulsera favoritos, que llevan los dos la inscripción: «Creyó que podía hacerlo, así que lo hizo». Siempre he creído en la gran ayuda que es tener a mano recordatorios que te inspiren. Aquella mañana, Zega me había dicho que se había puesto en contacto con una amiga suya, asistente personal, como ella, y que nos había conseguido asientos mejores que los que teníamos e iban a cambiarnos las entradas, pero eso fue todo. No tenía *ni idea* de lo que estaba a punto de ocurrirme.

Llegamos al teatro y nos dirigimos a nuestros asientos. Eran fabulosos: centrales, en la quinta fila, justo a la izquierda del pasillo. Me sentía muy agradecida a Zega porque nos hubiera conseguido aquella notable mejora. Justo cuando nos estábamos acomodando, una chica joven de pelo rubio se acercó a Zega para saludarla, y luego se giró hacia mí y se presentó.

–Hola, soy Amy, la jefa de personal de Oprah. Estos son los asientos que ella os ha reservado, y en el descanso del almuerzo volveré para llevarte a que la conozcas.

–¿¿¿QUÉ??? –Me quedé mirándola fijamente, y esa fue la única palabra que salió de mi boca. ¿Estaba soñando? Volví la cabeza, y Zega tenía los ojos llenos de lágrimas.

–¿No lo sabías? –me preguntó Amy.

–¿Saber qué? –contesté yo. Y la vi mirar a Zega.

–Mejor cuéntaselo tú –le dijo.

Cuando nos quedamos solas, Zega me contó que le había escrito una carta a la jefa de personal de Oprah. Y no sé qué artes de magia empleó, pero el caso era que Amy la había leído y se la había enseñado a Oprah, y por alguna misteriosa razón Oprah había decidido invitarme a conocerla ese día. Zega nunca ha querido decirme qué escribió exactamente en aquella carta. Pero sí me dijo que había incluido la anécdota de que, en su primera semana de trabajo, un día que fuimos al autoservicio de Starbucks a pedir unos cafés, los vasos de papel llevaban alrededor una funda aislante con citas de Oprah impresas. Entonces yo le había empezado a hablar del impacto que Oprah había tenido en mi vida como mentora, y Zega había dicho que ella no era *fan* suya. Y yo me había quedado de piedra: «¿Qué? Dime que es una broma». Y le había seguido hablando de Oprah día tras día, explicándole de mil maneras por qué la consideraba una de las mayores maestras vivas del mundo. Tanto que, al final, le había despertado un interés sincero. Eso me dijo Zega que había contado en su carta. Y también que había hablado un poco de mi historia y de la clase de cosas que he hecho por otras personas, y de que no habría mayor regalo que ella pudiera hacerme que conocer a Oprah. Zega tenía muchas amigas y amigos que trabajaban como asistentes de alguna celebridad, pero no conocía a nadie del equipo de Oprah. Sin embargo, misteriosamente, su carta había llegado a la superficie.

La cuestión es la siguiente. En una empresa como IT Cosmetics, recibimos a diario miles y miles de cartas, correos electrónicos y mensajes directos en las redes sociales. Aunque les hubiera dedicado las veinticuatro horas del día los siete días de la semana, no habría sido capaz de leer ni una centésima parte. Es humanamente imposible. Ahora imagina cómo puede ser en el caso de Oprah, que es un millón de veces más conocida que mi empresa y debe de recibir un millón de veces más correos electrónicos, cartas y mensajes en las redes sociales. Además, los recibe de todos los países del mundo. Y yo sabía que lo que acababa de pasar no se debía a que fuera una directora ejecutiva de éxito; hay millones de ejecutivas que le escriben, y muchas han alcanzado un éxito mucho mayor que el mío, y sin embargo la mayoría nunca han tenido la oportunidad de conocerla personalmente. ¿Qué probabilidades hay de que un único correo electrónico enviado por mi asistente sin conocer a nadie cercano a Oprah llegue a abrirse, y no digamos ya de que lo lea un miembro de su equipo? Una entre mil millones. Luego, una vez que lo ha leído, ¿qué probabilidades hay de que se lo dé a leer a la propia Oprah? Una entre un millón. Y luego, de los innumerables mensajes de los que ella tiene noticia, ¿qué probabilidades hay de que decida responder a este?... Yo sabía, con cada célula de mi ser, que había una razón para que eso estuviera sucediendo. Una razón que iba mucho más allá de mí. Y sabía que Dios estaba en ello.

DESDE MI BUTACA, aquel día escuché a los conferenciantes hipnotizada por su perspicacia. Gary Zukav estableció una analogía preciosa para explicar cómo saber en la vida que vamos en la dirección correcta. Dijo que era como estar en un velero en medio del mar. Notamos cuándo estamos navegando a contracorriente, y eso significa que el rumbo no está en armonía con nuestra alma. Es lo contrario a fluir. Dijo: «Cuando te dejas guiar por la brújula interior de lo que para ti tiene auténtico significado, navegas en la misma dirección en la que quiere navegar tu *barco nodriza*». También tuve el placer de oír hablar a la formidable Angela Manuel Davis sobre el poder de las palabras que nos decimos a nosotros mismos sobre quiénes somos. Y mientras hacía todo lo posible por estar presente y escuchar el mensaje tan inspirador de cada conferenciante, ¡a la vez estaba alucinada y *NERVIOSÍSIMA* porque iba a conocer a Oprah ese mismo día!

Vive por los momentos que no se pueden poner en palabras.
–ANÓNIMO

UNA AMIGA MÍA había tenido una vez ocasión de saludar brevemente a Oprah en un evento, de la manera en que yo la tuve de saludar a Michelle Obama. Y supuse que sería algo así lo que iba a encontrarme a continuación. Probablemente se me concederían dos segundos para decirle algo, sonreír, hacerme una foto con ella y retirarme. A medida que se acercaba la hora del almuerzo, me iba sintiendo cada vez más abrumada por lo que estaba a punto de suceder. Si te soy sincera, me parecía demasiado inmenso como para poder asimilarlo. Tenía que repetirme una y otra vez las palabras de Natasha: «No pongas a nadie en un pedestal excepto a Dios». La verdad es que durante la creación de IT Cosmetics había conocido a muchas celebridades de primera línea y muy pocas veces me había puesto nerviosa. No era admiradora suya. Estaba abierta a conocerlas de la misma manera y con la misma buena disposición que me sale espontáneamente con alguien a quien conozco en la cola de Starbucks. Todas y todos somos seres humanos y tenemos los mismos sentimientos, pensamientos, emociones, inseguridades y necesidades. Pero ¡ESTA ERA OPRAH! Había sido toda la vida mi mentora, sin siquiera conocerla. Y ahora la iba a conocer.

Y... ¡llegó el momento! El público se retiró a almorzar y la jefa de personal de Oprah, Amy, apareció a nuestro lado para llevarnos entre bastidores. Si alguna vez en mi vida ha habido un momento para ponerme los zapatos de tacón, era aquel. Pero, por alguna razón, decidí dejarlos en el bolso e ir con mis zapatos planos a conocer a Oprah. No sabría explicarlo; sé que sentí que era lo natural. Quizá fuera una forma de dejar atrás cualquier cosa parecida a un disfraz y mostrarme auténticamente como era.

De camino hacia el *backstage*, a cada paso respiraba hondo y rezaba. A esas alturas, me era imposible tratar de fingir serenidad. Miraba a lo lejos, impaciente por ver la larga cola de personas a la que me iba a sumar, pero no aparecía. No había cola a la vista por ninguna parte. De repente llegamos a una puerta y Amy dijo:

–Este es su camerino. Te está esperando dentro. ¿Lista?

UN MOMENTO, ¿¿¿QUÉ???

–¿Qué quieres decir? –le pregunté–. ¿Me estás diciendo que este es su camerino y ella está ahí?

–Sí –contestó con una gran sonrisa.

«Querido Dios, dame por favor las palabras para devolverle a Oprah aunque solo sea un poco de la inmensidad que ella me ha regalado a lo largo de toda mi vida, y hágase Tu perfecta voluntad, en el nombre de Jesús. Amén», recé para mí misma con el corazón más acelerado aún y sin poder procesar lo que estaba ocurriendo. Le pregunté a Amy si era posible que mis amigas me acompañaran, ya que sabía que una oportunidad como aquella era algo excepcional y quería que también ellas recibieran el regalo incomparable de esa proximidad. Asintió.

Entre las cosas que más me gusta hacer en la vida, cuando tengo ocasión de estar en la sala donde se celebra un acontecimiento importante, es llevar conmigo al menos a otra mujer, si se me permite. Una de las recompensas a todos los años de trabajo incesante y compromiso es que a veces tengo la fortuna de que me inviten a reuniones de negocios fascinantes, así que, cuando es posible, pregunto si puedo ir acompañada, concretamente para poder llevar conmigo a alguna mujer que esté en los inicios de su carrera empresarial y suela agradecer mis consejos, o a otra mujer que esté intentando abrirse camino hacia lo alto. Yo no tuve en mi vida oportunidades así de fabulosas, y lo cierto es que el mero hecho de que se te concedan es muchas veces fuente de auténtico poder personal. De modo que, cada vez que tengas la bendición de encontrarte en una situación de este tipo, piensa en preguntar si puedes ir acompañada y lleva a alguien a la sala contigo. Ya sea a una reunión de negocios, a una conferencia muy interesante, a una reunión de amigas o, como en este caso, ¡A CONOCER A OPRAH!

Estoy reviviéndolo todo físicamente mientras te lo cuento. Parece que se me vaya a salir el corazón por la boca. Bien, volvamos a donde estábamos. Amy abrió la puerta y entré. A partir de ahí, durante los siguientes minutos, fue como estar soñando. Al poner el pie en el camerino, vi a Oprah, sola, sentada en un sofá. «Señorita Kern», proclamó desde el otro lado de la sala, y lo único que pude pensar fue: «¡Dios mío, sabe mi nombre!».

Se levantó, me acerqué a ella, dije «hola» y le di el mayor de los abrazos. Luego me quedé allí de pie mirándola y ella me puso una mano a cada lado de la cara. Creo que se dio cuenta de que estaba prácticamente ida. Estoy segura de que mi reacción no era nada nuevo para ella. Fue amable y simpática, y nos hicimos algunas fotos juntas y con mis amigas. Lo único que recuerdo haberle dicho fue:

–Avísame si alguna vez puedo serte útil de la manera que sea.

Al oírlo, me miró, quizá un poquitín sorprendida, y contestó:

–Lo haré.

Salimos del camerino al cabo de unos minutos, y yo no conseguía asimilar lo que acababa de ocurrir. Me senté entre el público durante el resto del evento ¿y a que no adivinas lo que pasó? Empecé a repetirme en la cabeza una y otra vez cada palabra que le había dicho a Oprah y cada gesto que había hecho estando con ella ¡y a juzgarlo todo!... ¡No me digas que no es divertida nuestra crítica interior!

AL DÍA SIGUIENTE me desperté eufórica; luego me fui poniendo muy, muy triste. Ya sé que es una tontería, pero pensé: *¿Y si esa ha sido mi única oportunidad de estar con ella... ¡y eso fue todo lo que dije!?* Recé, porque no quería que las dudas y la inseguridad me robaran la alegría de haber vivido algo TAN BUENO. Entonces, para gran sorpresa mía, tuve un sentimiento muy profundo que me decía con claridad que aquella no sería la última vez que nos viéramos.

Sabiendo que no le había contado nada de mí, ni nada en absoluto, porque era tal el impacto de tenerla delante que estaba prácticamente ida, decidí hacer algo muy arriesgado.

Me fui a pasar el fin de semana a Sedona, un lugar de Arizona muy conocido por sus vórtices de energía curativa, y el único objetivo durante el viaje fue escribirle a Oprah un correo electrónico de agradecimiento. Quería darle las gracias por el tiempo que me había dedicado y porque me hubiera recibido, y también hablarle de lo que ella había significado para mí desde que yo era una niña. Pensé que tal vez en aquel momento tenía alguna posibilidad de que le llegaran mis palabras. De todos modos, era consciente de que, incluso en aquel momento, las probabilidades de que su jefa de personal viera el correo electrónico, no digamos ya de que lo leyera, y no digamos ya de que se lo enseñara a Oprah, eran de nuevo muy, muy pocas.

En el balneario, pedí una habitación exterior, de estilo *bungalow*, ya que estaba allí con la única intención de procesar lo que había sucedido y escribir aquel correo electrónico. Al acercarme a la fachada del *bungalow*, me di cuenta de que bajo la terraza de madera, que estaba a un metro del suelo, había una cierva tumbada. Tenía parte del cuerpo a la sombra, pero la cara y el cuello al sol, y me miraba fijamente. Estuvo allí casi todo el día. Aunque no suelo creer en estas cosas, empecé a preguntarme si la presencia de aquella cierva era una señal de algún tipo o si era mi espíritu animal. Busqué en Google «significado espiritual del ciervo» y lo primero que apareció fue esto: «El ciervo, como tótem, se asocia con quienes irradian su luz para que otros encuentren el camino a casa». ¡Guau! Con eso en mente, recé pidiendo las palabras adecuadas y me senté a escribir. Voy a compartir la carta contigo porque, si yo estuviera leyendo este libro, ahora mismo estaría pensando: *¿Y qué fue lo que le escribiste a Oprah?* No estoy segura de si la carta tuvo algo que ver con lo que ocurrió después, pero, por si fue así, este es un extracto del correo electrónico que le escribí a Oprah aquel día:

De: Jamie Kern Lima

Para: Jefa de personal de Oprah (para reenviar a Oprah)

Asunto: Oprah - De Jamie Kern Lima (IT Cosmetics)

Estimada Oprah:

Gracias. Sé lo valiosos que son tu tiempo y tu energía, y te agradezco mucho que me recibieras en tu camerino en nuestro primer encuentro. También sé que tienes la fortuna de no estar obligada a hacer nada que no quieras, y aunque estoy llena de gratitud (¡qué sorpresa tan fantástica!), creo también que si dijiste sí a que nos conociéramos, no fue por accidente. Con gratitud y atrevimiento, quiero compartir esto contigo. (Estoy cantando en la cabeza *I surrender all* ['me entrego por entero a Ti'] mientras te escribo). Mi mayor deseo es que el siguiente relato llene un nuevo espacio en tu corazón porque para ti signifique realmente algo, ya que nuestro viaje en la vida ha sido paralelo en muchos sentidos.

Tu forma de explicar la conexión que sentiste con *El color púrpura* desde antes de recibir la llamada de Steven Spielberg es la mejor manera en que puedo explicar esta fuerza tan poderosa, esta energía desbordante que hay dentro de mí dirigida a hacer el bien, y la certeza de que es necesario que te hable de ella. Necesito compartir esto contigo. No con ninguna de las innumerables personas con las que trato mientras dirijo mi empresa. No con nadie más. Solo contigo. Siempre lo he sabido, pero no sabía por qué. Hasta que tuve una revelación esta semana durante las SuperSoul Sessions. Oprah, ahora creo que nuestros barcos nodriza navegan juntos (como diría Gary Z.), y lo creo por las siguientes razones:

- Las dos somos directoras ejecutivas que han creado empresas fabulosas y somos responsables de cientos de empleadas y empleados.
- Me he enterado de que mi padre y mi madre estuvieron juntos una sola vez en su vida, en Santa Bárbara (California) y no se vieron más. El día que nací, mi madre me dio en adopción. Es un milagro que tú y yo estemos aquí. Un espermatozoide, un óvulo y ¡ZAS, aquí estamos!
- Empecé mi carrera profesional como presentadora de noticias en televisión, pero no sentía que aquel fuera mi sitio.
- Mientras me esforzaba por expandir mi empresa, la respuesta de Sephora, de ULTA Beauty y de QVC fue una y otra vez «no». Pero una fuerza y una misión que iban mucho más allá de mí eran mi guía. Hoy somos una marca líder en las tres.

- Soy la única persona de mi familia que ha alcanzado esta clase de éxito... o incluso que ve la vida como yo la veo. Ninguna de las dos tuvimos el ejemplo de alguien cercano que hubiera logrado algo parecido a lo que hemos logrado tú y yo, ni la expectativa de hacerlo nosotras algún día.
- Según la definición que hace la doctora Maya Angelou, tú y yo somos Mujeres Fenomenales.
- Trabajo con zapatos de tacón todos los días, pero me puse zapatos planos para conocerte. Solo en mi corazón tiene sentido que fuera así.
- ¿Cómo encontrar el grado de proximidad acertado con los empleados y empleadas que se encargan de que las cosas funcionen en el día a día de mi empresa y en el mío personal? ¿Qué errores debo tener cuidado de no cometer?
- En la actualidad, la televisión me está utilizando mientras aún dirijo mi empresa (los infomerciales de mis productos dan dinero, QVC gana dinero con la venta de mis productos...) y sigo haciendo todo lo posible por utilizarla yo a ella para establecer una conexión auténtica y vulnerable con las mujeres. Pero creo que ni siquiera he empezado a dejar que se exprese realmente la abrumadora fuerza creativa que llevo dentro, y tengo grandes ideas sobre cómo puedo aprovechar mi visibilidad para inspirar de verdad a las mujeres a vivir su vida con más consciencia, plenitud, inspiración y autenticidad.
- Una vez dijiste que habías nacido destinada a la grandeza, y entiendo muy bien lo que querías decir porque yo siento exactamente lo mismo.
- Mi color favorito es el verde.

Luchando por mantener la cabeza a flote, por no dejar que me derribaran colectivamente, atropellada... En mi trabajo más reciente, como fundadora de la empresa de productos de belleza IT Cosmetics, creo que he cambiado la forma en que se miran al espejo millones de mujeres; y como herramienta de comunicación, me he utilizado a mí misma en toda mi vulnerabilidad (*exponiendo* literalmente mi enfermedad de la piel, quitándome el maquillaje a la vista de todos para dejar al descubierto mi cara de color rojo brillante a causa de la rosácea y mis cejas poco pobladas) para que las mujeres vean una imagen diferente de la belleza. Durante los últimos años, he salido cientos de veces al año en el canal QVC y mi misión ha sido que todas las mujeres, incluso las que, como yo, tienen problemas de piel, sientan que son bellas y valiosas. Y me quito el maquillaje porque elijo ser valiente y decirle a cada una de ellas que es perfecto tener la piel como la tengamos ¡y que estamos todas juntas en esto! Claro que nuestros productos son fabulosos, pero ha sido la autenticidad de esta misión y de este mensaje lo que ha hecho triunfar a nuestra empresa. A diario oigo a innumerables clientas nuestras de todas las edades decir que se sienten guapas por primera vez, o por primera vez desde hace mucho tiempo. Puse en marcha IT Cosmetics desde el salón de mi casa, y hoy es la quinta empresa de maquillaje de prestigio de Estados Unidos. Hace solo unos meses la vendí a L'Oréal. Aunque L'Oréal tiene más de ochenta y seis mil empleadas y empleados, acaban de nombrarme directora ejecutiva, lo cual me convierte en la primera mujer que ocupa este cargo en sus ciento siete años de historia. Es un cuento de hadas hecho realidad. Y como tú, no necesito trabajar ni un día más en mi vida. Sin embargo, sé que mi trabajo y mi vocación ¡no han hecho más que comenzar! Esta fuerza tan poderosa, esta energía desbordante que hay dentro de mí dirigida a hacer el bien, y que han intentado *sofocar, derribar colectivamente*, ¡está empezando a *atropellar*!

Sé que el siguiente paso en mi viaje es conectar aún mucho más y con muchos más millones de mujeres para inspirarlas a crear una vida mejor para sí mismas y a expresar plenamente la mujer que están destinadas a ser. Creo que puedo ser un instrumento para ayudarlas a mejorar su vida y a ser la mejor expresión de sí mismas, y estoy dispuesta a ser tan vulnerable como haga falta para poder hacer las preguntas por ellas, y asumir los riesgos por ellas, y afrontar los miedos por ellas, y dejar que la vida me utilice de esta manera, ¡para que puedan conectar con lo mejor de sí mismas y cambie su concepto de lo que es posible! Y creo que cada paso que he dado hasta ahora en el viaje me ha traído a esto.

Oprah, me siento irresistiblemente atraída a conectar contigo de la misma manera que tú te sentiste irresistiblemente atraída por *El color púrpura*. Incluso he rezado pidiéndole a Dios que me libre de esta atracción irresistible porque me resulta demasiado abrumadora. Cuando tu jefa de personal, Amy, se me acercó el pasado jueves y para gran sorpresa mía me dijo «hoy vas a conocer a Oprah», fue igual que si alguien se hubiera acercado a la pista en la que estaba corriendo y me hubiera dicho «está al teléfono Steven Spielberg». Y cuando nos conocimos, yo quería por encima de todo proteger la energía y el espacio de tu camerino, así que en lugar de compartir todo esto contigo entonces, irecé para que aquella fuera la primera de las muchas veces que nos encontráramos! Sé que es un atrevimiento decir esto, pero fuiste tú quien creó la aplicación Bold Move ('atrévete'), iasí que lo entenderás! Por eso cuando nos conocimos, opté por decir simplemente: «Avísame si alguna vez puedo serte útil de la manera que sea». Porque creo en que ese momento llegará. Porque creo en que nuestros barcos nodriza navegan juntos, así que sé que inevitablemente llenaré en tu corazón un espacio que tenga para ti verdadero valor y significado.

Estaría auténtica y profundamente agradecida de tener la oportunidad de volver a pasar un rato contigo algún día. Y tengo fe en que sabrás la respuesta al cuándo, al por qué y al cómo sucederá.

Con la mayor gratitud y amor y alegría y audacia y el alma entera,

Tu hermana de navegación,

Jamie

Este es el correo electrónico que salió de mí, dirigido a ella, aquel día. Y debajo, le pegué estas dos fotos. Justo antes de rezar unos instantes y pulsar el botón de enviar.

Con Oprah en su camerino el día que nos conocimos.

Oprah poniéndome una mano a cada lado de la cara mientras yo rezaba pidiendo las palabras adecuadas.

VARIOS MESES DESPUÉS sonó el teléfono y era la jefa de personal de Oprah, que me llamaba para decirme que Oprah quería invitarme a comer en su casa.

–¿QUÉ? –respondí.

–A Oprah le gustaría invitarte a comer a su casa –volvió a decir.

Esto ya era *demasiado*. Me superaba. La única explicación era que Dios me estuviera haciendo ese regalo por alguna razón. Que todo aquello estuviera orquestado por Dios como marco para algo que quería que hiciera, o como medio para serle de utilidad a Oprah, o para ayudar a otras personas, de algún modo que no era capaz de imaginar. Ni idea. Tenía la sensación de estar soñando y de que aquello era más de lo que podía humanamente asimilar.

CUANDO ALGUIEN TE invita a su casa, siempre está bien llevar un pequeño regalo, como una vela o una botella de vino. Pero ¿qué demonios le llevas a Oprah? Me da muchísima vergüenza confesar la cantidad de horas que esa cuestión me tuvo angustiada y todo lo que recé pidiendo una respuesta. Luego me enfadaba conmigo misma porque, como sabes, una de mis citas favoritas es esa de 50 Cent que dice: «O rezas o te preocupas, pero las dos cosas no». Pero esa vez, la verdad es que hice las dos cosas, hasta que por fin me quedé tranquila con el regalo que le iba a llevar. Bueno, en realidad, pensé en dos regalos. El primero, un plantón de roble. Una vez un chamán me hizo una lectura espiritual y me dijo que tengo una fuerza en mi interior semejante a la de un roble. Y que no podría ser feliz en la vida a menos que fuera como un roble de grandes ramas que diera cobijo a muchas otras personas. Desde aquel día, los robles han sido para mí muy especiales. Sabía que también a Oprah le encantaban. Así que le compré un pequeño roble de metro y medio plantado en una maceta. No te cuento lo que me costó encontrarlo. Ni voy a contarte con mucho detalle que, cuando al fin encontré uno en Internet y me dijeron que estaba en Brentwood (California), di por hecho que se referían a la zona de Brentwood de Los Ángeles, y hasta la víspera de la comida no me enteré de que el árbol ¡estaba en realidad en la ciudad de Brentwood, en el norte de California! Tuve que pedirle ayuda a uno de mis empleados para que, con un conductor de Uber, hiciera seis horas de viaje para traerlo desde el norte de California a Los Ángeles.

¿Adivinas cuál era el segundo regalo? Es probable que te quedes de piedra. ¿Recuerdas el póster de la ardilla intrépida que encontró Natasha..., la ardilla que ella y yo hemos utilizado durante años como canalizadora de nuestro intrépido *alter ego*? Pues esa: mi segundo regalo para Oprah era una fotografía enmarcada de esa ardilla. Regalársela me parecía a la vez una absoluta imbecilidad y un absoluto acierto. Porque si alguien ha sabido triunfar sobre el miedo y enseñarnos a todas y a todos cómo lo ha hecho, esa es Oprah. Pero si esa era mi única oportunidad de conocerla, quería que me viera real y auténticamente como soy. Es de lo más embarazoso admitir cuántos marcos diferentes compré y probé tratando de encontrar el marco perfecto para regalarle. La víspera de nuestra comida, llegué a tener encima de la mesa de la cocina hasta una docena de fotos de esa ardilla en distintos marcos verdes. Pero no me juzgues, ¿vale?

Para mí, Oprah ejemplifica la fuerza de carácter que es posible alcanzar en nuestra propia vida. Antes de conocerla personalmente, ya era la mejor profesora que había tenido. Y me aventuro a decir que soy la única alumna que le ha llevado de regalo a su profesora el cuadrito de una ardilla con unos huevos gigantes.

Dios puede soñar para ti un sueño mucho más sublime que el que tú puedas soñar para ti misma. Y tu papel en la Tierra es unirte a esa fuerza divina y dejar que te libere.

–OPRAH WINFREY

Oprah pasó de ser mi mentora a distancia a mi mentora en la vida real. Y por eso, como hago con todas mis amigas y amigos y toda la gente que conozco, protejo ferozmente su intimidad. Así que no voy a contar ningún detalle de lo que pasó en su casa ese día durante el almuerzo.

Lo que sí te diré es que pasamos unas horas juntas, las dos solas. Y no creo que fuera por azar, accidentalmente. Sigo creyendo que estoy destinada a serle útil de alguna manera. Aún no sé cuál. Lo que sí sé es que, ese día, mi mayor regalo fue ver un ejemplo de la clase de ser humano que aspiro a ser. Ese día, tuve el privilegio de estar en presencia del tipo de fuerza que aspiro a tener. El privilegio de estar ante un ejemplo real de una mujer que sabe quién es. Que ha superado la necesidad de complacer a nadie y no se disculpa por hacer exactamente lo que quiere. Ese día, tuve ante mí el ejemplo de una fuerza de carácter polifacética que me inspirará para seguir haciendo realidad todo aquello para lo que he nacido. Por todo esto, le estaré siempre agradecida. Y haré siempre cuanto me sea posible por devolverle el regalo que fue estar con ella.

Cuando nos despedimos ese día, Oprah me dio su número de móvil y su dirección de correo electrónico. Desde entonces nos hemos enviado mensajes de texto y correos electrónicos, e incluso me ha dado su opinión sincera sobre algunas entrevistas que me han hecho y algunas apariciones mías en televisión. Todavía hoy, cuando le envío un mensaje y veo aparecer esos tres puntos suspensivos en la pantalla del móvil para indicar que me está respondiendo, ¡flipo! Sigue pareciéndome un sueño. A veces incluso hago una captura de pantalla de esos tres puntos mientras están ahí, solo para recordarme a mí misma que está sucediendo de verdad. Y aun así, sigo sin creerme que esté sucediendo. Cada vez.

A VECES HAGO un repaso de las cosas que me han pasado en la vida y pienso: *Debo de estar alucinando. Es como una película, no puede ser real*. Y otras veces, noto los efectos que tuvieron para mi salud los años y años de trabajar cien horas a la semana y veo las cicatrices que me dejó el agotamiento, y pienso: *Claro que es real, y he pagado por ello con sangre, sudor y lágrimas*. Pero la verdad es que Dios depositó sueños en mi corazón, y mi único mérito está en haberlos escuchado. Y luego en creer que era posible hacerlos realidad.

Desde que era una niña, siempre había tenido en mi corazón el sueño de conocer a Oprah. Y decidí creer en que algún día ocurriría. Cuando tenemos grandes sueños, la opción más fácil es convencernos de que son imposibles y olvidarlos. Empezar a creer que los milagros no existen. Empezar a ensoñar menos y a conformarnos más. Decirnos que, si no nos hacemos ilusiones, tendremos menos desengaños. Si es tu caso, hoy puede ser el día en que decidas empezar a soñar de nuevo. A soñar sueños imposibles. Sueños de dimensión divina. Porque, al fin y al cabo, en palabras de Oprah: «Te conviertes en lo que crees».

La mesa de la cocina llena de ardillas en distintos marcos verdes la víspera de mi almuerzo con Oprah.

Mis amigas, radiantes de alegría, cuando me acompañaron al coche el día que fui a almorzar con Oprah. Si te fijas bien, delante del asiento trasero se ve el plantón de roble en una maceta verde.

Bajo los robles en casa de Oprah.

DIECISIETE

Creer en un poder superior a ti

Cuando el miedo llame a tu puerta,
deja que sea la fe quien abra.
–ROBIN ROBERTS

¿Has sentido alguna vez una presencia trascendente y más poderosa que tú? A mí me ocurrió por primera vez cuando trabajaba de periodista en televisión, mientras estaba haciendo un reportaje sobre un rancho de caballos muy particular que había en Oregón. Pasé allí tres días que no olvidaré nunca. Era un rancho que acogía a adolescentes y niños y niñas que habían sufrido indecibles abusos o malos tratos, y que en su mayoría no eran capaces de hablar de su pasado traumático con la gente adulta. El rancho emparejaba a cada uno de ellos con un caballo al que se había rescatado y que también había sufrido maltrato o abandono. Las personas que trabajaban en el rancho le presentaban un caballo a cada uno y después de esto se retiraban y los dejaban en paz. Desde la distancia, yo veía a esos niños y niñas abrir su corazón por primera vez en la vida y contarle al caballo sus dolorosas experiencias. A algunos, mientras lo abrazaban, las lágrimas les caían sin parar, y era como si entre cada niña o niño y su caballo hubiera un entendimiento tácito, como si estuvieran ambos tocados por la gracia divina y hubiera entre ellos unión total. Los mismos niños y niñas que no eran capaces de hablar de sus experiencias con ningún adulto se las contaban en voz alta a sus caballos con la mayor confianza. Había un caballo al que habían emparejado con una adolescente llamada Gloria. Tenían un vínculo tan fuerte que, cuando el caballo se tumbaba en el prado, ella se echaba pegada a él y apoyaba la cabeza en su barriga. En mi vida había visto nada parecido. Un día mientras los miraba, me inundó el sentimiento, incluso la sensación física, de estar sintonizada con una presencia trascedente superior a mí, y empezaron a caerme las lágrimas. Dios estaba allí. Al aire libre, en un rancho de caballos. Aquel día me di cuenta de que Dios no necesita una iglesia ni ningún edificio para estar presente. Dios es amor y Dios está en todas partes.

Al principio del libro te prometí que compartiría contigo la historia que hay detrás de la historia. La historia cuyo titular no es nada llamativo. El viaje verdadero, real, con sus momentos fantásticos y sus momentos vulgares, y cómo en él aprendí a creer en mí misma, cómo superé el intenso dolor que me causaron algunas experiencias, cómo construí una empresa de mil millones de dólares y conocí en el proceso a personas fabulosas, y he hecho lo mejor que he sabido hacer con la vida que me ha sido dada. Omitir esa parte de la historia sería como omitir el café al preparar una taza de café con leche. Esa parte me ha dado la certeza del poder que hay dentro de mí.

En lo referente a la fe, no pretendo cambiar tu postura. Sea la que sea, estás invitada a venir a casa a comer conmigo masa de galletas cruda directamente del bol, a tomarte conmigo una *taza* de vino tinto, a holgazanear en pijama (si quieres, uno de animal de peluche, con cremallera y capucha) y a reírnos juntas a carcajadas.

Te querré independientemente de lo que sean para ti la fe y la oración, o de que ni una cosa ni otra estén presentes en tu vida. Pero te estaría privando de una parte esencial de mí si no te hablara del papel que ha tenido la fe en el viaje de mi vida. Durante muchos años, en el asiento del conductor me sentaba únicamente yo. Yo era la única a la que le confiaba el volante, y solo apelaba a Dios si se me pinchaba una rueda y necesitaba desesperadamente una de repuesto. Durante mucho tiempo, no lo dejé ponerse al volante; no me daba confianza. Y hubo largas temporadas en las que ni siquiera creía que existiera. Todo cambió por completo cuando en un momento del viaje solté el volante y se lo confié a Él. Dejé que Él fuera el conductor, y desde entonces hemos viajado juntos a lugares que ni en sueños habría podido imaginar.

ME EDUCARON EN la fe luterana, y asistíamos a los servicios casi todos los domingos. Tal vez porque era una niña pequeña e inmadura, lo que contaba el pastor no me decía absolutamente nada. Me parecía que ninguna de aquellas explicaciones tenía nada que ver conmigo, y ni siquiera entendía muchas de las palabras o la forma en que se usaban las palabras cuando se escribió la Biblia. Mi padre y mi madre me obligaban a escuchar el sermón completo cada domingo, pero no recuerdo ninguno que me resultara comprensible o que me tocara de alguna manera. Por lo general, me dedicaba a recorrer con la mirada cada banco en busca de chicos guapos y a contar en el reloj cuántos minutos faltaban para que terminara el sermón.

Luego, con el paso de los años, empecé a dudar de la existencia de Dios. Como te contaba al principio del libro, la doctora Z me propuso que lo desafiara. Me dijo: «¿Qué te hace pensar que Dios no es capaz de admitir que dudes?» y me animó a decirle que dudaba de Él y a pedirle que me demostrara que estaba equivocada. Este consejo fue uno de los más eficaces que he recibido en mi vida. Desde aquel día, ha habido innumerables momentos en los que ha ocurrido algo que ha transformado mi viaje y quienes estaban presentes han dicho en voz alta: «Ha sido Dios». A veces, en voz muy alta. Me refiero a lo siguiente.

¿Recuerdas a la presentadora de QVC que descubrió mi producto en aquella gran exposición de productos de belleza y le dijo a la jefa de compras de QVC que me diera una oportunidad? Llevaba diecisiete años en la cadena, y poco después de que yo presentara IT Cosmetics en QVC dejó su trabajo. Me mantuve en contacto con ella durante bastante tiempo. Un día, así de repente, la llamé para ver cómo estaba y para decirle que, muchos años después, éramos la mayor marca de productos de belleza en la historia de QVC. Le agradecí que le hubiera gustado tanto nuestro corrector como para decirle a la jefa de compras que nos diera una oportunidad. Me contestó: «Cariño, vuestro corrector es estupendo, y lo sigo usando cada mañana. Pero cuando se lo enseñé aquel día a la jefa de compras no fue por eso. Estaba recorriendo la exposición y Dios me dijo muy claramente que me acercara a tu estand. Me dijo que tenía que ir a ayudar a aquella chica, y eso es lo que hice. Me dijo que lo hiciera, y lo único que yo hice fue escuchar».

¡Guau! Su respuesta me puso la piel de gallina. Supongo que Dios estaba escuchando cuando le pedí que me mostrara con claridad que existe. El día que ella le enseñó nuestro corrector a la compradora de QVC cambió el curso de mi vida para siempre.

Otro de estos momentos fue una mañana en que recibí un sobre de FedEx y dentro había una carta de la pastora Victoria Osteen. Por aquel entonces, solo había estado con ella una vez, brevemente, en el *backstage* tras un evento de la Noche de la Esperanza al que asistí, junto con decenas de miles de personas, y en el que hablaban ella y su marido, el pastor Joel Osteen. Y esa mañana, muchos meses después, para gran sorpresa mía recibí la carta. Era una preciosa invitación. Me preguntaba si podía entrevistarme en el escenario como invitada especial de su Conferencia Anual de Mujeres, en la iglesia de Lakewood. Asistirían más de seis mil mujeres. Yo ni siquiera imaginaba que se acordaría de mi nombre ni de que había fundado una empresa llamada IT Cosmetics. La única vez que la había visto en persona, éramos todavía una empresa muy pequeña, y yo no era alguien a quien el público conociera; en realidad, apenas si se me conocía en el sector de la belleza. Además, nunca había hecho una donación a la iglesia de Lakewood. Por correo electrónico, fijamos una hora para hablar por teléfono. Cuando llegó el momento, le pregunté por qué me invitaba a hablar. Contestó:

–Dios me dijo en el corazón que te escribiera y te pidiera que fueras mi invitada.

Deja que te explique: a lo largo de muchos años, escuchar en televisión los mensajes y sermones de la pastora Victoria y el pastor Joel me ayudó a superar algunos de los momentos más difíciles de IT Cosmetics y de mi vida. Pero nunca lo había comentado en público; y, además, siempre he sentido en lo referente a la fe una especie de reserva que me ha hecho abstenerme de hablar de mis creencias en el mundo profesional. Su petición me provocó una ansiedad instantánea, porque nunca antes había hablado en público de algo tan personal como mi fe. Sentía tanto respeto por Victoria y tanta gratitud por el honor de que me invitara a hablar que tuve que ser sincera con ella. Muy, muy sincera. Le dije que, desde mi punto de vista, hablar en el estrado de la iglesia de Lakewood era algo que solo debía hacer «una perfecta o una buena, muy buena cristiana», y que yo no estaba segura de poder decir eso de mí.

La oí reírse bajito, pero siguió escuchándome con calidez.

–Victoria, tengo que decirte la verdad: ni siquiera he leído la Biblia entera. Y me da la impresión de que las seis mil mujeres que van a asistir a la conferencia querrán oír hablar a alguien que sí la haya leído. A alguien que sea mucho mejor cristiana que yo o que esté mucho más avanzada espiritualmente.

–Hay un motivo por el que Dios me dijo en el corazón que te invitara. Las mujeres que van a asistir al evento no quieren oír hablar solamente a cristianas perfectas. Quieren encontrar inspiración en toda clase de mujeres –dijo en tono afectuoso.

Aunque me daba un poco de miedo, oír esas palabras provocó en mí un cambio inmediato y me hizo sentir instintivamente que tenía que decir *sí*. Así que acepté. Y cuando llegó el día y subí a la tarima, fui plena y auténticamente yo, para bien o para mal. Hablé de lo que había representado la fe en mi vida en distintos momentos, incluidos aquellos en los que había dudado de todo a la vez que intentaba seguir abierta a que Dios se manifestara en mi vida.

Nunca olvidaré el momento en que miré al público a mitad de la entrevista y vi a varias de las amigas a las que había invitado al acto allí sentadas con lágrimas en los ojos. A muchas personas, cuando sienten la presencia de Dios, se les saltan las lágrimas. No todas las amigas a las que invité compartían mis creencias religiosas, pero todas estaban emocionadas. Fue una de las experiencias más memorables de mi vida, y en especial de mi camino de crecimiento en la fe. Aquel día sentí plenamente en cada célula de mi ser que Dios no necesita que nuestra presencia sea perfecta, solo que estemos presentes. Por Él. Y Él hará el resto.

He visto una y otra vez, sobre todo durante los años de creación y expansión de IT Cosmetics, la verdad de las famosas palabras de Oprah «Dios puede soñar para ti un sueño mucho más sublime que el que tú puedas soñar para ti misma». Dado que fui una mujer que tuvo que enfrentarse a montañas de rechazo y menosprecio, montañas formadas por personas que no creían en mí, me cuesta pronunciar las siguientes palabras sin que se me haga un nudo en la garganta. En 2020, justo después de que terminaran los tres años de compromiso con L'Oréal y dejara mi puesto en la empresa para comenzar el siguiente capítulo de mi viaje, IT Cosmetics se convirtió oficialmente en la empresa de maquillaje de lujo NÚMERO UNO del país, según los datos del NPD.[*] Esto significa que en la categoría de maquillaje de lujo, IT Cosmetics superó a muchas de las marcas que he admirado toda mi vida, como MAC, Lancôme, Estée Lauder, Chanel y Clinique. Cuando era camarera en Denny's, ahorraba el dinero de las propinas para comprarme barras de labios MAC y delineadores de ojos Lancôme. ¡Y ahora la empresa de cosmética que puse en marcha desde el salón de mi casa se había hecho con el puesto número uno! ¡¿QUÉ?! Esta pequeña locomotora que sí pudo,[**] que empezó con el sueño de una jovencita, las había superado a todas. Y hay algo de lo que estoy segura. Cuando la gente dice de mí «una mujer hecha a sí misma», sé que eso es solo parcialmente cierto. En parte me he hecho a mí misma, pero sobre todo me ha hecho Dios. Yo solo me comprometí a trabajar como nunca habría imaginado que fuera posible y a mantener la fe. Dios hizo todo lo demás...: la inspiración, las puertas abiertas, las puertas cerradas,

¿Una mujer hecha a sí misma?... En parte me he hecho a mí misma, pero sobre todo me ha hecho Dios.

* N. de la T.: National Public Data (NPD) es un servicio estadounidense de verificación de antecedentes que recopila y brinda acceso a una amplia variedad de información personal.

** N. de la T.: Alusión al cuento de Watty Piper en el que un tren cargado de regalos para los niños y niñas que hay al otro lado de la montaña se queda parado porque se le estropea la locomotora. Al final, tras muchas peripecias, la pequeña locomotora azul, aunque no está segura de poder conseguirlo, sube la ladera resoplando –«Creo que puedo, creo que puedo»–, y cuando consigue su objetivo, lanza un jubiloso bufido: «¡Sabía que podía, sabía que podía!».

las conexiones mágicas, la gracia divina que escapa a nuestra comprensión humana.

Al IR EVOLUCIONANDO en el camino de la fe, empecé a sintonizar cada vez más con lo que sentía que era adecuado para mí y a percibir con más y más claridad los momentos en que Dios me hablaba. No con palabras, entiéndeme; yo al menos nunca lo he oído hablarme literalmente. Era más bien una especie de saber interior. Como esa vocecita de la intuición y el instinto, esa que siempre tiene razón. He sentido Su presencia en las iglesias a las que he asistido, como la de Lakewood, en Houston (Texas); la Mosaic Church, de Hollywood (California), y muchas otras. E igualmente he sentido Su presencia en los entornos más simples, en medio de la naturaleza, o en el brillo de los ojos de alguien. Cuanta más atención presto, más creo que Dios está de verdad en todo lo que nos rodea, y que está ahí esperando a que lo veamos y nos volvamos hacia Él.

Ya te he contado lo poderosa que fue la presencia de Dios durante el proceso de asociarnos con una madre subrogada para tener a nuestra hija Wonder. Y que, aunque al principio me daba mucho miedo, Dios nos infundió a Paulo y a mí un inmenso sentimiento de paz el día que conocimos a aquella mujer, a su marido y a su familia. Durante todo el embarazo y el parto, las dos sentíamos de verdad que el traer juntas al mundo a aquella criatura estaba orquestado por Dios.

Un año después de que naciera nuestra hija Wonder, ella y yo seguíamos teniendo una relación muy estrecha. Y entonces un día, de repente, nos llamó y nos preguntó si habíamos pensado en tener otro bebé, porque, si era así, ella estaba más que encantada de repetir la experiencia. Nos dijo que quería volver a quedarse embarazada y que no se imaginaba hacerlo por nadie que no fuéramos nosotros. Después de echarme a llorar como una niña, Paulo y yo dijimos sí a intentar tener otro bebé con ella. Y un año después lo tuvimos. Durante los altibajos del embarazo, todos (ella y yo y su familia y Paulo) teníamos la tranquilidad de saber que Dios estaba al frente. Rezamos juntos (¡sobre todo para que esa vez el médico llegara a la habitación a tiempo para el parto!) y todos nos sentimos bendecidos por estar juntos en un viaje tan hermoso y poco convencional. Y juntos dimos la bienvenida al mundo a nuestro hijo Wilder. Es tan dulce, tan tierno... ¡y tiene los brazos y las piernas rollizos como los del muñeco de los neumáticos Michelin!

SIGUE HABIENDO CUESTIONES sobre las que Le pido a Dios una orientación clara. Después de vender la empresa en la que habíamos invertido años de nuestras vidas, Paulo y yo tuvimos que hacer frente a las consecuencias que esa dedicación plena había tenido para nuestro matrimonio, que durante más de una década había quedado relegado a segundo plano. La adicción al trabajo, el no pensar en nada más, nos había insensibilizado y, como cualquier adicción, nos había desconectado de nosotros mismos. Las adicciones acaban por impedirnos sentir, vivir y experimentar nuestras emociones crudas y reales. Nos dimos cuenta de que habíamos invertido toda nuestra energía en la empresa y de que teníamos que empezar a descubrir de nuevo quiénes éramos, como individuos y como pareja. Ahora los dos somos conscientes de que perdimos de verdad el contacto con nosotros mismos y la una con el otro mientras construíamos y expandíamos IT. Cada día Le pido a Dios que nos guíe en este camino de redescubrimiento y sanación.

La adicción al trabajo, como cualquier adicción, te insensibiliza y te desconecta de ti.

Incluso ahora que soy madre, tengo la tendencia a anteponer cualquier asunto de trabajo a mi familia. Cuando recibo una llamada telefónica de alguna de las muchas mujeres que me piden consejo, o me he comprometido a dar una charla que me interesa particularmente porque sé que mi presencia puede tener un gran impacto, o me han convocado a una reunión de accionistas o de la junta directiva, tengo el impulso de dar prioridad a esas cosas, aunque signifique perderme una celebración familiar importante. Incluso ahora. *Todavía* lo hago. Así que Le pido a Dios que me guíe y me corrija, y que me dé fuerzas también en esta nueva etapa de mi vida. Porque ahora que soy madre, me deja aún más admirada la fortaleza que se necesita para serlo. Por supuesto que la maternidad viene acompañada de innumerables bendiciones, y por supuesto que el esfuerzo vale totalmente la pena, pero lo que puedo decir con seguridad es lo siguiente: he sido directora ejecutiva de una empresa multimillonaria y soy madre. Ser madre es más difícil.

He sido directora ejecutiva de una empresa multimillonaria y soy madre. Ser madre es más difícil.

Y HABLANDO DE madres y padres... Algo que constato una y otra vez es que cuanto más Le pido a Dios que me ayude, más me ayuda. Y a veces de las maneras más impactantes e inesperadas. Como ya te he contado, sigo sin saber quién es mi padre. Pero a la vez lo sé. Deja que te explique. Esto es muy personal; pero quizá, como yo, no sabes quién es tu padre biológico. O quizá no te gusta quién es tu padre. O quizá no tienes un padre o una madre buenos y cariñosos. O quizá tienes un padre o una madre que te ha hecho daño. O que no merece ser tu padre o tu madre. O hay en tu vida algún interrogante para el que no tienes respuesta o algún espacio en blanco que no sabes rellenar. No saber quién era mi padre me dolió profundamente durante muchos, muchos años. Y fue doloroso conocer a mi madre biológica y oírla decir que no podía ayudarme a encontrarlo. Pensé: *¿Qué me estás diciendo, que no te acuerdas de cómo se llamaba? ¿Cómo es posible?* Pasé años, incluso después de conocerla, utilizando cada detalle que me había contado para tratar de encontrarlo en Internet. Volví a la biblioteca de la Universidad de California en Santa Bárbara (UCSB) para buscar en los anuarios, por si encontraba a algún chico que se pareciera algo a mí. Cada vez que aparecía en la tele algún hombre que tenía rasgos parecidos a los míos, tecleaba su nombre en Google y leía su historia para ver si había estudiado en la UCSB. Como dice esa expresión que popularizó el presentador y productor de televisión Troy Dunn, «sentía que no tendría paz hasta que tuviera todas las piezas». Incluso envié una muestra de saliva a varias empresas de análisis genético, como 23andMe y AncestryADN, que ofrecen a los clientes información de sus ancestros, y todavía no se han encontrado coincidencias que remitan a mi padre biológico ni a ninguno de sus familiares directos. Pasé muchísimas noches buscándolo en Internet. A veces todavía lo hago.

Una noche, la angustia de no ser capaz de encontrarlo era tan profunda que empecé a sollozar. Y a rezar. Le pedí a Dios que me librara de aquella obsesión, porque, al cabo de tantos años de buscar en vano, me estaba causando un dolor insoportable. Y un instante después, fue como si Dios se materializara y me diera un mazazo en la cabeza. De repente, todo cobró sentido. Sí conocía a mi padre. Dios es mi padre. Puede que no sepa quién es mi padre en la Tierra, pero sé quién es mi padre REAL. En ese momento, supe que nunca se había olvidado de mí. En ese momento, supe que Dios me había creado a propósito. Y que aunque yo era solo una dulce niñita a la que su madre había dado en adopción..., mi creador, mi VERDADERO padre, sabía quién era yo. Me había puesto su sello: marcada para la grandeza. Marcada valiosa. Marcada digna de aprecio y estima. (Y, por cierto, ¡ese es también el sello que te puso a ti!). De repente supe y sentí todo eso. Y en ese momento, empecé a sanar.

Puede que aún no haya reunido todas las piezas que me hacen ser quien soy, pero sé DE QUIÉN soy. Sé quién es mi verdadero padre, y sé que me hizo *a propósito* y que me llenó *de propósito*. Sé que no soy perfecta y que en mi vida he cometido muchos errores, pero no creo que Dios se manifieste únicamente a las personas «perfectas». Creo que Dios se manifiesta ante las personas imperfectas que lo aman y lo buscan. Aquella noche, por fin, aun no teniendo todas las piezas, tuve paz.

SI TE SIENTES como me sentí yo durante muchos años, y dudas de Dios o de que exista un poder superior a ti, y si es una cuestión que te provoca inquietud o que te gustaría que se resolviera, entonces, si te encuentras con ánimo, puedes probar a hacer lo que yo hice. Dile a Dios que dudas de que exista y pídele que te demuestre que te equivocas. Luego estate abierta a verlo manifestarse de las maneras más inesperadas. Algunas impresionantes, y otras muy sencillas y sutiles. Y aunque podría no ocurrir de la noche a la mañana, prepárate a ser espectadora de lo que ocurre en la vida cuando empezamos a buscar la presencia manifiesta de Dios. Y si es la primera vez, o la primera vez desde hace mucho tiempo, que estás abierta a que la fe entre en tu vida, sé amable y paciente contigo. Como dice el orador motivacional y *coach* de vida Tony Robbins: «La fe de la que no se hace uso no se expande, se encoge». Lo bueno es que, sea cual sea tu punto de partida, entrarás en la etapa de expansión antes de que te des cuenta.

En la práctica, abrir la mente y el corazón a un poder superior es algo que puede adoptar formas muy distintas dependiendo de cada persona. Hay quienes meditan o tienen una práctica espiritual o rezan en silencio, y hay quienes bailan o rezan en voz alta. Creo que no hay una forma correcta o incorrecta de rezar; la única forma correcta es la que a ti te resulte natural. Cuando hacer algo no te supone un esfuerzo sino que fluye de ti, es fácil que se convierta en una práctica habitual. Yo, casi a diario Le pido a Dios que haga llegar a mi vida las personas que me convienen y haga que se vayan las que no. Confiar plenamente en que Dios escucha mi plegaria ha hecho que el dolor fuera más leve cada vez que un empleado se ha pasado a la competencia. Y en todos los casos, tras la preocupación inicial porque no sabía qué iba a hacer sin él, al final hemos encontrado a alguien aún más eficiente para ocupar el puesto. Esta podría ser una oración muy beneficiosa si en la actualidad te mueves en el mundo de las citas románticas, o estás buscando nuevas amigas y amigos, o estás haciendo inventario de las personas a las que frecuentas: «Dios, por favor, haz que lleguen a mi vida las personas que me convienen, y que las que no me convienen se vayan». Es una oración muy sencilla, pero, en mi caso, ha tenido efectos asombrosos. Otra oración que me encanta es: «Hágase Tu perfecta voluntad». Especialmente cuando las cosas no van como yo quiero, he aprendido lo importante que es confiar en los ritmos y modos de hacer de Dios; lo mismo si una puerta se abre que si una puerta se cierra. Cuanto más de corazón confío en Él, más afinada y fuerte es mi intuición.

Deja de esperar un plan; sal y ama a todo el mundo.

—BOB GOFF

SI ES LA primera vez en tu vida que estás abierta a la posibilidad de que la fe sea tu compañera de viaje, o si tal vez vuelves a abrirte a esa posibilidad al cabo de mucho tiempo, solo te puedo decir que sabrás qué vías de acción son las apropiadas para ti cuando sientas con todo tu ser que lo son. Recuerda, no se puede fingir autenticidad. No tengas miedo a equivocarte. No dejes que eso te preocupe. Prueba a leer libros diferentes, a incorporar a tu vida una práctica espiritual o a ir a distintas iglesias. Sabrás en tu corazón lo que está verdaderamente en sintonía contigo. Pero a dondequiera que tu búsqueda te lleve, creo que tener fe en un poder superior –da igual si lo llamamos Dios, Amor, el Creador o el Universo (en mi caso, el nombre es Jesús)– es la única forma que tenemos los seres humanos de sentirnos conectados con toda la humanidad, la única forma de saber que nuestra vida está *divinamente orquestada*. Y creo que si no tenemos una base espiritual a la que aferrarnos, podemos perdernos con mucha facilidad. Si yo no hubiera descubierto eso en mi vida, ninguno de mis éxitos habría sucedido como lo hizo y, más importante aún, no sentiría la conexión con la vida y con todas las demás personas (contigo) que siento en estos momentos.

ESCUCHA, NO TENGO todas las respuestas, ni mucho menos. La definición general de fe, *creer en algo que no podemos ver*, significa que nadie las tiene. Pero sé en lo más profundo de mí que Dios nos ama exactamente como somos y que no hace falta que cambiemos nada de quien somos para que Él nos ame. Tengo innumerables defectos. Tengo una fe muy fuerte, pero también digo palabrotas (algunos días, más que un carretero). A veces me desvío del camino y paso días, semanas o incluso meses sin rezar. A veces aún me asaltan las dudas sobre si mi fe es real. Aún no he leído la Biblia entera. Y, sin embargo, sé en lo más profundo de mi alma que Dios me ama. Creo con todo mi corazón que Dios nos ama, seamos jóvenes o muy, muy mayores, homosexuales, heterosexuales y del género que sea. Creo en que nos ama sin importar dónde nos encontremos en el espectro del género. Creo en que nos ama sin importar lo que pensemos sobre el último debate político o qué opinión tengamos sobre los temas más controvertidos. En que quiere hacernos llegar Su amor sin importar qué errores hayamos cometido o si lo encontramos en una iglesia, en un sendero del bosque o en el brillo de los ojos de nuestro bebé.

Si Dios quisiera que todos los seres humanos fuéramos iguales, o que encajáramos todos en el molde de lo que se entiende por «perfección», nos habría hecho a todos iguales y perfectos. Pero no lo hizo. Creo que su intención cuando nos hizo fue que viviéramos un viaje de descubrimiento y maduración, en el que aprendiéramos a superar las adversidades, y a ayudar a los demás, y a desprendernos de nuestros juicios sobre los demás y sobre nosotros; un viaje en el que nos diéramos cuenta de que estamos todos conectados y aprendiéramos a amarnos los unos a los otros incondicionalmente, y aprendiéramos a confiar en Él. Quizá te pase como a mí, que durante mucho tiempo tuve la sensación de que era demasiado imperfecta y había cometido demasiados errores para ser digna de tener una relación con Dios o para ser digna de pedirle que Su presencia fuera manifiesta en mi vida. Si te sientes así, quiero que sepas que no eres la única. Y que nunca es demasiado tarde. Y repito: no creo que Dios se manifieste solo a las personas «perfectas». Creo que a Dios le gusta particularmente manifestarse a las personas imperfectas que lo aman y lo buscan.

Dios se manifiesta a las personas imperfectas que lo aman y lo buscan.

«Hemos rechazado tu propuesta». «Estás despedida». «Tienes un cuerpo desproporcionado». «Tu perfil no es el que buscamos». «La respuesta es NO». «NO». «NO». «¡NO!». «¡NO!». «¡NO!».

«¡NOOOOOOOOOO!». Estas son las palabras que oí decir de mí a tanta y tanta gente... Pero eso no es lo que Dios dice de mí. Ni de ti. No dejes que nadie te diga quién eres. Quién eres es algo entre tú y Dios. Pídele fortaleza los días en que te sientas abrumada por la duda o la ansiedad. Y luego recuerda que Él te hizo con toda la fuerza que necesitas. Pídele amor los días en que te sientas sola. Y recuerda que Él te hizo valiosa y plenamente digna de recibir amor a raudales. Cuando te sientas insegura a causa de tu cuerpo, pídele que te dé la misma seguridad que Él tenía cuando te creó. Estoy convencida de que te dirá que te hizo a la perfección, con las proporciones debidas, y que mira la piel de naranja de tus muslos con el mismo orgullo que mira los hoyuelos en las caras de los bebés.

Creo que Dios te está mirando en este momento y piensa: «Guau, qué hermosa es. Es mi creación perfecta. Le di todas esas cosas que ella percibe como defectos, pero me gustaría que supiese que está hecha perfectamente a imagen mía». Como un padre orgulloso que contempla con regocijo tus talentos y tus dones, Él ve cada movimiento que haces por avanzar hacia la plenitud para la que te creó. De hecho, creo que te está mirando ahora mismo, radiante de orgullo, porque TÚ eres la niña de Sus ojos. Creo que te está viendo leer este libro, te está viendo desafiarte a ti misma para convertirte en la mujer que Él te ha llamado a ser. Y creo que tiene ahora la más inmensa de las sonrisas, como la que tienen los padres cuando ven a su bebé dar los primeros pasos. Creo que te dirá que Él no comete errores. Que nos hizo a su imagen y semejanza. Que nos hizo de amor, con y por amor.

Mira, tal vez ha habido gente que te ha infravalorado, quizá lo has hecho hasta tú misma, pero incluso en los momentos en los que piensas «no valgo», creo que, si le preguntas a Dios, te dirá que Él te hizo *sobradamente valiosa*, y que tienes ya dentro de ti todo cuanto necesitas. Y sea lo que sea para ti la fe, las siguientes palabras han tenido para mí un poder transformador cada vez que he empezado a infravalorarme o a sentirme incapaz de hacer algo. Si a ti también te ocurre, cada vez que dudes de ti o te sientas incapaz de hacer realidad tu sueño o seguir tu vocación, estas famosas palabras podrían tener un poder transformador para ti también: «Dios no llama a los capaces sino que capacita a los llamados».

Si tienes en el corazón un sueño que, hagas lo que hagas, permanece inamovible, yo entiendo que eso es una vocación, una llamada. Y si tienes una llamada, creo que la frase «Dios no llama a los capaces sino que capacita a los llamados» significa que tú ya estás capacitada. Naciste con todo cuanto necesitas; lo tienes ya todo dentro de ti. Y creo que uno de los mayores logros en el viaje de la vida es aprender a creérnoslo de verdad.

DIECIOCHO

Creer en que vales lo suficiente ¡y mucho, muchísimo más!

El viaje más largo que hacemos los seres humanos son las dieciocho pulgadas que separan la cabeza del corazón.
—ANÓNIMO

Oprah me invitó a llamarla a su número de móvil personal hace casi tres años, y aún no la he llamado. Nos hemos enviado mensajes de texto y correos electrónicos, pero nunca he marcado su número. Probablemente estés pensando: *¿Qué? ¿Por qué no? ¡Estás loca!* Bien, ¿quieres saber por qué? Tardé un tiempo en entender por qué no la llamaba, y el día que descubrí la razón, no me sentí precisamente orgullosa.

No he llamado a Oprah porque, en el fondo, todavía hay partes de mí que no creen que yo valga realmente lo suficiente como para marcar su número. Todavía no siento que lo merezco. Y aunque sé en cada célula de mi ser que ella, o cualquier otra persona, sería muy afortunada de tenerme como amiga íntima, porque sé que soy una amiga ferozmente protectora, leal, amable, empática, generosa y divertida, y que soy el tipo de persona que realmente quiere lo mejor para los demás, todavía hay algo en mi interior que no está convencido de que sea digna de llamarla. Todavía no siento que mi vibración sea lo bastante alta como para compartir el espacio con la suya. Está claro que es un cuento que me he inventado y con el que tengo que hacer algo. Porque sé que no es verdad. Sin embargo, aunque lo sé, no acabo de aceptarlo plenamente. Por supuesto, no llamar a Oprah es solo un síntoma de un problema mucho mayor. Ese sentimiento de insuficiencia tan arraigado se manifiesta en otras áreas de mi vida también, como por ejemplo en la batalla constante con el peso y en la tendencia a buscar consuelo en la comida. Quizá oír que esa sensación de insuficiencia sigue interfiriendo en mi vida resulte más que un poco chocante, cuando quien lo dice es una directora ejecutiva que además ha escrito un libro sobre creer en una misma. Lo cierto es que, aunque he conseguido superar muchas creencias limitantes en distintas áreas de mi vida, algunas están todavía en proceso de extinción. Y te lo quiero contar por si te ves reflejada en mi historia. Si es así, espero que ambas estemos en el camino que nos sanará. Que estemos en el viaje hacia la aceptación verdadera de que valemos más que de sobra tal y como somos.

Una vez oí decir que la inseguridad, la falta de confianza en nosotras mismas, consiste en lo siguiente: tenemos una idea profundamente arraigada de lo que valemos, y cada vez que logramos algo que está *por encima* de lo que creemos merecer, lo saboteamos. Igualmente, cada vez que recibimos algo que está *por debajo* de lo que creemos merecer, encontramos la forma de «elevarlo». Muchos profesores y líderes de opinión utilizan esta analogía tan plástica: es como si todos tuviéramos un termostato incorporado. Imagina que en una habitación de tu casa el termostato está puesto a 23 °C. Cuando hace demasiado calor, por ejemplo si la temperatura sube a 26 °C, el termostato se activa y el aire acondicionado vuelve a bajar la temperatura a 23 °C. Y si la habitación se enfría demasiado, digamos que baja a 20 °C, el termostato se activa, se enciende la calefacción y la habitación vuelve a calentarse hasta alcanzar los 23 °C. Ese número que fijaste en el termostato mantiene la temperatura de la habitación exactamente ahí.

Bien, pues lo que tú crees firmemente que vales y mereces, hace la función de un termostato interno. Lo has fijado en cierto número, seas consciente de ello o no. Ese número es el nivel que inconscientemente le has asignado a tu propia valía. Digamos, por ejemplo, que estás convencida de que tu valor está en 24 °C. En la práctica, sin embargo, empiezan a pasar en tu vida cosas fabulosas: llevas la dieta a rajatabla, haces ejercicio a diario, has sacado un sobresaliente en un examen (tú, que siempre habías sido una estudiante de aprobado raspado) o has tenido varias citas con un chico que te trata superbién. Tienes la sensación de estar elevando el vuelo, digamos que hasta los 30 °C. Pero a esa temperatura te sientes incómoda porque está fuera de los límites de lo que crees que vales, así que no tienes más remedio que bajarlo todo a 24 °C, que es el valor en el que te sientes a tus anchas: te saltas la dieta, dejas de hacer ejercicio, sacas un aprobado raspado en el siguiente examen... y decides que ese chico que te trata tan bien debe ser para ti un simple amigo.

O quizá ocurre todo lo contrario. Quizá de repente reina el caos en determinada área de tu vida, o te pasas semanas sin ir al gimnasio, cuando ha sido un hábito diario desde hace mucho tiempo, o te das cuenta de que llevas días bebiendo mucho más de lo habitual, o te sorprendes cotilleando sobre alguien y no te gustas nada. En todos estos casos, sientes que ha bajado la temperatura, y sabes que eres digna de algo mejor que eso. Así que el termostato se activa: dejas de hacer todo eso que ha hecho descender la temperatura. Corriges el error y elevas la temperatura hasta que alcanza la que, a tu entender, te corresponde a ti y le corresponde a tu vida. ¿Te sientes identificada con algo de esto?

Ser consciente de esta tendencia –unido a todo lo demás que he ido descubriendo y aprendiendo y que te he contado a lo largo de estas páginas– me ha permitido muchas veces elevar el valor que me concedo a mí misma. En muchas áreas de mi vida, me ha permitido subir la temperatura, o la frecuencia vibratoria, y funcionar con soltura en ese nuevo nivel no solo en un momento puntual, sino de modo permanente. Y como tan bien dice el futurista, experto en creatividad y escritor Erwin Raphael McManus: «Importa menos saber quién eres que en quién te estás convirtiendo».

Hay otros dos factores que han sido igual de decisivos. Uno es cumplir las promesas que me hago. El otro es la difícil tarea de ser consciente de mi crítica interior y silenciarla. Ya sabes, la voz de la inseguridad que nos suena en la cabeza y nos miente a todas horas para convencernos de que no valemos. Esa voz que nos dice cosas como «eres una mala madre», o «ella sí que es inteligente, no tú», o «tienes un cuerpo muy poco atractivo», o «confórmate con este chico porque no te mereces a nadie mejor», o «si te separas de él, acabarás sola», o «no tienes talento suficiente para pedir un ascenso ni un aumento de sueldo». Si no le paramos los pies de inmediato a esa crítica interior, acabamos por creernos sus mentiras. Y una vez que esas mentiras echan raíces y se convierten en una idea definida de quién somos y cuánto valemos, puede que nos resulte dificilísimo confiar en nuestras capacidades, lo cual afecta a nuestra vida en todos los sentidos. En muchos casos, la relación que mantenemos con nuestra crítica interior es la más dañina que jamás tendremos. Por eso es necesario que tomemos el control de lo que dice esa voz. Nuestra narración interior, y en especial lo que nos contamos sobre nosotras mismas, debe ser nuestra mayor defensora, ya que, en definitiva, somos quien nos decimos que somos.

Cuando pienso en cuál ha sido mi trayectoria hasta este momento, sé que esa arraigada sensación de insuficiencia ha sido la razón de que haya hecho cosas como quedarme bastante más tiempo del debido en relaciones de pareja o de amistad que me hacían daño. Luego he trabajado muy en serio para cambiar eso. Y esa arraigada sensación de insuficiencia ha sido la razón de que, en el pasado, mantuviera la relación con ciertas amigas aunque me hiciera sentirme mal que se pasaran el día chismorreando o que no siempre me trataran bien. Y después he trabajado seriamente para subir el termostato y buscar nuevas amigas. Hoy veo que haber tenido el termostato a tan baja temperatura en el terreno del «abandono» es la razón de que tardara tanto en despedir a empleados o empleadas que estaban enrareciendo el ambiente laboral y perjudicando a la empresa. He trabajado muy en serio para superarlo y cambiar esto también.

Intento atrapar mis pensamientos lo antes posible y tomar control de ellos. Esto, acompañado de gracia divina, agallas y la ayuda de Dios, me ha permitido abrirme a recibir en mi vida cosas extraordinarias. Cambié mi perspectiva de la rosácea. Pasé de sentirme insegura a causa de ella a subir el termostato y creer de corazón que era un regalo que se me había concedido. Hoy creo de verdad, con todo mi ser, que la rosácea que me cubre la cara es bella. Un regalo que, además, ha servido para ayudar a muchas mujeres. Cambiar lo que creía sobre la rosácea y sentirme inspirada a cambiar la forma en que otras mujeres percibían su belleza me cambió la vida. De ahí surgió la idea de crear mi empresa: una línea de maquillaje sencillo de aplicar, de efecto rápido y que pareciera piel de verdad, para los días en que a una mujer le apeteciera llevarlo..., y una línea de maquillaje cuyo mensaje de fondo fuera que la auténtica tú es igual de bella los días en que no te apetece. Y lo creo de verdad, por eso funcionó. Creer que era digna de estar en las estanterías de Sephora y ULTA Beauty y de aparecer en QVC era lo que me hacía levantarme cada vez que un nuevo *no* me derribaba. Decidir que era digna de crear una empresa multimillonaria y creer en ello firmemente tuvo un papel determinante en que fuera capaz de hacerlo.

Pero ya conoces el dicho: «¡No te duermas en los laureles!». En el momento de escribir esto, sé que aún me queda mucho camino por recorrer. Cada día es un trabajo en curso, y cada día me esfuerzo por seguir subiendo el termostato en este proceso de desarrollar plenamente el potencial que Dios puso en mí y ser la persona que Él quiere que sea.

Todavía es una batalla diaria tratar de subir el termostato en algunas áreas de mi vida. Por eso he acabado por abandonar cada plan de alimentación sana que he empezado. Por eso recurro a la comida cada vez que quiero evadirme de mis sentimientos. Por eso me sigue costando aceptar y amar mi cuerpo. Uno de mis muchos objetivos es lucir un biquini en público, pavonearme mientras sacudo con orgullo la celulitis, y ni siquiera pensar en ello. Pero aún no me atrevo. Y eso me enfurece. Entiéndeme, ¿cómo puedo ser la directora ejecutiva de una marca que inspira autenticidad en las mujeres y seguir teniendo inseguridades a la hora de ponerme un traje de baño? Soy la última persona del mundo que juzgaría el aspecto que alguien tiene en traje de baño. Ni me fijaría siquiera. No me importaría lo más mínimo. Y sin embargo, a mí misma me juzgo por ello, en lugar de dar prioridad a que mi hija aprenda de mí a tener seguridad en sí misma, y en lugar de valorar la bendición que es tener un cuerpo sano y con plenitud de movimiento. En serio, ¡esto se tiene que acabar! ¡La vida es demasiado corta!

Tengo claro que también en este aspecto de mi vida *algo tiene que desaparecer de escena*. Aprendí la lección. Y puedo pasarme el día entero dándole vueltas en la cabeza a lo ridículos que son todos estos complejos. Pero he visto que la única manera de cambiarlos es haciendo todo lo posible por elevar la temperatura de mi termostato interno, para creer de verdad que valgo y que soy digna de que me quieran y me valoren tal y como soy. La única forma de cambiar estas cosas es cambiar lo que creo que es verdad sobre cada una de ellas, y hacerlo no es tan fácil como decirlo, pero es la única manera de triunfar sobre mi crítica interior. Y estoy trabajando muy en serio para hacerlo realidad. Y sé que lo voy a conseguir. Y a medida que vaya descubriendo cómo cambiar estas creencias limitantes sobre mí misma, te prometo que seguiré contándote lo que surta efecto en mi viaje.

Aunque todavía no me he decidido a marcar el teléfono de Oprah, le envié un mensaje (mientras rezaba como una posesa) para decirle que había escrito el primer borrador de mi libro, y le pregunté si querría hacerme el favor de leerlo y darme su opinión sincera. ¡¡¡Y ME CONTESTÓ QUE SÍ!!! (Ni sé las veces que releí su mensaje. Igual hasta lo amplío y hago con él un mural gigante... Un poco demasiado, ¿no?). Le hice llegar el manuscrito, y unos meses más tarde me envió por escrito sus comentarios y unas cuantas notas. Me ayudó muchísimo, y me dio muchísima tranquilidad que le hubiera parecido bien todo lo que cuento sobre ella en estas páginas. También me alegró mucho saber que las doce fotos de ardillas intrépidas que puse sobre la mesa de la cocina le habían parecido supergraciosas. Así que... aquí es donde estoy. Algún día *llamaré* a Oprah, y, cuando lo haga, confío en no sorprenderme si contesta. Pero mi principal objetivo es llegar a ese día sabiendo que, incluso si no contesta, y pase lo que pase, nada de ello afecta al hecho de que, con todas mis imperfecciones, soy perfecta tal y como soy.

ESTE LIBRO NO ES puramente un relato sobre el éxito de una mujer, sino su historia real. Soy una obra en construcción. Y aunque todavía no soy el ser humano que quiero ser, he recorrido un largo camino y sigo esforzándome por serlo un poco más cada día.

Antes de que cierres este libro, me gustaría que hiciéramos juntas lo que te voy a explicar ahora. Primero, tranquilamente haz un repaso de todos los obstáculos que has tenido que superar para llegar a donde estás ahora. Todas las dificultades a las que has sobrevivido. Las batallas que has librado y las cicatrices que tienes y que cuentan tus experiencias. Historias de amor en las que perdiste y en las que ganaste, historias de dolor e historias que fueron una bendición en tu vida. Recuerda tus victorias, recuerda de dónde sacaste fuerzas para superar el miedo y en qué ocasiones elegiste el amor. Piensa en lo lejos que has llegado y en lo fuerte que eres. Eso demuestra que eres un milagro en movimiento.

Ahora, ponte la mano en el corazón y dale las gracias por haber latido por ti todos estos años. Siéntelo latir por ti ahora mismo y dale las gracias. Ahora mismo, en este preciso instante, está latiendo por ti. Una vez, y otra, y otra. Por ti ha soportado la angustia de tus peores momentos y por ti ha bombeado sangre a toda velocidad en tus momentos de mayor alegría. Sigue latiendo por ti, sigue dándote una oportunidad tras otra de llenarte de amor y de llenar de amor el mundo. Nunca te ha fallado. Está siempre a tu servicio. Ahora, dedica unos instantes a darle las gracias a tu corazón que late, y también a tu alma que te guía. Después, mira al cielo con una gran sonrisa. Luego, sin dejar de sonreír, cierra los ojos. Visualiza la sensación de poder total y alegría absoluta cuando canalizas la verdadera seguridad en ti misma a través de todo tu cuerpo. Y siéntelo durante unos minutos. Puedes llamar a esto meditación u oración, lo que mejor te parezca. Dedica unos minutos a aquietarte mientras sigues dando gracias por lo lejos que has llegado, por los obstáculos que has conseguido superar y por las grandes dificultades de las que has salido victoriosa. Creo en la verdad del dicho «lo que valoras aumenta de valor». Así que VALÓRATE. Eres un milagro en la vida real, y una viva y vibrante influencia positiva. Y el poder de creer ha estado siempre en ti. No solo de creer en ti misma, sino de creer también en tus sueños más optimistas y valientes. Dios puso en ti esos sueños y te dotó de todo lo que necesitas para hacer realidad tu vocación. Todo está en ti. Imagina de verdad... ¿Y si resulta que en este momento tienes ya dentro de ti todo cuanto te hace falta para cumplir tus sueños más osados? Y tanto si lo tienes como si no, imagina lo que pasaría si creyeras de todos modos que lo tienes.

Imagina lo que pasaría si creyeras de todos modos que lo tienes.

CANTIDAD DE GENTE me pregunta cómo conseguí montar un negocio partiendo de una idea, casi sin dinero, desde el salón de mi casa, y convertirlo en una empresa de mil millones de dólares. Trabajé mucho, muchísimo, y no me rendí. Pero lo más importante de todo lo que hice fue... creer en que podía hacerlo. Decidí creer en que podía, sin tener en cuenta lo que dijera nadie. Decidí creer en que podía, por más que una y otra vez los expertos no lo creyeran. Decidí creer que mi sitio estaba en las tiendas de productos de belleza y en la industria cosmética, en las páginas de las revistas, en el puesto de directora ejecutiva, en la televisión y en mi propia piel. Y aunque mi madre hubiera renunciado a mí en cuanto nací, decidí creer que yo había venido a esta Tierra a propósito y con un propósito. El rechazo nos llega de multitud de maneras distintas, y casi siempre es doloroso. Pero creo de verdad que el rechazo es la forma que

Trabajé mucho, muchísimo, y no me rendí. Pero lo más importante de todo lo que hice fue... creer en que podía hacerlo.

tiene Dios de fortalecernos para que un día podamos soportar el peso de todo lo que conlleva hacer realidad nuestros mayores sueños.

Así que ya es hora. Ya es hora de que creamos en nosotras mismas como Dios cree en nosotras. Y como creemos en nuestros bebés cuando empiezan a dar sus primeros pasos. Ya es hora de que esa fe y esa confianza sin restricciones que ponemos en los demás la pongamos en nosotras mismas, y de que nos regalemos la misma alegría desinhibida que tan fácilmente regalamos a otros.

Es un verdadero honor compartir contigo en este libro algunas de las lecciones más importantes que he aprendido en mi vida (a veces por la fuerza y a base de cometer muchos errores). Para que tú también aprendas a creer en el poder de tu intuición. A creer en que eres más poderosa que tus oponentes, incluidas las chicas malas, y en que eso del equilibrio es mentira. A creer en el poder de tu micrófono y de saber cómo usarlo, a quién dárselo y a quién bajarle el volumen. A creer en el poder de tu PORQUÉ y en que tu autenticidad es tu superpoder. A creértelo, cuando una persona te demuestre de verdad quién es. A creer en la valentía y a creer en que quienes te odian no son más que simpatizantes confundidos. A creer en el poder de vivir tus valores y a valorar el poder de pedir lo que necesitas. A creer en que la vida no se nos dio para vivirla en solitario, y en que de dónde vienes no determina a dónde vas. A creer en dar lo que tú más necesitas, y ver luego con asombro cómo te llega en su máxima expresión. A creer en los milagros, a creer en que eres valiosa y, por supuesto, ¡a creer en Oprah! A creer en el poder de dejar brillar tu luz y, por encima de todo, a creer en que un poder superior ha puesto ya dentro de ti todo lo que necesitas.

Quiero pedirte una cosa, y tengo la confianza de que aceptarás el reto. Quiero pedirte que escuches lo que en el fondo de tu ser sabes de verdad sobre quién eres realmente y quién has venido a ser a este mundo. Y que luego, con todo tu corazón, sin reservas, con osada y total entrega y con cada célula de tu ser, empieces a creer plenamente en el poder que está dentro de ti, que forma parte de ti: en el poder que eres TÚ. Estamos todas juntas en esto, y es un honor compartir esta vida en comunidad contigo. Te quiero. Eres digna de hacer realidad tus mayores esperanzas y tus sueños más sublimes, y de todo el amor incondicional del mundo. Créelo.

Con amor y mis mejores deseos,

Tu hermana (de otro padre... Aunque, bueno, técnicamente eso estaría por determinar),

Jamie

Agradecimientos

La creación de este libro no habría sido posible sin el amor, la contribución y el aliento de tantas y tantas personas... Paulo, gracias por todo tu apoyo, especialmente los días en los que me daba un atracón de Lucky Charms mientras, llorando a lágrima viva, escribía por primera vez en mi vida sobre mi pasado. Gracias por ser mi compañero en el amor y en la vida... ¡Vaya viaje que ha sido hasta ahora! Wonder y Wilder, rezo por que crezcáis creyendo plenamente en el bello y auténtico poder que sois tal y como Dios os ha creado. Gracias a mis amigas, mis amigos y mi familia, a cada uno y cada una que aparecéis en este libro y al resto –mucho, muchísimo más numeroso– que no aparecéis en estas páginas pero que merecéis igualmente toda mi gratitud por formar parte de mi historia, de mi fuerza, de mi carácter y de mi corazón. Os adoro y doy gracias por el regalo que es vivir mi vida con todas y todos. Gracias por quererme. Os quiero.

Este libro es el resultado de la confianza que muchas personas han depositado en mí y que me han demostrado con el bien más precioso que podía pedir de ellas: su tiempo. En concreto, me gustaría dar las gracias a las siguientes personas por su guía, sus consejos, su amistad y el apoyo que nos habéis dado a mí y a mi intención de que este libro llegue a tantas vidas como sea posible: gracias, Brendon Burchard. Podría escribir un libro entero hablando de lo que ha significado poder contar contigo en todo momento y de las mil formas en que me has ayudado con tu presencia, tus palabras y tu estímulo. Gracias, Oprah Winfrey, por haberme concedido tu tiempo, por tus comentarios siempre sinceros y por tu valiosa orientación. Un agradecimiento especial a Bob y Maria Goff, Erwin y Kim McManus, Glennon Doyle, Robin Roberts, Victoria y Joel Osteen, David Bach, Sara Blakely, Chrissy Metz, Mel Robbins, Ellen DeGeneres, John Maxwell, Tony y Sage Robbins, Dean y Lisa Graziosi, Jenna Kutcher, Jay Shetty, Jon Gordon, Joel Marion, Trent Shelton, Natalie Ellis, Danielle Canty, Jim Kwik, Randy Garn, Mel Abraham, Lisa y Tom Bilyeu, Craig Clemens, Sarah Anne Stewart, Christy Wright, Mally Roncal, Miles Adcox, Rory y AJ Vaden, Margaret Riley King, Lewis Howes, Russell Brunson, Lori Harder, Amy Porterfield, Gloria Williams, Donald Miller, Lisa Bevere, Alison Prince, Alli Webb, Anthony Trucks, Pete Vargas, Prince EA, Evan Carmichael y toda la gente fabulosa de The PR Beach Gang que habéis apoyado este libro de formas que no habría podido imaginar ni en sueños. Y un agradecimiento superespecial a mi manada: Jacquie, Lia, Des, Dana, Denise y Natasha. Y a los muchos, muchísimos amigos y amigas más, ¡demasiados como para hacer una lista de todos!, que me habéis ayudado a escribir este libro, gracias por darme ánimos, por vuestra inspiración, por facilitarme contactos, por vuestros consejos, vuestro apoyo y vuestras oraciones, y sobre todo, gracias por creer en mí.

La creación y el lanzamiento de este libro han sido posibles gracias a un equipo de ensueño. Gracias a Dupree Miller, especialmente a Jan, Nena, Lacy y Shannon, por proponerme hace muchos años que escribiera un libro. Gracias por creer en mí incluso entonces. Gracias, Sarah Witt y Holly Quillen, por vuestra asombrosa capacidad multifunción y por vuestro apoyo a este libro y a mí en todos los sentidos. Gracias, Hilary Liftin, por tu desbordante talento y tu colaboración. Gracias, Daniel Decker, por tus consejos y tu pericia.

Gracias a mi editora, Lauren Spiegel, por tu instinto, visión, liderazgo, talento y colaboración, y gracias a todo el equipo de Gallery Books y Simon & Schuster por creer en mí y en este libro: Jen Bergstrom, Aimee Bell, Jen Long, Sally Marvin, Jessica Roth, Bianca Salvant, Eliza Hanson, Caroline Pallotta, Alysha Bullock, Davina Mock-Maniscalco, Mike Kwan, Lisa Litwack, John Vairo, Susan Fissell, Rebecca Strobel, Edward Klaris y Chelsea McGuckin.

Gracias a mi familia de IT Cosmetics. Sois demasiados para nombraros individualmente, pero IT Cosmetics no habría sido posible sin cada uno y cada una de vosotros. No pasa un solo día sin que piense en lo afortunada que soy por haber formado un equipo mucho más inteligente y con más talento que yo, y con un corazón igual de grande. En los primeros años, muchos de vosotros dejasteis un trabajo infinitamente más seguro por entrar a trabajar en esta pequeña empresa que tenía el ambicioso sueño de cambiarles la vida a personas del mundo entero. ¡Y lo conseguimos! ¡Lo conseguisteis vosotras y vosotros! Gracias por vuestra autenticidad, vuestra pasión, vuestro compromiso, vuestro talento, y por construir algo que va mucho más allá de los individuos que somos. Lo que empezó siendo un sueño y un nombre, «IT» (Innovative Technology), ha sido y es mucho más que una tecnología innovadora para nuestros millones de Chicas IT y Chicos IT del mundo entero. Un agradecimiento especial a todos los miembros de mi familia y la de Paulo, por todas las veces que durante años entrabais a cada perfumería que veíais y le preguntabais al encargado si tenían productos de la marca IT Cosmetics, incluso sabiendo que la respuesta era *no*. ¡Y a continuación les pedíais que empezaran a tenerlos! ¡También vosotros y vosotras formáis parte del equipo original de IT! Gracias a Virginia Lima y a toda la familia de Paulo por su amor y apoyo en nuestro viaje. Y un agradecimiento muy especial a dos miembros honorarios de la familia IT Cosmetics, Ricardo Lima e Ilana

Zylberman, que una noche en la que Paulo y yo íbamos a dormir en su casa, porque habíamos ido a Nueva York para una reunión de negocios y no teníamos dinero para un hotel, estando sentados los cuatro alrededor de la mesa de la cocina, ¡a Ilana se le ocurrió el nombre «IT»! Y desde el momento en que lo dijo, supimos que ese era el nombre.

Un agradecimiento especial a nuestro equipo de IT en Canadá, y particularmente a Sonya Butler, que creíste en nosotros y nos ayudaste a establecer IT en Canadá desde el principio. Nunca olvidaré la noche en que, al cabo de muchos años, hicimos por primera vez un millón de dólares en un día, y tú no podías parar de llorar. ¡La mejor foto tuya de la historia! Gracias a nuestro equipo de The Shopping Channel Canada y a nuestras modelos, que son como de la familia. Os sigo llevando en el corazón. Os quiero.

Gracias a TSG Consumer Partners, especialmente a Chuck, Blythe y Diane, por creer en nosotros cuando aún dirigíamos el negocio desde el salón de nuestra casa. Os dije entonces que seríamos la inversión más exitosa de la historia de TSG. Gracias por creer en mí y por vuestra colaboración, que dio lugar a la amistad que aún mantenemos. Gracias al equipo de Guthy-Renker, y especialmente a Bill y Greg, por captar nuestra visión desde mucho antes de que existieran nuestros productos, y por vuestra asociación y amistad. Gracias a Bob Caudill y a su increíble equipo. Gracias a L'Oréal por creer en nuestra visión de IT Cosmetics y por ayudarnos a difundir nuestro mensaje de belleza auténtica e inclusiva por todo el mundo. Gracias a todos los increíbles equipos de L'Oréal, tanto en Estados Unidos como en todos los demás países, por su pasión y compromiso con IT Cosmetics y con nuestra clientela.

Gracias a nuestros numerosos socios y a los fabricantes que creyeron en nosotros desde los comienzos de IT, especialmente a Michael, Ian y Sunny. Michael, gracias por hacer de forma desinteresada las muestras de los envases para nuestros primeros productos, después de que yo los esbozara en el reverso de un papel y te contara cuál era mi gran sueño. Tu confianza en mí, sin base para que la tuvieras, fue un verdadero regalo del cielo.

Gracias a nuestros numerosos e increíbles socios minoristas, que han contribuido a que nuestros productos y nuestro mensaje lleguen a las manos de mujeres y hombres de todo el mundo. Gracias a todo el equipo de QVC y a sus maravillosas presentadoras y presentadores, y en especial a Allen Burke, Mike George y Lisa Mason. Allen, siempre tenías razón cuando decías *NO*, y hoy sé que cada NO que me llegó de ti fue una auténtica bendición. Y también tenías razón cuando decías *SÍ*. Gracias por tener razón siempre. Y gracias por todo lo que me enseñaste, por tus inestimables consejos y por tu amistad. Lisa, gracias por escuchar esa vocecita interior. Gracias al equipo de ULTA Beauty, y en particular a Mary, Dave, Kecia y Tara, por creer en nosotros, por introducirnos en tiendas de todo el país y por una asociación fabulosa. Y gracias por todos los eventos que hemos organizado en colaboración y todas las lágrimas que hemos derramado al leer las cartas de innumerables clientas en las que expresaban la nueva seguridad en sí mismas que estaban descubriendo. Gracias al equipo de Sephora, y especialmente a Artemis, Priya y Alison, por creer en mí y en IT Cosmetics. Todavía siento un cosquilleo en el estómago cada vez que entro en Sephora y veo IT, y todavía tengo que pellizcarme para creérmelo. Gracias a todos los demás minoristas y a sus equipos por su afectuoso apoyo a IT Cosmetics y por ayudar a mejorar a diario la vida de nuestras maravillosas clientas y clientes.

Gracias a todas las amigas y amigos y a toda la gente maravillosa que, tanto en Seattle como en Los Ángeles, nos ayudasteis a construir IT durante los primeros años, cuando no podíamos permitirnos tener una oficina propiamente dicha. David Van Maren, gracias por todo tu apoyo desde el principio.

Y lo que es aún más importante al hablar de la historia de IT Cosmetics, gracias a los millones de clientas y clientes de IT, a la Familia IT, con mayúscula, que tuvisteis la valentía de hablarnos de vuestras dificultades con la mayor confianza y que hicisteis correr la voz sobre IT Cosmetics. Gracias por hacernos llegar vuestras recomendaciones sobre los productos, vuestras fotos, vuestro viaje de descubrimiento de la belleza y vuestro cariño. Gracias, sobre todo, por recordarle a cada persona de vuestro entorno que es bella y digna de expresarse plenamente en el mundo, tal y como es.

Gracias de todo corazón a todas y cada una de las personas que han formado parte de mi viaje hasta ahora. Y un último agradecimiento especial a mi madre Nina. Gracias por mostrarme un ejemplo de lo que es una superheroína en la vida real. Gracias por aquellas tortitas que desayunábamos al amanecer en la cafetería, antes del trabajo y del colegio. Gracias por haberme hecho sentir siempre que era la persona a la que más valorabas del mundo. Gracias por quererme tan bien que toda mi vida has sido, y sigues siendo, la primera persona a la que quiero llamar en cualquier situación. Y, sobre todo, gracias por enseñarme a creer en que todo es posible, algo que ahora tengo la fortuna de poder enseñarles a Wonder y a Wilder y a cualquiera que me quiera escuchar. Te quiero. Gracias por quererme. Y por elegirme. Ahora yo también puedo elegirte a ti. Y lo hago y lo haré cada día. Para siempre.

Sobre la autora

Jamie Kern Lima fundó IT Cosmetics desde el salón de su casa y convirtió la empresa en la mayor marca de maquillaje de lujo de Estados Unidos. Años más tarde, vendió la empresa a L'Oréal en un acuerdo multimillonario y se convirtió en la primera directora ejecutiva en la historia de esta marca. El amor de Jamie Kern Lima por sus clientas y clientes, su excepcional autenticidad y su convicción acabaron por colocarla en la lista *Forbes* de las mujeres hechas a sí mismas más ricas de Estados Unidos. Hoy es madre de una niña y un niño, además de una activa inversora, conferenciante y líder intelectual cuya mayor pasión es inspirar y elevar a las mujeres. También es una activa filántropa que ha donado más de cuarenta millones de dólares en productos y fondos para ayudar a las mujeres a afrontar con confianza los efectos del cáncer. Más información en:

JamieKernLima.com
@jamiekernlima